대중을 읽고 기획하는 힘

대중을 읽고 기획하는 힘

트렌드 모니터 2020

마크로밀 엠브레인

최인수 · 윤덕환 · 채선애 · 송으뜸 지음

'외로움의 크기'가 당신의 '삶'을 바꾸고 있다

2020
TREND
MONITOR

'외로움의 크기'가
당신의 '삶'을 바꾸고 있다

'○○이 뜬다'보다 소비자들의 '태도'에
관심을 가져야 하는 이유

　○○이/가 뜬다. 트렌드와 관련된 뉴스나 서적 등에는 이런 표현이 대거 등장한다.[1] 최근 이 '○○'에 자주 등장하는 제품이 '전동 킥보드'다.[2] 이 제품이 등장하는 맥락(context, 콘텍스트)을 살펴보면, 시대정신을 읽을 수 있다. 미래의 핵심 키워드인 '친환경'과 '공유 경제'의 후광효과(halo effect)를 등에 업고 등장한 제품이기 때문이다. 뉴스에서는 전동 킥보드가 미래의 도시 풍경을 바꿀 핵심 제품이라고 소개한다.[3]

　소비 트렌드를 전망하는 연구자의 입장에서 봤을 때 '○○이/가 뜬다'와 같은 방식으로 종합하고 정리하는 트렌드 책은 신선하고, 깔끔하고, 분명하며, 나름대로 의미가 있다. 이런 관점에서 보면, 당연하게도 '전동 킥보드'는 향후 비즈니스나 소비생활에서 중요한 키워드로 다뤄져야 한다. 하지만 실망스 럽게도(?) 이 책 《2020 트렌드 모니터》는 전 동 킥보드와 같은 새로운 제품과 서비스를 직 접적으로 다루지는 않는다. 왜냐하면 이 책 《2020 트렌드 모니터》은 '전동 킥보드가 잘 팔 리느냐' 하는 문제보다는, 전동 킥보드에 관한 소비자들의 태도에 관심을 두기 때문이다. 예

를 들면, '공유 경제에 대한 소비자들의 태도', '친환경 소비와 개 인 소비의 차이', 더 나아가 보다 본질적으로 '공유(share)'라는 의 미에 전제돼 있는 '타인에 대한 태도'에 훨씬 더 관심이 있다. 궁극 적으로 이런 것들에 대한 대중 소비자들의 태도가 미래를 전망하 게 하는 더욱 중요한 근거라는 확신이 있기 때문이다.

'현재'의 소비 행동 및 태도를 통해 미래를 예상해볼 수 있는 최 근의 사례가 바로 일본 제품 불매운동이다. 일본의 핵심 반도체 원 료의 수출 금지에서 시작된 이 이슈는 정치·사회적 문제인 동시 에 소비자들의 돈과 시간과도 직접적인 관련이 있는 소비 문제로, 현재 한국 사회의 전 분야를 뒤흔들고 있다. 불매운동의 초기만 하더라도 몇몇 전문가들은 이 운동의 영향력과 지속성을 의심했 다.[4] 그런데 일본 제품 불매운동이 시작된 지 얼마 되지 않았을 때 (2019년 8월 초) 마크로밀 엠브레인에서 진행한 여론조사 결과를 보면, 이번 운동이 장기간 지속될 것이라는 예상이 가능했었다. 20 대부터 50대까지 대중 소비자들의 절대다수가 일본 제품 불매운 동에 찬성하고(80.8%),[5] 아무리 저렴해도 당분간 일본 여행을 가지

않을 것(80.0%)[6]이라고 응답한 것으로, 이런 소비자들의 태도는 꼭 한 달 뒤, 실제 현실에서 숫자로 나타났다. 2019년 9월 18일 일본 정부관광국(JNTO)이 발표한 방일 외래객 통계에 따르면, 2019년 8월 일본을 찾은 한국 관광객은 전년 동월(59만 3,941명) 대비 거의 절반가량(48%) 감소했던 것이다(30만 8,700명).[7]

현대사회에서 소비 행동은 개별적인 제품(또는 서비스)의 기능적인 만족 요소나 불만족 요소에 의존해서만 움직이지는 않는다. 개인의 관심과 돈을 쓰는 소비의 이슈는 정치·사회·경제·문화의 모든 상황(맥락)을 포함하기 때문이다. 따라서 가까운 미래를 전망하는 가장 중요한 근거는 '대중을 읽는 것'이다. 대중 소비자들의 태도를 읽어야 큰 흐름을 읽을 수 있다.

개인화된 사회성의 진화," 그리고 Z세대

살롱 문화의 확산, 착한 소비 성장의 정체, 미국의 나이키 광고 논란, 괄도 네넴띤, 배달의민족의 쿠폰 사건, 라면 1만 개, 공유 주택, 기본 소득제, 방탄소년단 등 올해에도 이 책에는 파편화된 소비 현상과 관련한 다양한 이슈들이 등장한다. 그리고 이들 개별적인 소비 현상의 이면에는 개인화가 심화되고 있는 사회성(취향)과 타인에 대한 인식이 저변에 깔려 있다. 이것은 앞서 5년여간에 걸쳐 마크로밀 엠브레인 연구진들이 지적한 일련의 흐름(2016년:

집, 2017년: 개인의 감정(YOLO), 2018년: 사적(私的) 영역에서의 1인 체제, 2019년: 공적(公的) 영역까지의 1인 체제 확산, 자율성) 위에 있다. 《2018 대한민국 트렌드》에서 처음으로 언급한 용어인 '개인화된 사회성(Customized Sociality)'이 보다 극단적인 형태로 진화하고 있는 것이다(Hyper-customized Sociality).

이제 다양한 분야에서 개인의 취향이 선택의 기준이 되는 흐름이 더욱 공고해지고 있다. 이를테면, 이 기준에 따라 기존의 공정성 개념은 '사회적' 차원이 아닌 '개인의 이해관계' 차원에서 바라봐야만 한다. 또한 나오는 취향이 다른 '타인의 판단'에 부정적인 영향을 끼치기도 한다. 이런 경향은 특히 세대 문제에서 확연하게 드러난다. 《2020 트렌드 모니터》가 이번에 세대 문제에 특별한 관심을 기울인 이유다.

최근 Z세대를 집중적으로 분석하는 수많은 연구서와 책들이 쏟아지고 있다. 그리고 대부분 Z세대가 갖는 '소비 시장에서의 영향력'에 주목한다. 하지만 현실적으로 Z세대는 선배 세대들에 비해 가지고 있는 자원(돈과 시간)이 현저하게 적다. 뭔가를 사고, 즐길 수 있는 경제적 자원이 충분하지 않다. 그렇기 때문에 Z세대의 영향력을 소비 시장에만 국한하는 것은 이들의 특성을 절반만 이해하는 것이라고 볼 수 있다. 오히려 우리는 Z세대가 가지고 있는 SNS상에서의 영향력과 문화적 취향, 그리고 그들의 '일상에서의 의사 결정 과정'과 '인간관계', '소통의 습관' 등에 주목을 해야만 한다. 그 과정에서 자신의 자원(돈과 시간)을 소비하며, 현재 형성된 태도와 취향이 향후 상당 기간 삶의 경로에서 영향력을 끼치기 때문이다.

되돌아온 '근심 걱정'의 감정, 결핍 욕구의 감소, 〟
그리고 Z세대의 독특한 욕구

  2019년 대중들의 일상적 감정에는 '근심 걱정'이 자리하고 있었다.[8] 2018년에는 잠시 모든 이슈를 '귀찮게' 경험하는 사람들이 늘어났지만, 만성적인 경제 문제로 인해 다시금 일상을 불안하게 느끼는 사람들이 많아진 것이다. 순위상으로만 보면, 대중 소비자들이 경험하는 일상적인 감정이 2017년 이전으로 되돌아간 것처럼

순위	2013(N=14,950)		2014(N=15,000)		2015(N=2,000)		2017(N=10,000)		2018(N=10,000)		2019(N=10,000)	
1	답답하다	42.3	근심 걱정	42.9	근심 걱정	45.2	근심 걱정	46.6	귀찮다	44.2	근심 걱정	43.3
2	근심 걱정	40.4	답답하다	42.8	답답하다	44.3	답답하다	45.2	답답하다	43.9	답답하다	41.3
3	귀찮다	36.2	귀찮다	38.2	귀찮다	41.3	귀찮다	41.4	근심 걱정	43.5	귀찮다	40.1
4	심란하다	36.0	심란하다	37.5	심란하다	39.0	심란하다	39.2	심란하다	36.6	심란하다	35.9
5	행복하다	29.3	불안하다	31.1	불안하다	34.9	불안하다	34.7	불안하다	34.1	불안하다	33.7
6	불안하다	29.0	우울하다	29.6	우울하다	31.2	우울하다	31.6	지겹다	31.1	지겹다	28.3
7	우울하다	28.3	행복하다	29.2	외롭다	29.5	지겹다	31.1	좋다	28.8	좋다	28.2
8	지겹다	28.2	고맙다	28.1	허무하다	29.4	고맙다	28.4	행복하다	28.7	행복하다	28.1
9	즐겁다	27.7	지겹다	28.1	지겹다	28.5	행복하다	28.3	우울하다	28.0	우울하다	27.9
10	좋다	26.8	좋다	27.5	고맙다	27.0	허무하다	28.2	고맙다	27.3	즐겁다	26.9
11	재미있다	26.5	외롭다	27.4	행복하다	26.7	외롭다	28.1	재미있다	27.1	재미있다	26.4
12	허무하다	26.2	속상하다	26.8	속상하다	26.5	좋다	27.0	즐겁다	27.1	편안하다	25.8
13	외롭다	26.1	허무하다	26.7	화나다	26.2	속상하다	27.0	허무하다	27.0	허무하다	25.8
14	고맙다	26.0	즐겁다	26.2	후회하다	26.2	재미있다	26.4	외롭다	26.1	고맙다	25.8
15	속상하다	25.1	화나다	25.5	아쉽다	26.0	즐겁다	26.1	편안하다	26.1	아쉽다	24.7
16	후회하다	24.3	재미있다	25.3	좋다	25.9	화나다	26.1	속상하다	25.9	외롭다	24.5
17	편안하다	24.2	아쉽다	25.2	재미있다	25.8	아쉽다	25.8	화나다	25.5	속상하다	24.4
18	아쉽다	24.2	후회하다	24.6	초조하다	25.5	후회하다	25.8	후회하다	25.0	후회하다	23.9
19	사랑스럽다	23.7	사랑스럽다	24.3	즐겁다	25.4	초조하다	24.7	아쉽다	24.8	초조하다	23.8
20	화나다	23.5	편안하다	24.0	편안하다	22.5	편안하다	24.2	초조하다	24.4	화나다	22.3

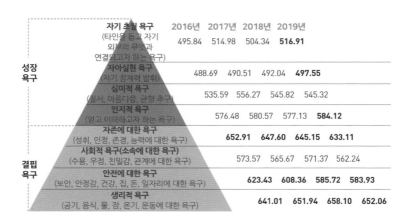

	2016년	2017년	2018년	2019년
자기 초월 욕구 (타인을 돕고 자기 외부의 무엇과 연결되고자 하는 욕구)	495.84	514.98	504.34	**516.91**
자아실현 욕구 (자기 잠재력 발휘)	488.69	490.51	492.04	**497.55**
심미적 욕구 (질서, 아름다움, 균형 추구)	535.59	556.27	545.82	545.32
인지적 욕구 (얻고 이해하고자 하는 욕구)	576.48	580.57	577.13	**584.12**
자존에 대한 욕구 (성취, 인정, 존경, 능력에 대한 욕구)	**652.91**	**647.60**	**645.15**	**633.11**
사회적 욕구(소속에 대한 욕구) (수용, 우정, 친밀감, 관계에 대한 욕구)	573.57	565.67	571.37	562.24
안전에 대한 욕구 (보안, 안정감, 건강, 집, 돈, 일자리에 대한 욕구)	**623.43**	**608.36**	**585.72**	**583.93**
생리적 욕구 (공기, 음식, 물, 잠, 온기, 운동에 대한 욕구)	**641.01**	**651.94**	**658.10**	652.06

성장 욕구 / 결핍 욕구

보인다.

보다 유의미한 결과는 대중 소비자들의 욕구 변화에서 찾아볼 수 있다. 매슬로(A. Maslow)의 '욕구 8단계'를 정량적으로 측정해 분석한 대중 소비자들의 욕구 변화에서 눈에 띄는 것은 추세의 변화다. 성장 욕구(인지적 욕구, 심미적 욕구, 자아실현 욕구, 자기 초월 욕구)는 2018년에 비해 증가한 반면, 결핍 욕구(생리적 욕구, 안전의 욕구, 사회적 욕구, 자존의 욕구)[9]는 지속적으로 감소하고 있는 부분이다(성장 욕구: 524.15점(2016) → 540.59점(2017) → 534.03점(2018) → 540.24점(2019), 결핍 욕구: 622.48점(2016) → 612.98점(2017) → 609.01점(2018) → 602.26점(2019)).[10]

매슬로의 '욕구 위계론'에 따르면, 인간의 성장 욕구는 결핍 욕구의 해소를 기반으로 한다는 점에서 이 변화는 의미심장하면서도 다행스럽게 느껴진다. 이제 대중은 자신이 처해 있는 먹고사는 문제(여전히 중요하고, 앞으로도 중요하지만)를 약간은 덜 고민하는 대신 미래를 위한 준비에 좀 더 신경을 쓸 수 있는 단계에 진입했다는 것 정도로 해석해볼 수 있겠다.

올해는 매슬로 욕구 단계 측정 도구를 활용해 각 세대별로 독특한 분석을 진행했다. 기존에 '우리나라 사람들은 ~~'으로 시작하는 질문으로 라이프 스타일 항목을 설정한 것과는 달리, 이번에는 '나는 ~~를 겪는다/나는 ~~를 경험한다'와 같은 '1인칭' 관점으로 문항을 변형해 질문했다. 여기서 매우 흥미로운 부분이 관찰됐다. '사회적 욕구'에 대한 항목[11] 전체에서 다른 세대에 비해 Z세대가 가장 높게 측정된 것이다(477.13점, 비교 연령 세대 중 1순위). 즉, 평소 인간관계나 타인과의 관계 형성에 대한 어려움(결핍 욕구)을 이 세대(Z세대)가 가장 크게 경험하고 있다는 것을 의미한다. 다음으로 이 측정값이 높은 세대가 Y세대로 불리는 밀레니얼 세대였고(467.63점, 2순위), 그 뒤를 X세대(454.68점)와 2차 베이비 붐 세대(406.87점)가 이었으며, 1차 베이비 붐 세대(373.07점)는 상대적으로 타인과의 관계 형성에 어려움을 못 느끼는 세대였다. 스마트폰과 SNS를 통해 항상 타인과 '연결돼 있다고 믿는' 세대(Z세대)가 역설적이게도 '사회적 욕구'에 대한 결핍을 가장 크게 느끼고 있었던 것이다.

이 결과는 《2020 트렌드 모니터》에서 소개하는 대부분의 현상을 단적으로 상징한다. 사람들이 외로움을 얼마나 느끼느냐에 따라 사회성(Sociality)의 결핍을 다르게 느꼈고, 이 사회성에 대한 결핍을 얼마나 느끼는가에 따라 '세대 간의 인식'과 '타인에 대한 태도', '공동체의 의미'에 대한 판단이 다르게 나타났던 것이다. 올해 《2020 트렌드 모니터》는 바로 이 지점을 집중적으로 파고들고 있다.

〈슬기로운 트렌드 탐구생활, Z세대 읽는 법〉 편에서는, 한국 사회 Z세대의 내면을 집중적으로 다루고 있다. 한국의 Z세대를 이해하는 핵심은 이들이 가지고 있는 인간관계와 소통 습관이었다. (Keyword: 빨간 국물 라면, 부모와의 관계, 모범생, 노력의 성공관, 자기애, 맥락 지식의 결핍)

〈개·취·존 시대와 생활 시간표〉 편에서는, 유행의 주기는 빨라지는 반면 확산되는 대상의 범위는 좁아지는 현상을 다루고 있다. 오늘날 개인들의 취향이 파편화되고 있는 모습을 살펴볼 수 있다. (Keyword: BTS에 대한 선택적 선호, 취향 존중, 개인의 생활 시간표, 웹 드라마, 취향 소비, 상징 소비, OTT, 보이콧, 크라우드 펀딩)

〈우리는 왜 살롱 문화를 소비하는가〉 편에서는, 살롱 문화가 확산되는 이유와 원인, 그리고 이에 따른 기존의 의례적 관계 모임의 해체를 다룬다. (Keyword: 살롱 문화, 개인화된 사회성, 1인 체제, 동창회의 몰락, 아는 사람에 대한 감정 노동, 취향은 같게 배경은 다르게, 소모임, 모임 앱)

〈상상 속 타인에게 불안을 느끼는 이유〉 편에서는, 스마트폰 이용의 역설적인 현상으로 최근 사람들이 오히려 외로움을 많이 경험하고 있다는 결과를 제시한다. 이 원인 중 하나로 타인에 대한 태도를 다루고 있다. (Keyword: 외로움, 스마트폰 사용의 역설, 공유 경제, 타인은 경쟁의 대상, 기본 소득제, 타인은 지옥, 갈등과 상생)

〈나는 '나에게 공정한 사회'를 원한다〉 편에서는, 배달의민족 쿠폰 사건에 대한 분석을 통해 한국의 청년 세대를 중심으로 '달라지고 있는 공정성'의 내용을 파악한다. (Keyword: 미디어의 영향력 감소, 최후 통첩 게임, 더럽고 치사함이라는 감각, 나에게 공정한 사회, 사회적 약자, 신세습 사회, 부의 대물림)

11번째 대중들의 삶의 기록은 개인의 취향과 세대론에 대한 것이다. 현재의 한국 사회는 점점 더 뾰족해지고 있다. 세대에 따라 입장이 다르고, 취향에 따라 또 입장이 제각각이다. 그만큼 각 이슈마다 서로의 주장이 첨예하게 갈라지고 있는 것이다. 사람들은 자신이 믿고 싶어 하는 만큼의 팩트(fact)만을 쏙쏙 뽑아서 소비한다. SNS로 전파되는 뉴스의 알고리즘은 기존의 소비자가 가지고 있는 정치·사회·경제·문화에 대한 태도를 빅데이터로 저장하고 기존의 선호도에 따라 이를 '강화하는 뉴스'만을 선택적으로 소개한다. 막연한 '타인(他人)'들의 새로운 관점을 청취하고, 그 새로운 관점을 학습할 기회가 점점 줄어드는 것이다. 이런 상황에서 분절된 뉴스와 팩트는 전체 맥락(context)과 함께 보지 않는다면, 그 뉴스를 생산하고 제공하는 쪽의 관점(frame)에 통제당할 수밖에 없다. 개별의 사실관계는 맞을지 몰라도, 그 뉴스가 등장하는 이유, 뉴스 생산자와 소비자의 입장, 출처, 관련된 대상들과의 관계들 속에서(상황, 맥락, context) 팩트를 재구성하지 않으면, 정확하게 뉴스를 읽을 수 없는 것이다. 《2020 트렌드 모니터》는 바로 이 지점에서 정보를 소비하는 대중들의 습관이 어떻게 다른 사안과 연결되고, 어떻게 이슈를 받아들이는가를 분석하고 있다.

진짜 뉴스를 구분하기 힘든 상황이 지속되고 있다. 독해력과 문맥(context)에 대한 이해 수준이 지속적으로 하락하는 경박단소(輕薄短小)의 시대. 다시 한번 종이책 한 권을 세상에 들이민다. 이 책에는 질문은 있지만, 명확한 답은 없다. 합리적인 추론만이 가득하다. 다만, 우리는 이 합리적 추론의 과정이 쏟아지는 뉴스들을 양질의 데이터로 바꾸는 힘이 되고, 보다 많은 생각과 고민을 하게 만드는 또 다른 기준이 되기를 희망한다.

올해는 출판사도 바뀌고, 제목도 바뀌었다. 그 과정에서도 항상 뜨거운 관심과 지지를 보내준 마크로밀 엠브레인 가족에게 늘 감사의 마음을 전한다. 이제 곧 새로운 도약을 준비하는 마크로밀 엠브레인은 분명하게도 10년의 구력을 가진, 소비자에 대한 콘텐츠와 어젠다를 생산하는 기관이다.

출판사는 바뀌었지만 여전히 함께한 시크릿하우스의 전준석 대표와 황혜정 부장께는 언제나 마음 깊은 감사와 '의리'의 인사를 전한다. 저자 입장에서는 괴롭지만(?) 이 두 분이 지적하는 여전한 꼼꼼함과 통찰은 책을 쓰는 과정을 엄청난 학습 과정으로 만든다. 그리고 올해는 마크로밀 엠브레인 컨텐츠사업부에 합류한 '속 깊은' 막내, 이진아 연구원에게 특별한 감사를 전한다. 꼼꼼한 일 처리와 배려에 선배들은 늘 감동 먹는다(밥 많이 사줄게^^).

역시나 탈고 후에는 부족함과 모자람의 감정이 밀려든다. 다만, 이 부족함과 모자람에 대한 큰 자각이 다음 책에 대한 동력이 되기를 기원해본다. 그리고 매년 책을 기다려주는 독자분들에게는 또 큰절을 올려 감사드린다. 난독(難讀)의 시대에 '무려 돈을 주고' 책을 산다는 건 어마어마한 결심이 필요한 일임을 너무나 잘 알기 때문이다. 다시 한번 감사의 인사를 올린다.

2019년 10월

㈜마크로밀 엠브레인 컨텐츠사업부 저자 일동

차례

2020

트렌드 모니터

SPECIAL

슬기로운 트렌드 탐구생활, Z세대 읽는 법

빨간 국물 라면, 부모와의 관계,

모범생, 노력의 성공관,

자기애, 맥락 지식의 결핍

2020 Trend Monitor

SPECIAL

'콜린 캐퍼닉'이 가른 세대의 취향, 🎤
그리고 소비 시장에서의 '젊은이'들의 영향력

세대 간 소통을 위한 가벼운 신조어 몇 개를 소개해본다. '사이다[1] (79.1%)', '낄끼빠빠[2](79.0%)', '솔까말[3](69.2%)'까지는 이제 일상어가 된 지 오래.[4] 단계를 살짝 올려보자. '더럽[5]', '성덕[6]', '취존[7]', '어그로[8]'는 어떤가? 이 단어들도 세대 간 원활한 소통을 한다고 자신하는 사람들이라면 이해할 수 있는 단어다(그런가? ^^;). 여기서 최고 난도로 단계를 올려보자. '핑프[9]', '고나리자[10]'는? 만약 이 2개의 단어까지 모두 이해한다면, 당신은 지금 엄청난 관심을 받고 있는 이른바 'Z세대'일 가능성이 매우 높다(36.5%).[11] 그리고 이 단어는 Z세대 내에서만 유통될 가능성이 크다. 왜냐하면 1차 베이비 붐 세대들의 97% 이상[12]이 이 단어의 뜻을 전혀 모르고 있기 때문이

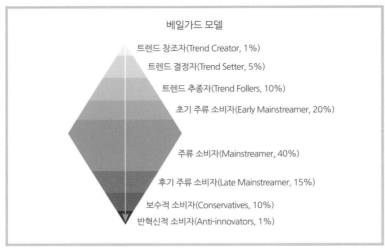

베일가드 모델

트렌드 창조자(Trend Creator, 1%)

트렌드 결정자(Trend Setter, 5%)

트렌드 추종자(Trend Follers, 10%)

초기 주류 소비자(Early Mainstreamer, 20%)

주류 소비자(Mainstreamer, 40%)

후기 주류 소비자(Late Mainstreamer, 15%)

보수적 소비자(Conservatives, 10%)

반혁신적 소비자(Anti-innovators, 1%)

* 출처: 《트렌드를 읽는 기술》

다. 1955~1964년생의 선배 세대들에게 '펑프'나 '고나리자'는 전혀 다른 세상의 언어다.

새로운 세대에 대한 관심은 역사적으로 반복돼왔다. 여기에는 실용적인 이유가 있다. 젊은 세대의 취향과 가치관의 변화를 읽는 것은 미래의 변화를 읽는 중요한 단서를 제공하기 때문이다. 트렌드를 읽는 강력한 이론적 프레임을 제공하는 헨릭 베일가드(Henrik Vejlgaard)의 다이아몬드형 트렌드 모델(Diamond Shaped Trend Model)에 따르면, 트렌드 확산은 트렌드 창조자(1%), 트렌드 결정자(5%), 트렌드 추종자(10%), 초기 주류 소비자(20%), 주류 소비자(40%), 후기 주류 소비자(15%), 보수적 소비자(10%), 반혁신적 소비자(1%)의 단계로 진행된다.[13] 이 모델에서 베일가드는 트렌드를 선도하는 트렌드 창조자·결정자 집단으로 디자이너와 예술가, 동성애자, 유명 인사 등을 꼽는다. 이들의 변화를 관찰해야 뒤에 따라오는 트렌드 변화를 잘 읽을 수 있다는 것이다. 하지만 시장에서 가장 중요한 집단은 바로 '젊은이 집단'이다. 디자이너와 예술가 등이 시장에 제품(문화 상품 포함)을 내놓더라도 초기 유행을 선도하며, 시장을 형성하는 것은 젊은 세대의 집단적 선택이 있어야만 가능하기 때문이다. 따라서 청년 세대의 취향과 변화를 관찰하는 것은 직접적으로 가까운 미래를 전망하는 중요한 단서를 제공한다.

최근 이 젊은이 집단이 소비자로서의 영향력을 단적으로 보여준 사건이 하나 있다. 2018년 9월, 미국 프로미식축구리그(NFL) 샌프란시스코 포티나이너스(49ers)팀의 간판스타 '콜린 캐퍼닉(Colin Kaepernick)'이 나이키(NIKE) 광고에 출연하면서 촉발된 사건이다.[14] 그는 2016년 한 경기에서 미국 국가가 울려 퍼지자 그 자리에서 일어나지 않고(국기에 대한 의례를 하지 않고), 한쪽 무릎을 세우고 앉았다. 경기가 끝난 후 기자가 왜 이런 행동을 했는지를 묻

자 캐퍼닉은 "인종차별 하는 나라를 위해서는 일어나고 싶지 않았다"라고 폭탄선언을 해버렸다(이후 'Taking a Knee' 운동으로 확산된다). 이후 미국 사회는 이 인터뷰를 둘러싼 찬반양론에 거세게 부딪치게 된다. 이런 상황에서 나이키(NIKE)는 'Just Do It' 광고의 론칭 30주년 기념 광고 모델

로 논란의 인물인 이 콜린 캐퍼닉을 전면에 내세웠던 것이다.

　콜린 캐퍼닉을 내레이터와 주인공으로 삼아 만든 광고(Dream Crazy)는 미국 사회를 정확하게 둘로 쪼개버렸다.[15] 흑인들과 백인들이 SNS에서 격렬한 논쟁을 벌였고, 나이키 운동화를 불태우는 퍼포먼스 동영상이 난무했으며, CNN은 "나이키가 도박을 하고 있다"고 경고했다.[16] 하지만 〈월스트리트 저널〉[17]은 비즈니스 관점에서 냉철한 해석을 내놓는다. "분노하는 백인 중장년층을 잃을 수 있지만 미래 소비층인 젊은이들의 지지를 얻을 수 있다"는 것이다. 이 예상은 정확하게 적중했다. 나이키의 타깃(target) 고객인 젊은 세대(35세 전후 세대)로부터 폭발적인 지지를 받으며 온라인 매출이 단기간에 31%나 급증한 것이다. 일시적으로 주춤하던 나이키의 주가도, 2018년 9월 13일 의류 제조업체의 사상 최고치인 83.47달러(1주당)를 기록했다.[18] 흥미로운 것은 이 광고가 세대의 선호도를 정교하게 나눈 광고라는 점이다. CNN에서 실시한 여

론조사에 따르면, 나이키의 주 타깃층인 18~34세, 35~44세까지의 고객은 나이키의 광고를 지지했지만(18~34세: 찬성 44%, 반대 32%, 35~44세: 찬성 52%, 반대 37%), 65세 이상은 반대가 현저하게 많았다(찬성 26%, 반대 47%).[19] '젊은이 집단'이 나이키의 매출과 주가를 급격하게 끌어올린 것이다.

청년 시절의 문화적 취향은 ">" 전 생애에 걸쳐 영향을 준다

청년 세대는 본능적으로 새로움에 즉각적으로 반응하고, 자신의 정체성을 브랜드나 셀럽(연예인이나 유명인)에 몰입시키며, 대상에 대한 자신의 감정을 솔직하고 격렬하게 경험하고, 표현한다. 그리고 이때 어떤 대상에 형성된 감정은 이후의 중년기와 장년기의 문화적 취향에 상당한 영향을 준다. 조사에서도 비슷한 결과가 확인된다. 현재의 40대, 50대, 60대의 경우 음악적 취향(문화적 취향)의 상당수가 여전히 '고등학교 시기'에 형성된 취향에 지배를 받고 있었기 때문이다(현재의 음악적 취향이 영향을 받은 시기: 40대-1순위 고등학생 시기(53.1%), 2순위 중학생 시기(30.0%), 3순위 20대/대학생 시기(29.2%), 50대-1순위 고등학생 시기(50.3%), 2순위 20대/대학생 시기(34.3%), 3순위 20대 중후반(23.1%), 60대-1순위 고등학교 시기(43.1%), 2순위 20대 중후반(21.6%), 3순위 20대/대학생 시기(19.6%)).[20] 따라서 새롭게 주목받는 세대를 이해하는 것은 현재의 변화를 이해하는

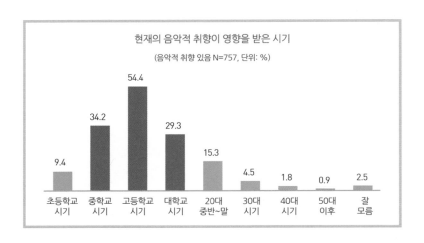

현재의 음악적 취향이 영향을 받은 시기

(음악적 취향 있음 N=757, 단위: %)

초등학교 시기 9.4
중학교 시기 34.2
고등학교 시기 54.4
대학교 시기 29.3
20대 중반~말 15.3
30대 시기 4.5
40대 시기 1.8
50대 이후 0.9
잘 모름 2.5

것뿐만 아니라 미래를 전망하게 하는 중요한 정보원이 된다.

그런 의미에서 선배 세대는 필연적으로 Z세대를 주목하고, 공부 해야만 한다. 2018년까지 많은 관심을 받았던 '밀레니얼 세대'를 순식간에 밀어내고, Z세대가 미래를 주도하게 될 것이라는 뉴스와 연구서가 쏟아진다.[21] 수많은 기업 강연에서도 'Z세대'가 화두가 되고 있다.[22] 검색량도 어마어마하다. 구글에서 'Z세대'라는 키워 드로 검색하면 일일 검색량이 약 500만~600만 개를 넘어서 얼마 전까지 주목을 받았던 '밀레니얼 세대'의 검색량(약 100만 개 내외) 을 훌쩍 뛰어넘는다.[23] 그리고 'Z세대'라고 명명한 이 세대에 대한 관심은 전 지구적이다.[24]

다양한 연구자들이 동의하는 수준에서의 Z세대는 대략 1990년 대 중반에서 2000년대 중반 전후에 태어난 세대를 뜻한다. 베이비 부머나 X세대, 밀레니얼 세대 등을 나누는 글로벌한 기준은 각 나라의 정치·사회·경제적 환경에 따라 다르지만, 공교롭게도 Z세대를 구분하는 기준만큼은 세계적으로 거의 유사한 기준을 제시한다. 이것은 Z세대가 주로 스마트폰(모바일)과 SNS를 적극적으로 활용한다는 점과 동시에 국가 간 경계를 넘는 '글로벌 커뮤니케이션'에 익숙하게 된 인터넷 환경과도 무관하지 않다. 방탄소년단(BTS)을 세계적인 문화 아이콘에 올려놓은 것도 이 Z세대의 글로벌한 팬덤과 적극적인 SNS 활동과 직접적으로 관련이 있다. 조사에 따르면, 국내에서 BTS의 팬을 자처하는 전 연령대 중 BTS와 직접적으로 'SNS로 소통'하는 비중도 이들 Z세대가 다른 세대에 비해 훨씬 높았기 때문이다(BTS 팬덤 활동 방법: SNS 팔로우-1순위 Z세대(50.0%), 2순위 1차 베이비 부머(27.0%), 3순위 Y세대/밀레니얼 세대(25.0%), 4순위 X세대(12.9%), 5순위 2차 베이비 부머(5.7%)).[25] Z세대는 BTS의 음악이나 퍼포먼스를 감상하고 관련 상품을 소비하는 데 그치는 것이 아니라 BTS와 '관계'를 맺고 소통하기를 원하는 것이다.

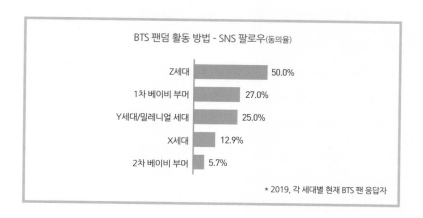

BTS 팬덤 활동 방법 - SNS 팔로우(동의율)

Z세대	50.0%
1차 베이비 부머	27.0%
Y세대/밀레니얼 세대	25.0%
X세대	12.9%
2차 베이비 부머	5.7%

* 2019, 각 세대별 현재 BTS 팬 응답자

Z세대의 '얼큰한 빨간 국물 라면' "
선호가 의미하는 것

　이제 본격적으로 Z세대의 특성을 알아보자. 세대(generation)의 사전적 의미는 '생물이 태어나서 성장해 자신의 아기를 낳을 때까지 걸리는 평균 시간'이지만, 현대적 정의는 약간 다르다. 세대 내의 동질성과 이질성을 바탕으로 세대를 구분하기 때문이다. 중요한 것은 청소년기를 포함한 청년기에 어떤 사건을 경험했고 어떤 환경에서 성장했는가 하는 것이다.[26] 이를 위해 마크로밀 엠브레인의 연구진은 인구수, 입시 제도 변화, 큰 사회적 사건의 경험 등을 종합적으로 고려, 한국의 세대를 5가지로 구분했다(1차 베이비 붐 세대(1955~1964년생), 2차 베이비 붐 세대(1965~1974년생), X세대(1975~1986년생), Y세대/밀레니얼 세대(1987~1994년생), Z세대(1995~2003년생)).

　일단 가볍게 시작해보자. 우리나라 Z세대의 식습관은 다른 세대와 무엇이 다를까? 한창때의 먹성을 드러내는 시기임을 고려하면 치킨(호감도 84.0%), 피자(76.5%), 삼겹살(80.5%) 등을 닥치는 대로 좋아한다는 것은 예상 가능한 결과다.[27] 그런데 여기에 이들 세대가 디지털을 일체화하고 있는 신세대라는 것을 고려해보면 약간은 의외로 읽히는 결과가 있다. 바로 라면에 대한 태도다. Z세대에게 라면은 거의 주식이다. 일주일에 2~5회 이상 라면을 먹는 사람의 비율이 다른 세대보다 현저하게 높다(Z세대 47.0%, Y세대 40.0%, X세대 32.0%, 2차 베이비 붐 세대 35.0%, 1차 베이비 붐 세대 22.0%).[28]

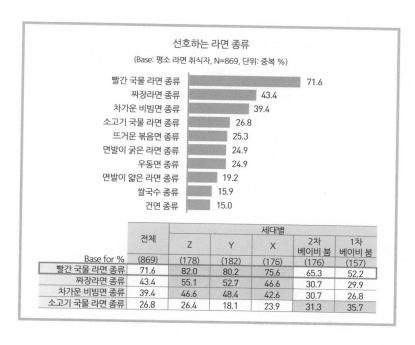

선호하는 라면 종류

(Base: 평소 라면 취식자, N=869, 단위: 중복 %)

빨간 국물 라면 종류		71.6
짜장라면 종류		43.4
차가운 비빔면 종류		39.4
소고기 국물 라면 종류		26.8
뜨거운 볶음면 종류		25.3
면발이 굵은 라면 종류		24.9
우동면 종류		24.9
면발이 얇은 라면 종류		19.2
쌀국수 종류		15.9
건면 종류		15.0

	전체	세대별				
		Z	Y	X	2차 베이비 붐	1차 베이비 붐
Base for %	(869)	(178)	(182)	(176)	(176)	(157)
빨간 국물 라면 종류	71.6	82.0	80.2	75.6	65.3	52.2
짜장라면 종류	43.4	55.1	52.7	46.6	30.7	29.9
차가운 비빔면 종류	39.4	46.6	48.4	42.6	30.7	26.8
소고기 국물 라면 종류	26.8	26.4	18.1	23.9	31.3	35.7

혼자 식사를 하거나(70.8%), 밥하기가 귀찮아서 그렇기도 하지만 (59.0%), 시간도 없고(34.8%), 돈도 아끼고 싶기 때문이다(46.6%).[29] 게다가 선배 세대들과는 달리 다양한 종류의 라면을 좋아한다(볶음면, 비빔면, 짜장라면, 우동면 등 면 종류별 선호도 1순위 세대).[30] 그런데 이런 다양한 라면을 선호하는 태도에도 불구하고, Z세대가 가장 좋아하는 라면은 '빨간 국물의 얼큰한 라면'으로(선호도 82.0%), 한국 라면의 원형에 가까운 '빨간 국물 라면'을 좋아하는 성향은 선배 세대보다도 더 두드러지는 모습이었다(1순위 Z세대, 2순위 Y세대, 3순위 X세대, 4순위 2차 베이비 붐 세대, 5순위 1차 베이비 붐 세대).[31]

최근 라면 시장이 침체되면서, 라면 생산업체에서는 다양한 종류

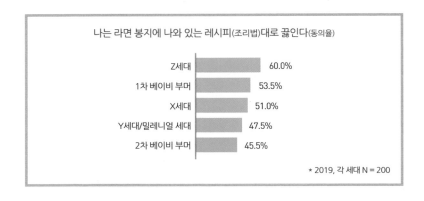

나는 라면 봉지에 나와 있는 레시피(조리법)대로 끓인다(동의율)

Z세대	60.0%
1차 베이비 부머	53.5%
X세대	51.0%
Y세대/밀레니얼 세대	47.5%
2차 베이비 부머	45.5%

* 2019, 각 세대 N = 200

의 라면으로 돌파구를 찾고 있는 중이지만,[32] 라면이 거의 주식과 다름없는 Z세대의 입맛과 레시피(조리법)는 역설적으로 매우 보수적이었다. Z세대 10명 중 8명은 '라면의 기본은 빨간 국물 라면'이라고 생각했고(80.0%), 다양한 재료와 함께 원래의 레시피를 변형해 새로운 라면 조리를 시도하기보다, 라면 봉지에 나와 있는 레시피(조리법)대로 끓이는 비중이 매우 높았다(나는 라면 봉지에 나와 있는 레시피(조리법)대로 끓인다: 60.0%, 비교 세대 중 1순위 응답률).[33] 이러한 Z세대의 원칙론적이고 보수적인 태도는 국민 간식인 '떡볶이'에 대한 태도에서도 살짝 드러난다. 다양하고 고급스럽게 만든 떡볶이보다 원형에 가까운 담백한 맛을 선호하는 비중이 훨씬 높게 나타난 것이다(나는 고기, 해물 등 고급스러운 음식 재료와 함께 만들어진 떡볶이를 좋아한다 22.5% vs. 떡볶이는 재료를 많이 넣지 않은 담백하게 만들어진 것이 맛이 있다 59.0%).[34]

이러한 일상적인 음식에 대한 Z세대의 보수성은 이들의 부모 세대(대체로 2차 베이비 붐 세대(여기서는 1965~1974년생을 의미) 세대) 영향만은 아닌 듯하다. Z세대는 상대적으로 자신들의 부모 세대에 비해 음식에 대한 자신의 취향을 비교적 뚜렷하게 드러내고 있었기 때문이다. 선호하는 치킨과 피자 브랜드가 확실했고(나는 선호하는 치킨 브랜드가 있다 69.5%(1순위), 나는 선호하는 피자 브랜드가 있다 55.5%(2순위)), 중국 음식을 주문할 때도 이른바 '짜장·짬뽕 고민'이 적었다(나는 중국집에 가면 항상 짜장면과 짬뽕 중 무엇을 먹을까를 고민한다: 1순위 2차 베이비 붐 세대(52.5%), 5순위 Z세대(42.5%)).[35] 그리고 식후에 먹는 디저트 비용에 대해서도 이들의 부모 세대에 비해 현저하게 관대한 편이었다(나는 디저트 가격은 식사비를 초과하면 안 된다고 생각한다: 1순위 2차 베이비 붐 세대(66.0%), 3순위 Z세대(52.0%)).[36]

　이러한 식습관에 대한 뚜렷한 주관은 '혼밥 상황'에서도 나타난다. 대부분의 2차 베이비 붐 세대(Z세대의 부모 세대)들이 '어쩔 수 없는 상황에서만' 혼자 밥을 먹는 것에 비해(69.0%, 1순위), Z세대는 자신들이 원해서(66.5%), 혼자 먹는 것이 편해서(59.5%) 혼밥을 즐기고 있었기 때문이다. 심지어 혼밥도 시간과 돈을 들여서 잘 차

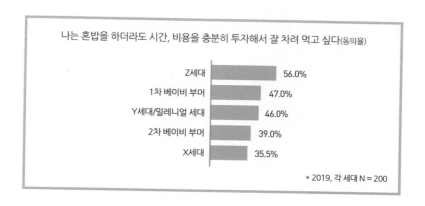

나는 혼밥을 하더라도 시간, 비용을 충분히 투자해서 잘 차려 먹고 싶다(동의율)

Z세대	56.0%
1차 베이비 부머	47.0%
Y세대/밀레니얼 세대	46.0%
2차 베이비 부머	39.0%
X세대	35.5%

* 2019, 각 세대 N = 200

려 먹고 싶어 하는 태도가 강했다(나는 혼밥을 하더라도 시간, 비용을 충분히 투자해서 잘 차려 먹고 싶다: 1순위 Z세대(56.0%), 2순위 1차 베이비 붐 세대(47.0%), 3순위 Y세대/밀레니얼 세대(46.0%), 4순위 2차 베이비 붐 세대(39.0%), 5순위 X세대(35.5%)).**37** 식습관에 대해서 Z세대는 상당히 원칙적인 태도와 뚜렷한 기호(嗜好)를 가지고 있는 것으로 보인다.

Z세대의 흔한 소비 특성, "
그리고 충동구매를 쿨하게 인정하는 이유: 부모와의 관계

전반적으로 Z세대의 소비 특성은 대부분의 사람들이 직관적으로 예상할 수 있는 수준이었다. 무인 판매대(키오스크, KIOSK) 이용을 아주 편리하다고 생각하고(64%, 1순위), 물건을 살 때 정보를 많이 찾아보고 2개 이상의 사이트를 비교해서 사며(79.0%), 오프라인에서는 물건을 구경만 하고 구매는 대부분 모바일로 한다(68.5%, 1순위).**38** 흥미로운 지점은 자신의 소비 행동에 충동적인 부분이 많다고 인정하는 부분이었다. Z세대는 가족을 위해 소비하지 않았다(나는 가족을 위한 물건을 많이 사는 편이다: 1순위 2차 베이비 붐 세대(65.5%), 2순위 X세대(64.5%), 3순위 1차 베이비 붐 세대(63.0%), 4순위 Y세대/밀레니얼 세대(43.5%), 5순위 Z세대(33.5%)).**39** 이것은 대부분이 미혼인 Z세대의 생애 단계를 고려할 때 당연한 결과로 보여진다. 그렇다고 '딱 내가 필요한 물건만' 사는 것도 아니었다(나는 딱 내가 필요한 물건만 산다: 1순위 1차 베이비 붐 세대(74.0%), 2순위 2차 베

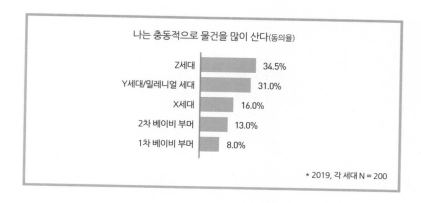

나는 충동적으로 물건을 많이 산다(동의율)

Z세대	34.5%
Y세대/밀레니얼 세대	31.0%
X세대	16.0%
2차 베이비 부머	13.0%
1차 베이비 부머	8.0%

* 2019, 각 세대 N = 200

이비 붐 세대(71.5%), 3순위 X세대(66.0%), 4순위 Y세대/밀레니얼 세대 (57.0%), 5순위 Z세대(54.5%)).[40] 오히려 Z세대는 '충동적'으로 물건을 사는 경향이 가장 뚜렷한 세대였다(나는 충동적으로 물건을 많이 산다: 1순위 Z세대(34.5%), 2순위 Y세대/밀레니얼 세대(31.0%), 3순위 X세대(16.0%), 4순위 2차 베이비 붐 세대(13.0%), 5순위 1차 베이비 붐 세대(8.0%)).[41]

'충동구매'는 소비 행동에 있어서 부정적인 결과를 나타내는 용어다. 따라서 스스로 충동구매에 취약하다고 선뜻 응답하기는 쉽지 않다. 자신에 대해 부정적인 이미지를 만들기 때문이다(사회적 바람직성 편향 반응, Social Desirable Response Bias). 그럼에도 Z세대는 자신의 감정을 쿨하게 인정하고 있었다. 그만큼 Z세대는 자신의 감정을 잘 살피고 있는 것이다.

일반적으로 사람들이 자신의 감정을 잘 표현하는 것은, 청소년 시기의 개인 감정에 대해 '수용적인 경험'이 많았을 때 나타난다. 성장기의 감정 표현은 수용을 받으면 강화되고, 규제를 받으면 억

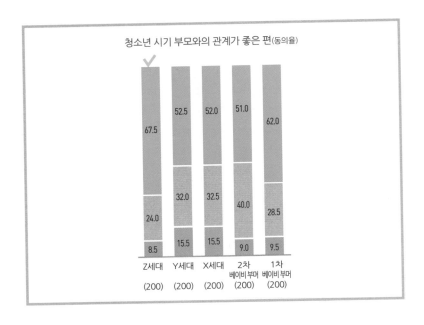

청소년 시기 부모와의 관계가 좋은 편(동의율)

	Z세대 (200)	Y세대 (200)	X세대 (200)	2차 베이비부머 (200)	1차 베이비부머 (200)
	67.5	52.5	52.0	51.0	62.0
	24.0	32.0	32.5	40.0	28.5
	8.5	15.5	15.5	9.0	9.5

압이 되는 경향이 있기 때문이다. 이런 관점에서 보면, Z세대의 솔직한 감정 표현(여기서는 '충동구매'에 대한 쿨한 인정)은 부모와의 관계를 추정하게 하는 단서가 된다.

Z세대의 경우 부모와 좋은 관계를 맺으면서 성장해왔다고 보여진다(다른 세대에 비해). 청소년기 부모와의 관계에 대해 Z세대가 가장 긍정적인 응답을 주었는데(부모와의 관계 좋은 편: 1순위 Z세대(67.5%)),[42] 그만큼 부모들이 의사 결정 상황에서 Z세대가 원하는 (감정) 대로 공감하고 수용하는(감정을 수용해주는) 태도를 보였을 것이라는 것을 추론해볼 수 있다. 실제 세대별로 비교해본 결과, 청소년기의 의사 결정 시 여러 사안에 대해 부모의 영향을 받기보다는 스스로 주도적으로 결정해본 경험이 다른 세대에 비해 높은

편이었다(의사 결정 시 대체로 내가 결정: 1순위 Z세대(48.2%)).**43**

조사 결과로만 보면, Z세대는 다른 세대에 비해 자신의 감정을 (상대적으로) 잘 수용해주는 부모(주로 2차 베이비 붐 세대)와의 관계에서 성장했을 가능성이 매우 큰 것이다. 그리고 이 수용적 부모와의 원활한 가족 관계는 이들 세대(Z세대)가 가지는 뚜렷한 주관(어떤 상품이나 이슈에 대한 뚜렷한 선호도)과 연관된 것으로 보인다.

Z세대가 '모범생'과 '대세'를 좋아하는 이유

어떤 상품에 대해 뚜렷한 자신만의 기호(嗜好)가 있다는 것은 자기 자신에 대한 관심과 이해가 선행돼 있다는 뜻이다(어떤 상품을 더 좋아하고 덜 좋아하는 뚜렷한 기준이 있다는 것). 즉, 자기 자신의 물

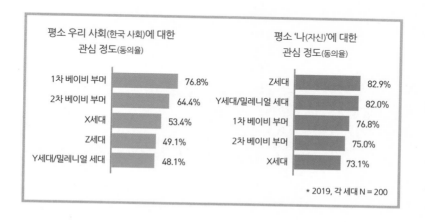

평소 우리 사회(한국 사회)에 대한 관심 정도(동의율)		평소 '나(자신)'에 대한 관심 정도(동의율)	
1차 베이비 부머	76.8%	Z세대	82.9%
2차 베이비 부머	64.4%	Y세대/밀레니얼 세대	82.0%
X세대	53.4%	1차 베이비 부머	76.8%
Z세대	49.1%	2차 베이비 부머	75.0%
Y세대/밀레니얼 세대	48.1%	X세대	73.1%

* 2019, 각 세대 N = 200

리적·심리적 상태에 대한 자각(自覺)이 기반이 돼야 생겨나는 소비 행동이다. 조사에서도 이것을 뒷받침하는 자료가 나타났는데, Z세대는 자신을 포함한 우리 사회나 가족에 대한 관심이 다른 세대에 비해 상대적으로 낮았으나,[44] '나'에 대한 관심은 매우 높았다(그래프 참조).[45] 주변 사람들에 대한 관심은 상대적으로 높은 것으로도 나타났는데(타인이나 주변 사람에 대한 관심도: 1순위 Z세대 (64.0%)),[46] 이것은 사실 자신이 주변에 어떻게 '보여지는지'에 대한 관심의 반영으로 보여진다(평소 주변 사람들의 나에 대한 평가 여부: 2순위 Z세대(51.6%), 나에 대한 주변인의 평가가 알고 싶다: 1순위 Z세대(62.2%), 주변 사람들의 시선 의식: 1순위 Z세대(65.1%)).[47]

Z세대는 주변 사람들에게 '자신이 어떻게 보여지고 있는지'를 끊임없이 알고 싶어 했다. 자신에 대한 주변 사람들의 평판을 끊임없이 궁금해하고 있는 것이다(나는 나에 대한 주변 사람들의 솔직한 평판을 알고 싶다: 1순위 Z세대(69.8%), 2순위 Y세대/밀레니얼 세대(55.0%), 3순위 2차 베이비 붐 세대(47.7%), 4순위 X세대(45.4%), 5순위 1차 베이비

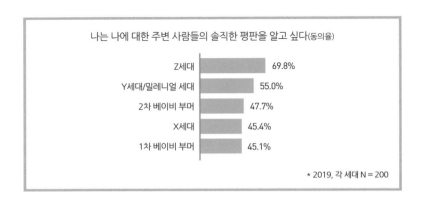

나는 나에 대한 주변 사람들의 솔직한 평판을 알고 싶다(동의율)

Z세대	69.8%
Y세대/밀레니얼 세대	55.0%
2차 베이비 부머	47.7%
X세대	45.4%
1차 베이비 부머	45.1%

* 2019, 각 세대 N = 200

붐 세대(45.1%), 나에게는 나의 단점을 지적해주는 사람이 필요하다: 1순위 Z세대(63.3%), 2순위 1차 베이비 붐 세대(57.3%), 3순위 Y세대/밀레니얼 세대(50.8%), 4순위 X세대(49.6%), 5순위 2차 베이비 붐 세대(44.9%)).[48] 결국 Z세대가 가지고 있는 타인에 대한 관심(평판) 역시 자신에 대한 관심의 이면이라고 볼 수 있다.

또한 Z세대는 다른 세대에 비해 '보여지는 나'를 많이 의식하고 있었다(표 참조). 이런 태도는 자연스럽게 소비 상황에서 '보다 과시적'이고 '유명하며', '차별화된' 브랜드나 제품을 선호하는, 일종의 '대세에 편승하는' 태도와 연결되고 있는 것으로 보인다(같은 값이라면 유명한 브랜드의 제품을 구입하고 싶다: 1순위 Z세대(68.0%), 브랜드 제품 구매 시 남들이 잘 알고, 이름 있는 브랜드 인지를 고려한다: 1순위 Z세대(46.9%), 나는 나만의 이미지를 표현하기 위해 독특한 제품이나 브랜드를 구매하려는 편이다: 1순위 Z세대(31.6%), 나는 남들과 다르게 보이기 위해 독특한 제품을 구매하려는 편이다: 1순위 Z세대(34.2%)).[49] 이런 관점에서 보면, 이전에 언급한 뚜렷한 자기만의 기호(嗜好)를 드러내는 Z세대의 태도는 '타인과의 차별화'의 연장선에서 취하는 태도로도 해석해볼 수 있다.

타인의 영향력과 대세의 판단에 영향을 많이 받고 있다는 것을 전제로 Z세대의 가치관을 보면, 기존에 한국 사회에 정형화돼 있는 '진보적'인 청년 세대의 이미지와는 다소 차별화되는 부분이 눈에 띈다. 비교적 많은 Z세대들이 한국 사회가 크게 변했으면 좋겠다고 희망했지만(2순위. 1순위는 2차 베이비 붐 세대),[50] 사회가 크게 변하는 것을 불편하게 생각하는 태도도 다른 세대들에 비해 상대

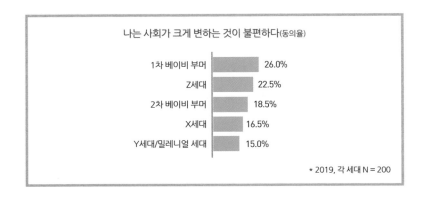

나는 사회가 크게 변하는 것이 불편하다(동의율)

1차 베이비 부머	26.0%
Z세대	22.5%
2차 베이비 부머	18.5%
X세대	16.5%
Y세대/밀레니얼 세대	15.0%

* 2019, 각 세대 N = 200

적으로 많았던 것이다(나는 사회가 크게 변하는 것이 불편하다: 1순위 1차 베이비 붐 세대, 2순위 Z세대).[51]

Z세대는 '대세'를 부러워했고 본받고 싶어 했다. 주변에 성공한 사람들의 삶의 태도를 본받고 싶어 했고(1순위 Z세대(63.5%)), 학창 시절에 공부를 잘하는 친구들을 본받고 싶어 했고(1순위 Z세대(52.0%)), 주변에 성공한 사람들을 친구로 두고 있는 사람을 보며 부러워했다(1순위 Z세대(51.5%)).[52] 그리고 사회적 성공이란 '개인의 노력'에 의해 전적으로 이루어지는 것이라고 생각하는 경향이 다른 세대들에 비해 높았다(사회적 성공은 개인의 노력에 의해 전적으로 만들어진다: 1순위 Z세대(36.0%)).[53]

Z세대는 현재의 삶의 토대에서, '노력'으로 사회적 성공을 얻고 싶어 했다. 이런 경향은 한국만의 특성은 아닌 것 같다. 미국의 저명한 Z세대 연구자인 제프 프롬(Jeff Fromm)과 앤지 리드(Angie Read)는 그들의 저서(《최강소비권력 Z세대가 온다》)에서, 여론조사 기관 퓨 리서치센터(Pew Research Center) 조사를 근거로 미국의 Z

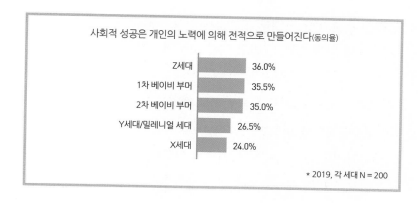

세대도 개인적 성공과 노력을 매우 중요하게 여기는 전통적인 가
치관을 견고하게 가지고 있다고 주장한다(성공은 노력의 결과물이
다. 행운은 성공과 아무런 관련이 없다: 응답률 1순위 Z세대, 2순위 밀레니
얼 세대, 3순위 X세대, 4순위 베이비 부머 세대, 개인적 보상은 중요하다:
1순위 Z세대, 2순위 밀레니얼 세대, 3순위 X세대, 4순위 베이비 부머 세
대).[54] 이에 대한 설명으로, 제프 프롬과 앤지 리드는 9·11 이후 테
러와 총기 사건, 각종 불확실성이 도처에 깔린 세상에서 Z세대가
자연스럽게 리스크(risk)가 큰 행동을 회피하는 방식으로 성장해왔
기 때문이라고 말한다. 그래서 이전 세대에 비해(특히 밀레니얼 세대
에 비해서도) 현저하게 '조심성' 있는 태도를 취하며, 매우 현실적인
가치관과 경제관을 형성해왔다고 주장한다. 실제로 이전의 10대
들에 비해 미성년 음주 문제와 10대 출산율 역시 감소세에 있다고
알려진다.[55]

'노력의 성공관'을 그대로 수용하는 이유 🎗
: 자기애와 문자 소통, 그리고 맥락 지식의 결핍

　사회적 성공은 개인의 노력만으로 성취되지는 않는다. 세계적인 행동경제학자인 로버트 프랭크(Robert H. Frank)는 큰 사회적 성공은 행운과 밀접하게 관련이 있다고 주장하면서, '개인의 실력과 노력'만으로 사회적 성공을 과도하게 귀인(歸因, attribution, 원인을 돌리는 것)하는 것은 사람들이 가지고 있는 일종의 '신화'라고 주장한다.56 사회적인 성공에는 항상 그 성공을 가져온 '사회적 상황(전후 맥락)'이라는 전제가 있다. 개인의 실력과 노력은 그 확률을 높이는 것일 뿐이라는 것이다. 그럼에도 사람들이 사회적 성공을 개인의 노력과 실력으로 과도하게 귀인하는 것은, '성공을 통제할 수 있다'고 믿는 긍정적 이미지가 주변에 확산되기를 희망하기 때문이라고 로버트 프랭크는 설명한다.

　이 주장은 왜 사람들이 일반적으로 '실패'를 '상황'으로 돌리고 (상황이 어쩔 수 없었어), '성공'을 자기의 능력으로 돌리는지(내가 열심히 했어)를 잘 설명해준다. 이 관점으로 보면, 자신에 대한 '긍정적 이미지'를 주변에 널리 확산시키려고 할수록, 사회적 성공을 보다 '자신의 노력(통제)'에 두려고 하는 경향이 높다고 볼 수 있다. 즉, 자기 자신에 대한 관심이 많고, 주변에서 자신을 어떻게 바라보는지에 대한 관심이 높은 한국의 Z세대는 다른 세대에 비해 자연스럽게 주변에 대한 자신의 통제력을 과도하게 인식할 가능성이 높다. 이들에게 사회적 성공은 자신의 실력과 노력에 따른 결과

여야 한다는 것이다.

앞서 언급한 것처럼, 사회적 성공은 개인의 실력과 노력뿐만이 아니라 그 성공을 가져온 '사회적 상황'도 매우 중요하다. 어떤 제도의 유무, 타인의 존재, 천재지변 등 우리가 통제할 수 없는 수많은 상황 요인들이 영향을 주기 때문이다. 그렇다면 Z세대는 다른 세대에 비해 왜 '상황 인식(맥락(context)에 대한 인식)'이 낮은 것일까? 선배 세대에 비해 경험의 차이가 전제돼야겠지만, 가장 중요한 단서는 이들의 소통 습관에서 찾을 수 있다.

Z세대가 이전 세대와 다른 것은 소통 과정에서 선배 세대가 거의 이해할 수 없는 신조어를 자유롭게 활용하고(나는 메신저 등에게 사용하는 줄임말, 약어를 거의 이해할 수가 없다: 1순위 1차 베이비 붐 세대(55.0%), 5순위 Z세대(12.5%)),[57] '문자를 중심'으로 소통한다는 것이다.

수많은 자료에서도 언급했지만, Z세대는 SNS가 없는 시대를 경험해본 적이 없다. 이들은 태어날 때부터 디지털로 연결된 세상에

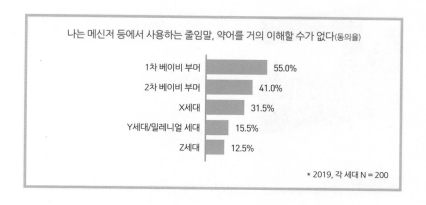

나는 메신저 등에서 사용하는 줄임말, 약어를 거의 이해할 수가 없다(동의율)

1차 베이비 부머	55.0%
2차 베이비 부머	41.0%
X세대	31.5%
Y세대/밀레니얼 세대	15.5%
Z세대	12.5%

* 2019, 각 세대 N = 200

서 성장해왔다. 이들에게는 온·오프라인의 구분도 무의미하다. 말 그대로 디지털 원주민(Digital Native) 세대다. 그래서 이들의 인간 관계에서 소셜 네트워크를 빼놓고 생각할 수는 없다. 이들은 SNS 로 쉽게 사귀고 헤어진다. 5개 이상의 화면에서 동시다발적인 소통도 아주 쉽게 가능하다.[58] 그리고 이 모든 정신 없는 소통을 가능하게 하는 것은 문자(text)다(Z세대가 20대 이하인 점을 고려할 때 그 비율은 다른 연령대에 비해 상당히 높다(문자+모바일 메신저 vs. 음성 통화 비율: 20대 69.8% vs. 30.2%, 30대 64.4% vs. 35.6%, 40대 55.3% vs. 44.7%, 50대 58% vs. 42%)).[59]

이렇게 '음성'보다 '문자'로 커뮤니케이션 하는 상황이 일상화 되면 개인에게 어떤 변화가 일어날까? 청각과 시각의 정보 차이가 어떤 변화를 가져오는가를 설명해주는 흥미로운 자료가 있다. 세계적인 사상가로 평가받는 미국 펜실베이니아 주립대학교의 제러미 리프킨(Jeremy Rifkin) 교수는 그의 책 《공감의 시대(The Empathic Civilization)》에서 청각 정보를 조화와 종합으로, 시각 정

보를 판명과 분석으로 정리한다. 즉, 청각 경험은 참여적 경험으로 상호적 이며 동시적이지만, 시각 경험은 보는 쪽과 보이는 쪽의 경계(주체와 객체의 경계)가 분명한, 완벽하게 개인화된 경험이라는 것이다.[60] 리프킨은 이런 음성과 문자가 주는 경험의 차이로 인해 '개인이라는 자각'이 강화되고, '분리'

됐으며, 따라서 인간은 역설적으로 '공감'을 필요로 하게 됐다고 주장한다(인간이 가지고 있는 사회적 본능 때문에).

　문자(text) 중심의 커뮤니케이션은 음성(또는 대면) 커뮤니케이션에 비해 시공간을 초월하고 민주적 커뮤니케이션을 가능하게 하는 장점이 있다. 반면, 상대방의 의도, 대화의 상황, 당시의 감정 등 비(非)언어적인 단서는 대부분의 맥락(context)이 배제된다. 따라서 상황(context) 정보를 문자(text)로 충분히 제공하기 위해서는 '긴 문자'로 소통해야 한다. 하지만 이것도 최근에는 거의 불가능하다. 짧은 글에 익숙한 대부분의 현대인들은 긴 글을 끈기 있게 읽어내지 못하는 경향이 있기 때문이다.[61] 2019년 7월, 〈SBS 스페셜(난독시대)〉에서는 현대인들의 이런 '난독증'을 집중적으로 다룬 바 있다. 이런 문자 중심의 소통 과정과 신조어 중심의 소통이 일상화·고착화되면 사고 과정에 직접적으로 영향을 준다. 자연스럽게 '세상을 이해하는 인지 방식'이 달라지는 것이다.[62]

정리하면, 문자 중심의 소통 과정은 짧고 빠르게 다양한 사람들과 동시다발적인 소통을 가능하게 하는 장점이 있다. 그러나 이러한 소통만이 이루어지면 대화 앞뒤의 맥락, 상대방의 감정 상태, 상황 등의 맥락은 제거된 정보만이 오가게 된다. 왜 그런 말을 했는지, 지금 그 말을 하게 되는 상황은 무엇인지, 지금 그 말을 하는 목소리(또는 표정)는 어떤 상태인지에 대한 비언어적인 정보는 모두 제거된 문자의 의미만 전달이 되는 것이다. 그래서 문자 소통은 논리적 정합성(논리적으로 맞느냐 틀리냐의 문제)만이 강조된 커뮤니케이션을 일상화한다. 이 문자 중심 소통의 일상화는 그 대화가 발생하는 상황에 대한 전반적인 이해 수준을 떨어뜨리고, 이것은 상대방의 입장, 관점, 상황에 대한 충분한 이해를 저해한다는 것이다. 쉽게 말하면, 어떤 '사건'이 사회적으로 이슈가 됐을 때, 그 이슈가 왜 그때 발생했는지, 왜 그렇게 보도됐는지, 왜 그 입장에서만 보도되는지 등의 상황(맥락)을 충분히 이해하려 하기보다는, 딱 그 보도된 이슈의 옳고 그름만을 중심으로 정보를 습득하는 경향이 높아진다는 뜻이다.

이 논리를 전제로 한다면, 문자 중심의 커뮤니케이션에 아주 익숙한 Z세대는 소통이 이루어지는 상황(또는 맥락, context)에 대한 이해가 취약해질 수밖에는 없다. 자발적이고 의식적인 노력이 없다면, 기존 사회의 가치관이나 주변의 영향, 부모의 영향에서 달라질 가능성이 현저하게 낮다는 것이다. 바로 이러한 이유 때문에 Z세대는 자신이 통제 불가능한 사회(또는 국가)에 대한 관심을 줄이고, 통제 가능한 대상인 '자기 자신의 노력'에 의한 '기존의 성공관'을 비판 없이 받아들이고 있을 가능성이 매우 높은 것이다.

So What? 🎧
시사점 및 전망

이상에서 살펴본 한국의 Z세대의 특징은 몇 가지로 정리할 수 있다. 첫째, Z세대는 다른 세대에 비해 부모와의 관계가 좋다. 이 결과는 많은 시사점을 준다. 이들 세대가 가진 가치관이 부모 세대(주로 2차 베이비 붐 세대, 본 조사에서는 1965~1974년생으로 정의)와의 충돌이나 반발에서 저항적으로 튀어나온 것이 아니라 부모의 인생관이나 가치관을 수용적으로 받아들였을 가능성이 크다. 이것은 Z세대가 보여주는 음식 문화나 기타 여러 가지 분야에서 나타나는 일부 보수성(기존의 전통적인 가치관을 수용하거나, 변화에 대한 보수적인 태도)을 설명해주는 근거가 된다. Z세대는 '조심스럽고', '안전함'을 매우 중요한 가치로 받아들이는 세대로 보인다. 이렇게 되면, Z세대를 대상으로 '모험적'이고 '일탈'이나 '큰 변화'를 제안하는 마케팅이나 프로모션은 크게 설득력을 발휘하지 않을 가능성이 높다.

둘째, Z세대를 이해하는 중요한 단서는 '또래의 영향력'이 다른 세대에 비해 매우 큰 세대라는 것이다. 이 또래의 영향력을 단순히 젊은 시절 성장 단계에서의 자연스러운 과정으로만 이해하면 안 되는 이유는 이들이 가진 SNS상에서의 어마어마한 영향력 때문이다. 이들은 SNS상에서의 뉴스나 콘텐츠를 엄청나게 소비도 하지만, 동시에 엄청난 양의 콘텐츠를 스스로 생산하는 세대다.[63] Z세대는 다른 세대에 비해 훨씬 많은 양의 콘텐츠를 생산하고, 친구들과 공유하고, 재생산(RT)하고, 유통시킨다. 이전 세대처럼 오프라인 미디어의 대체재로 SNS를 활용하는 것이 아니라, SNS가 생활 그 자체인 것이다. 따라서 다른 세대와는 달리 'Z세대의 또래 문화'를 잘 관찰해야 한다. 작은 모임이라도 Z세대의 일부를 열광하게 할 수 있다면, 그 영향력은 순식간에 확산될 가능성이 높다. 방탄소년단의 세계적인 영향력도 이런 관점에서 해석해볼 수 있다.

셋째, Z세대는 '자기 자신에게 관심'이 많은(자기애가 높은) 세대지만, 평판에도 매우 민감하다. 이 연장선에서 과시성과 차별성이 다른 세대에 비해 높게 나타나는데, 여기서 중요한 것은 이들이 어떤 브랜드를 소비해서 개성을 드러내려고 한다고 하더라도, '높은 인지도'는 기본적인 항목이 된다는 것이다. 이것은 Z세대의 보수성과도 관련이 있는데, 높은 인지도를 가지는 브랜드들 중에서 차별적인 특성을 지닌 브랜드를 선택할 가능성이 높다. Z세대에게 '검색되지 않는 브랜드'란 '세상에 존재하지 않는 브랜드'이기 때문이고, 이것은 이들의 평판에 크게 영향을 준다.

넷째, Z세대가 가지는 높은 자기애(일종의 자기중심성)는 사회적 이슈를 판단할 때 굉장히 중요한 기준으로 작용한다는 것이다. 사회적 이슈 자체에 대한 평균적 관심은 낮지만, 자신의 이해관계와 관련된 이슈(예: 대학 입학, 취업 관련 등)에 관해서는 아주 민감하게 대응할 가능성이 매우 높다.[64] SNS를 무기로 빠르게 이슈를 키우고 확산시키기 때문에 초기 영향력이 매우 클 것으로 보인다. 다만, 해당 이슈가 대중적인 공감을 얻을지 여부는 이슈에 따라 다르게 나타날 가능성이 높다. 앞서 언급한 것처럼, Z세대의 경우 텍스트(text. 문자 등) 중심의 소통을 주로 하기 때문에 어떤 이슈가 등장했을 때 그 이슈가 등장한 이유, 배경, 원인, 그 언론사의 특징, 성향, 다른 세대의 공감 여부 등등 충분한 앞뒤 상황(맥락, context)을 이해하는 것은 다소 부족할 가능성이 높기 때문이다. 따라서 본격적으로 Z세대를 '충분히' 설득해야 하는 상황이라면, '전체 맥락'과 '전 과정'을 알게 해주는 유튜브(YouTube) 등을 적극적으로 활용하는 것이 좋을 것으로 보여진다.

PART 1

주문형 콘텐츠 소비

Contents on Demand

개·취·존 시대와

생활 시간표

TREND MONITOR

TREND MONITOR

TREND MONITOR

'펭귄 문제'와 '괄도 네넴띤'의 "" '일시적'이고 '제한적 유행'이 말해주는 것

얼마 전 유행하던 퀴즈를 하나 내본다.

〈펭귄 문제〉
틀리면, 3일간 펭귄 프사(프로필 사진)로 살아야 합니다. 정답은 아무에게도 말하지 마세요. 문제 나갑니다. 부대찌개 3인분을 먹으면 1인분을 서비스로 제공하는 식당이 있습니다. 부대찌개 20인분을 시키면 몇 인분을 먹을 수 있을까요?

문제를 끝까지 읽기도 전에 20을 3으로 나누기 시작하는 사람이라면, 일단 정지. 문제를 풀기 시작한 자체로 당신은 이른바 '아싸(아웃사이더)'다. 이 문제는 답을 굳이 맞히라고 낸 것이 아니기 때문이다. 정답은 이미 문제 속에 있다(정답은 '아무에게도 말하지 마세요'). 모든 문제를 '풀어야 한
다'는 강박이 있는 사람들에게
는 굉장히 당혹스럽고 낯선 형
태의 '무의미 놀이'가 유행하고
있는 것이다. 이 '펭귄 문제의

프사 놀이'는 2019년 5월 페이스북에서 급속하게 퍼졌고,[1] 급기야
한 국회의원은 이 '펭귄 프사 놀이'를 자신의 정치적 발언의 소재
로 활용하기도 했다.[2]

　이처럼 '재미'에만 집중한 눈에 띄는 마케팅은 또 있다. 이른바
'뉴트로'[3]라고 소개된 '괄도 네넴띤'이다. 이 제품은 2019년 2월
팔도에서 비빔면 출시 35주년을 기념해 한정판으로 출시한 제품
이다. 팔도는 젊은 세대들 사이에서 재미로 읽는 방식인 '괄도 네
넴띤'(이 글자를 멀리 떨어져서 보면 '팔도 비빔면'과 비슷하다. 이런 비
슷한 단어로는 명작 → '띵작', 멍멍이 → '댕댕이', 세종대왕 → '세종머왕'
등이 있다)으로 명명해서 출시했다. 한정판으로 7만 5,000여 개를

기획해 11번가에 단독으로 출시했
는데, 23시간 만에 완판됐다고 알
려진다.[4]

　'모든' 사람들에게 이 두 가지 놀
이(또는 마케팅)가 이슈가 됐을까?
'펭귄 문제'와 '괄도 네넴띤'을 현
재의 시점에서 검색해보면, 언론에
서 집중적으로 이슈화해서 보도한

시점 이후에 후속 보도는 거의 보이지 않는다. 대중적으로 추가적인 반응이 감지되지 않았다는 것이다. 지금은 빠르게 이슈에서 사라진 이 두 개의 놀이(또는 마케팅)는 공통점이 있다. 여기에 열광하는 쪽과 무관심하거나 비판적인 입장[5]이 구분돼 있다는 것이다. 그리고 이것은 지금의 한국 사회의 문화적 취향이 현저하게 빠르고, 개인화되고 있다는 약간의 단서를 제공한다. 만약 당신이 앞선 펭귄 문제나 꽐도 네넴띤을 지금 이 지면에서 처음 접하더라도 최신의 트렌드를 모른다고 당황할 필요는 전혀 없다. 상당수가 이 현상에 무관심하며, 일부는 재미없어 한다. 재미의 요소는 개인의 취향에 따라 취사선택되는 것이 일종의 트렌드이기 때문이다. 지금은 '대중(mass)'이라는 의미에 부합하는 규모의 사람들을 열광하게 하는 '재미(또는 마케팅)'는 존재하지 않는다. 이 주장에 대한 보다 직접적인 근거는 방탄소년단(BTS)에 대한 태도를 보면 알 수 있다.

세계적인, 역대급 아이돌 'BTS'··· 〞
but, 나는 관심 없다

영국 웸블리 스타디움 공연장을 매진시킨 12번째 가수. 영국 오피셜 앨범 차트 1위. 11개월간 무려 3개 앨범 연속 미국 빌보드 앨범 차트 1위. 설명이 필요 없는 글로벌 보이 그룹의 아이콘, 방탄소년단(BTS). 유튜브에서 BTS 관련 영상물의 조회 수는 '급'이 다

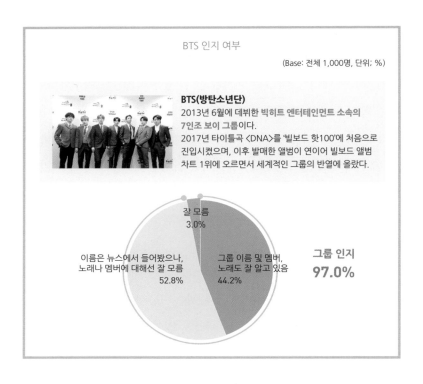

BTS 인지 여부

(Base: 전체 1,000명, 단위: %)

BTS(방탄소년단)
2013년 6월에 데뷔한 빅히트 엔터테인먼트 소속의
7인조 보이 그룹이다.
2017년 타이틀곡 〈DNA〉를 '빌보드 핫100'에 처음으로
진입시켰으며, 이후 발매한 앨범이 연이어 빌보드 앨범
차트 1위에 오르면서 세계적인 그룹의 반열에 올랐다.

잘 모름
3.0%

이름은 뉴스에서 들어봤으나,
노래나 멤버에 대해선 잘 모름
52.8%

그룹 이름 및 멤버,
노래도 잘 알고 있음
44.2%

**그룹 인지
97.0%**

르다. 조회 수 1억~2억 회는 기본으로 넘어가며, 최근 앨범의 타이
틀곡인 〈작은 것들을 위한 시(Boy With Luv)〉의 경우 2019년 7월 기
준으로 조회 수가 4억 6,000만이 넘는다. 이 정도의 글로벌 팝 스
타라면 국내에서 '국민 가수' 타이틀을 부여받는 것은 당연해 보인
다. 국내의 반응은 말하나 마나. 대다수의 국민들이 BTS의 노래를
흥얼거리며, 어디에서나, 어딜 가나 이들의 노래를 즐기는 것이 예
상된다. 그런데 여기서 예상을 깨는 흥미로운 결과가 있다.

조사에 따르면, 만 16세부터 64세까지의 응답자들 중 절반이 넘
는 52.8%의 응답자가 'BTS의 이름은 뉴스에서 들어봤으나 노래

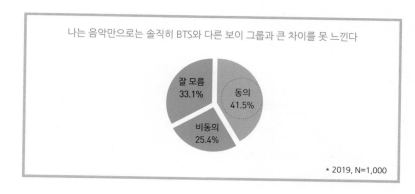

나는 음악만으로는 솔직히 BTS와 다른 보이 그룹과 큰 차이를 못 느낀다

잘 모름
33.1%

동의
41.5%

비동의
25.4%

* 2019, N=1,000

나 멤버에 대해서는 잘 모르고' 있었다(그룹 이름 및 멤버, 노래도 잘 알고 있음 44.2%).[6] 아예 BTS를 '모른다'고 응답한 3%를 더하면 55.8% 정도의 사람들이 BTS에 대해 잘 모르고 있었다.[7] 방탄소년단의 팬클럽 아미(ARMY)가 들으면 경천동지(驚天動地)할 응답은 이 밖에도 많았다. BTS의 음악이 다른 아티스트들에 비해 차별화된다고 느끼는 사람들이 월등하지도 않았고(BTS 음악은 다른 보이 그룹과는 차별화된다/구분된다: 동의 38.4% vs. 비동의 17.5% vs. 잘 모름 44.1%, BTS의 군무(댄스)는 다른 보이 그룹과는 차원이 다르다: 동의 34.3% vs. 비동의 20.7% vs. 잘 모름 45.0%), 심지어 음악만으로는 다른 보이 그룹과 큰 차이를 못 느낀다는 사람들도 상당수이기 때문이다(나는 음악만으로는 솔직히 BTS와 다른 보이 그룹과 큰 차이를 못 느낀다: 동의 41.5% vs. 비동의 25.4% vs. 잘 모름 33.1%).[8] 종합적으로 봤을 때 '국민 가수'라고 하면 일반적으로 가지게 되는 '대세'의 느낌과는 달리 호감도가 크게 뚜렷하지 않아 보인다(호감 54.8%, 보통 36.9%, 비호감 8.3%).[9] 뉴스에서는 글로벌한 반응을 소개하고, 대세

라고 보도는 하지만, '좋아하는 팬'과 '무관심한 일반인'이 구분되고 있는 것이다. 더욱 흥미로운 것은 이런 좋고 싫음에 대한 태도는 세대에 따라 현저하게 나뉜다는 사실이다.

'누구나 좋아하는 취향'이란 존재하지 않는다. **"** 특히, 'Z세대'에게는

조사에서 나타난 호감도의 차이를 세대별로 세밀하게 들여다보면 눈에 띄는 차이를 발견할 수 있다. 재미있는 것은 BTS에 대해 가장 높은 호감도를 보여주고 있는 세대는 이른바 1차 베이비 붐 세대라고 일컬어지는 55세부터 64세까지(1955~1964년생)의 세대였다. 이 세대 응답자의 65.0%가 BTS에 대해 호감도를 보이는 것으로 나타났다. 반면, 이번 조사에서 Z세대로 구분한[10] 1995년생부터 2003년생까지의 세대들은 호감도가 44.0%로 가장 낮았다. 그리고 그다음으로 호감도가 낮은 세대는 Y세대로 불리우는 밀레니얼 세대(본 조사에서는 1987~1994년생으로 구분)였다(51.0%).

정리하면, BTS에 대한 세대별 호감도 순위는 1순위 1차 베이비 붐 세대(1955~1964년생), 2순위 2차 베이비 붐 세대(1965~1974년생), 3순위 X세대(1975~1986년생), 4순위 Y세대(1987~1994년생), 5순위 Z세대(1995~2003년생)순이었다.[11] 여러 매체에서 나타난 바에 따르면, 전문가들은 BTS가 젊은 세대에게 던지는 메시지가 이들 영향력의 기원이라고 설명하고 있다. 하지만 이 조사 결과는

BTS의 영향력이 젊은 세대의 딱 절반 정도에게만 끼치고 있다는 것을 의미한다.

세대별 태도의 차이는 요즘 유행하는 '리액션' 영상에 대한 태도에서도 느낄 수 있었다. 예를 들어 유튜브 검색창에 '○○ 반응'이라는 키워드를 치면 흔히 볼 수 있는 것들로, BTS 관련 영상을 보는 '해외 팬들'의 리액션 영상에 대한 결과가 무척 흥미로웠다. 예상과는 달리(?) 1955년생부터 1964년생 사이의 1차 베이비 붐 세대들이 이런 영상들을 가장 자주 찾고 있었다(시청 경험 1위 63.0%).[12]

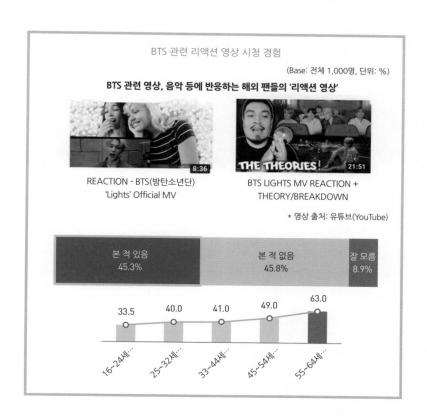

BTS 관련 리액션 영상 시청 경험

(Base: 전체 1,000명, 단위: %)

BTS 관련 영상, 음악 등에 반응하는 해외 팬들의 '리액션 영상'

REACTION - BTS(방탄소년단)
'Lights' Official MV

BTS LIGHTS MV REACTION +
THEORY/BREAKDOWN

* 영상 출처: 유튜브(YouTube)

본 적 있음 45.3%	본 적 없음 45.8%	잘 모름 8.9%

33.5	40.0	41.0	49.0	63.0
16~24세…	25~32세…	33~44세…	45~54세…	55~64세…

다음으로는 1965~1974년생인 2차 베이비 붐 세대(49.0%), X세대 (1975~1986년생 41.0%), Y세대(1987~1994년생 40.0%)순이었다.[13] BTS 관련 리액션 영상에 관한 시청 경험으로만 보면, Z세대는 관심이 가장 적은 것 같았다(33.5%).[14] 비율이 높지는 않지만, 그 리액션 영상을 보면서 외국인들의 반응에 '공감하지 못하는' 비율도 Z세대가 가장 높게 나타난 것이다(외국인들이 우리나라의 보이 그룹에 왜 그렇게 반응하는지 솔직히 잘 이해가 되진 않는다: Z세대 14.9%, Y세대 13.8%, X세대 7.3%, 1차 베이비 붐 세대 7.9%, 2차 베이비 붐 세대 7.1%).[15] '다른 사람'에 대한 반응을 가장 궁금해하는 것은 '1차 베이비 붐 세대(1955~1964년생)'였고, 가장 덜 궁금해한 것은 'Z세대'였다.

세대가 어려질수록 '개인 취향'을 적극적으로 드러내고 있다. 좋고 싫고의 개인적 판단이 분명하게 나타나고 있다는 뜻이다. 이런 세대별 특성은 BTS가 이뤄낸 성취를 바라보는 시각에서도 분

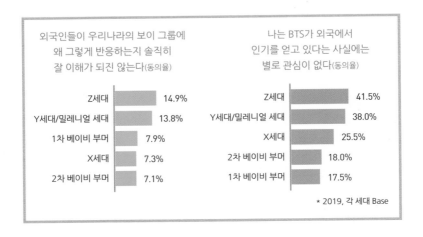

명하게 드러난다. 1, 2차 베이비 부머(1955~1964년생, 1965~1974년생)들은 BTS에 큰 자부심을 느끼고 있었다. BTS가 외국에서 인정받고 있어서 자랑스러웠고(1차 베이비 부머 92.0%, 2차 베이비 부머 88.0%), 외국에서 인정받고 있는 걸 보니, '내가' 기분이 좋다고 말했다(BTS는 국내보다 외국에서 더 평가받는 것 같아서 기분이 좋다: 1차 베이비 부머 85.0%, 2차 베이비 부머 80.0%).[16] 반면, Z세대는 BTS가 외국에서 인정받고 있는 것이 좋은 일이긴 하지만(69.0%), 내가 크게 기분 좋을 일은 아닌 것 같아 보였고(BTS는 국내보다 외국에서 더 평가받는 것 같아서 기분이 좋다 42.5%), 심지어 외국에서 인기를 얻고 있는 사실에 크게 관심이 없어 보였다(나는 BTS가 외국에서 인기를 얻고 있다는 사실에는 별로 관심이 없다: Z세대 41.5%, Y세대 38.0%, X세대 25.5%, 2차 베이비 부머 18.0%, 1차 베이비 부머 17.5%).[17]

즉, 1, 2차 베이비 부머들에게 BTS는 '외국에서 인정받아'서 뿌듯하고 기분 좋은 느낌으로 다가오는 아티스트였고, Z세대에게 BTS는 콘텐츠(음악, 메시지, 퍼포먼스, 공연 등) 자체가 좋은 아티스트로 받아들여지고 있는 것이다.

취향 존중 ≒ 개인의 '생활 시간표'에 맞추는 것 ﹥﹥
: 웹 드라마의 성장 이유

Z세대를 중심으로 한 젊은 세대가 상대적으로 자신의 취향을 분명히 강조하는 경향은 있지만, 개인의 취향을 본격적으로 드러내

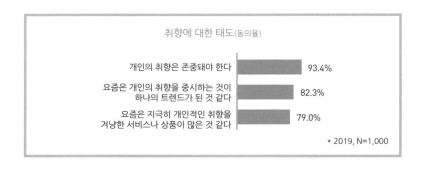

취향에 대한 태도(동의율)

개인의 취향은 존중돼야 한다	93.4%
요즘은 개인의 취향을 중시하는 것이 하나의 트렌드가 된 것 같다	82.3%
요즘은 지극히 개인적인 취향을 겨냥한 서비스나 상품이 많은 것 같다	79.0%

* 2019, N=1,000

고, 상호 존중을 해야 한다고 생각하는 것은 세대와 관계없는 일종의 '시대정신'으로 보인다. 수많은 사람들이 취향의 다양성을 인정하는 사회 분위기가 실재하고 있기 때문이다(개인의 취향은 존중돼야 한다 93.4%).[18] 사람들은 개인의 취향을 중시하는 것이 하나의 트렌드가 된 것 같다고 생각했으며(82.3%),[19] 지극히 개인적인 취향을 겨냥한 서비스나 상품이 많은 것 같다고 체감했고(79.0%),[20] 많은 사람들이 자신의 호불호를 드러내는 것이 보다 분명하다고 이야기했으며(57.4%),[21] 그래서 이런 다양한 취향이 드러나는 것을 사회 전체적으로 보았을 때 의미 있는 일로 받아들이고 있었다(79.1%).[22] 현재의 한국 사회는 분명 '개·취·존(개인 취향 존중)' 사회로 진행되고 있다고 인식하고 있었다. 이런 인식은 '1인 체제[23] 화'돼가고 있는 지금의 시대 흐름과 정확하게 일치한다. 지금은 뭐든지 혼자 하는 게 속도 편하고, 몸도 편한 1인 체제의 시대다.

개인의 취향은 개인의 생활 패턴과 연동된다. 각자의 시간표에 따라 일하고 공부하고 논다는 것을 의미한다. 이제 모든 콘텐츠는 개인의 시간표에 맞게 제공돼야 한다. 그래서 팟캐스트(Podcast)나

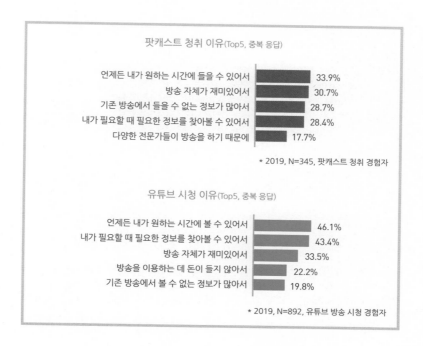

팟캐스트 청취 이유(Top5, 중복 응답)

언제든 내가 원하는 시간에 들을 수 있어서	33.9%
방송 자체가 재미있어서	30.7%
기존 방송에서 들을 수 없는 정보가 많아서	28.7%
내가 필요할 때 필요한 정보를 찾아볼 수 있어서	28.4%
다양한 전문가들이 방송을 하기 때문에	17.7%

* 2019, N=345, 팟캐스트 청취 경험자

유튜브 시청 이유(Top5, 중복 응답)

언제든 내가 원하는 시간에 볼 수 있어서	46.1%
내가 필요할 때 필요한 정보를 찾아볼 수 있어서	43.4%
방송 자체가 재미있어서	33.5%
방송을 이용하는 데 돈이 들지 않아서	22.2%
기존 방송에서 볼 수 없는 정보가 많아서	19.8%

* 2019, N=892, 유튜브 방송 시청 경험자

유튜브(YouTube)를 듣고 보는 데 시간을 소비하는 모든 시·청취자들의 니즈 역시 정확하게 자신의 시간표에 맞춰져 있었다(팟캐스트 청취자 청취 이유: 1순위-언제든 내가 원하는 시간에 들을 수 있어서(33.9%), 유튜브 시청자 시청 이유: 1순위-언제든 내가 원하는 시간에 볼 수 있어서(46.1%)).[24]

그리고 지금은 이마저의 시간도 충분히 주어지지 않는 만성적인 시간 부족을 호소하는 소비자들이 늘어나고 있는 시대다.[25] 그래서 전체 드라마를 단 몇 분으로 요약·편집해서 짧게 보여주는 '드라마 클립' 영상을 따로 찾아 보는 사람들이 늘어나고 있다. 조사에 따르면 10명 중 7명 정도의 사람들이 드라마 클립 영상을 본 경

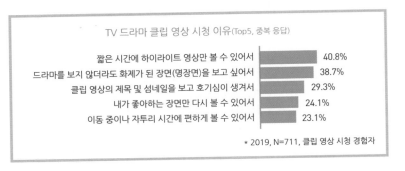

짧은 시간에 하이라이트 영상만 볼 수 있어서   40.8%
드라마를 보지 않더라도 화제가 된 장면(명장면)을 보고 싶어서   38.7%
클립 영상의 제목 및 섬네일을 보고 호기심이 생겨서   29.3%
내가 좋아하는 장면만 다시 볼 수 있어서   24.1%
이동 중이나 자투리 시간에 편하게 볼 수 있어서   23.1%

* 2019, N=711, 클립 영상 시청 경험자

험이 있었고(71.1%), 이 7명 중 2명은 열혈 시청자였다(18.9%).[26] 본방송을 하는 시간에 충분한 시간을 들여서 보지 않아도 '핵심만 쏙쏙' 정리해서, 드라마를 '본 듯한 느낌'을 가지기를 원하는 사람들이 많은 것이다(TV 드라마 클립 영상 시청 이유: 1순위-짧은 시간에 하이라이트 영상만 볼 수 있어서(40.8%), 2순위-드라마를 보지 않더라도 화제가 된 장면(명장면)을 보고 싶어서(38.7%)).[27] 시청자들은 드라마를 보는 데 '10분 이상'을 소비하고 싶어 하지 않았다(클립 영상 적정 길이: 10분 이내(1분 미만~10분 이내 합계 89.5%), 5분 이내 (72.5%)).[28]

최근에는 극단적으로 짧은 형태의 드라마도 등장하고 있다. 편당 10분 내외의 짧은 분량으로, '웹(web)'에만 등장하는 '웹 드라마'가 Z세대를 중심으로 인기를 얻고 있는 것이다. 한 번쯤은 '웹 드라마'라는 이름을 들어본 사람들은 10명 중 8명이었고(82.3%), Z세대의 2명 중 1명은 웹 드라마를 본 적이 있었다(48.0%).[29] 시청자들이 꼽는 웹 드라마의 장점 역시 '짧은 시청 시간'과 자신의 생활 시간에 최적화된 시청 환경이었다(웹 드라마 장점: 1순위-TV 드라마에 비해 시청 시간이 짧아 부담이 덜하다(38.5%), 2순위-내가 원하는 시간에 시청이 가능하다(35.1%)).[30] 그렇다면 웹 드라마에서는 주로 어떤 주제를 다루고 있을까? 유튜브를 통해(75.7%)[31] 주로 시청하는 이 웹 드라마의 주 시청층은 Z세대다. 그래서 웹 드라마는 '남녀 관계', '친구 관계'에 관한 소재를 압도적으로 많이 다룬다(웹 드라마 선호 소재: 1순위-실제 연인 간의 현실적인 모습을 다룬 이야기(썸, 다툼 등)(47.7%), 2순위-연인 간의 아름다운 사랑을 그린 이야기(36.4%), 3순위-중·고등학생들만의 고민이나 풋풋함을 그린 이야기(34.3%)).[32] 실제 남녀 관계, 친구 관계에서 진행되는 심리 상태를 매우 정교하게 묘사해 공감을 이끌어낸다(유튜브에서 한번 찾아서 직접 보시라. 생각보다 많이(?) 재미있다).

그렇다면 시장이 제한돼 있는 듯한(Z세대를 중심으로) 웹 드라마가 시장을 더 키울 수 있을까? 그 단서는 Z세대가 이 드라마를 주변에 얼마나 알리는가에 달려 있다. Z세대는 유튜브와 SNS를 생활화하는 세대다. 따라서 단순히 콘텐츠를 열람하고 끝나는 선배 세대들과는 달리, 콘텐츠를 생산하고, 반응하고, 적극적으로 유통한다. 이런 관점에서 이들의 높은 웹 드라마 추천 의향(웹 드라마 추천 의향: Z세대(66.7%), Y세대(61.5%), X세대(47.2%), 1차 베이비 붐 세대(40.0%), 2차 베이비 붐 세대(37.0%))[33]은 향후 이 웹 드라마의 방향성을 가늠하게 한다.

So what? 🔉
시사점과 전망

개인의 취향이 존중받고, 개인의 취향을 존중해야 한다는 사회적 분위기가 압도하는 시대다. 이렇게 되면 인간관계는 물론이고, 개인의 콘텐츠 소비 방향이 바뀌게 된다. 기존 미디어의 '방송 시간표'에 따라 움직이는 것이 아니라, 개인의 '생활 시간표'에 따라 콘텐츠가 소비되는 것이다. 최우선적인 선택 기준은 '재미'이고, 그 개개인의 '상황'이다. 그 개인이 직접 관련돼 있는 이슈나 관심사를 다루는 콘텐츠를 우선적으로 소비하기에 최적화된 미디어 환경이 됐기 때문이다. 자신의 시간과 상황에 맞춘 유튜브와 팟캐스트의 콘텐츠 소비가 광범위하게 일반화되면서(내가 원하는 시간에 유튜브를 볼 수 있어서 좋다 85.1%, 내가 원하는 시간에 팟캐스트를 듣거나 볼 수 있어서 좋다 65.7%)[34] 매체(기존의 방송사)의 영향력은 거의 제로에 가까워졌고, '콘텐츠 자체의 재미와 의미'가 이전보다 훨

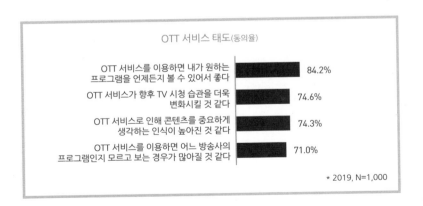

OTT 서비스 태도(동의율)

OTT 서비스를 이용하면 내가 원하는 프로그램을 언제든지 볼 수 있어서 좋다	84.2%
OTT 서비스가 향후 TV 시청 습관을 더욱 변화시킬 것 같다	74.6%
OTT 서비스로 인해 콘텐츠를 중요하게 생각하는 인식이 높아진 것 같다	74.3%
OTT 서비스를 이용하면 어느 방송사의 프로그램인지 모르고 보는 경우가 많아질 것 같다	71.0%

* 2019, N=1,000

씬 중요해졌다. 여기서 파생된 소비자들의 관심이 OTT 서비스[35]에 대한 관심으로 그대로 나타나고 있었다.[36] 그리고 그 '재미와 의미'는 남들이 좋다고 평가한 것이 아닌, 개인적인 경험과 취향에 따른 의미 부여다.

두 번째로, 이 '개인 취향 존중'의 문화가 끼치는 가장 중요한 변화는 세대 간 영향력의 차이를 고려한 마케팅이다(특히 문화 상품에 대한). 이 차이에 따라 정교한 타깃팅이 진행돼야만 한다. 이제 대세를 형성하는 드라마나 영화는 사실상 존재하지 않는다. 2019년 상반기를 강타한 영화 〈기생충〉은 외국의 권위(칸영화제 황금종려상)라는 호재에 힘입어 1,000만 관객을 육박했지만, 인터넷을 찾아보면 영화에 대한 감상평은 100인 100색이다. 호평과 악평의 스펙트럼이 양극단을 오간다. 이전의 1,000만 영화와 비교해볼 때 이같은 평가는 매우 이색적이다. 각자의 시선으로 영화를 보고, 각자의 입장에서 해석하는 것이 일종의 흐름이 된 것이다. 이렇게 되면 비즈니스 차원에서건, 개인 차원에서건 콘텐츠를 다뤄야 하는 분야에서는 재미를 '세대별, 개인별'로 정교하게 쪼개야 한다. 그리고 세대를 공략해야 한다면, 'Z세대'를 우선적으로 타깃팅해야 한다. 왜냐하면 Z세대를 움직이면, Z세대에 영향을 직접 받는(타인의 영향을 많이 받는 부모 세대인) 40대와 50대가 따라서 움직이기 때문이다. '괄도 네넴띤'은 철저하게 10대와 20대를 공략해서 입소문을 내고 40대와 50대에게는 향수를 불러일으킨 전 세대를 아우르는 매우 절묘한 마케팅 사례다.

01 이제는 드라마도
짧고, 굵게

✎ 드라마 시청 태도 및 웹 드라마 관련 조사
· 조사 대상: 평소 드라마를 시청하는 전국의 만 16~64세 남녀 1,000명 ②
· 조사 기간: 2019년 7월 4일~7월 8일

7080년대생이 10대, 20대 시절을 지낸 1995~1996년도만 해도 지금으로선 가히 상상도 할 수 없는 경이적인 시청률을 기록했던 드라마들이 있었다. 드라마 '본방 사수'를 위해 약속을 마다하고 귀가를 서두르는 사람들 때문에 유흥업소는 '○○○○ 방송 중'이란 문구를 써놓아야 했고, 급기야 저녁 상권을 염려하는 기사가 뉴스로 등장할 정도였다. 그만큼 당시의 '드라마'는 대중들의 일상 속

출처: 1995년 1월 14일 〈동아일보〉 17면

깊숙이 침투해 있는 하나의 습관과도 같은 여가 생활 중 하나였다. 하지만 요즘, 이렇게까지 적극적으로 드라마를 시청하는 시청자의 모습을 찾아보기가 매우 어렵다.

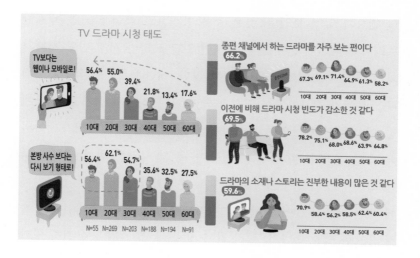

TV 시청 환경의 변화와 함께 드라마를 시청하는 태도 또한 그때와 는 '완전히' 달라졌기 때문이다.

요즘은 정해진 시간에 집에서 드라마를 시청하기보다는 스마트폰 으로 언제 어디서나 원할 때 '다시 보기'를 하고, 넷플릭스로 대표되 는 OTT 서비스를 이용해 자신의 취향에 맞는 드라마를 골라 보는 시청 태도가 뚜렷해지고 있다. 특히 10~20대는 웹과 모바일에서 드 라마를 시청하는 경우가 절반 이상에 달할 만큼, 젊은 층을 중심으 로 스마트폰과 OTT 서비스로 드라마를 보는 시청 습관이 매우 두 드러지고 있다. 더불어 '본방 사수' 못지 않게 '다시 보기' 서비스 이 용률이 높아지고, 드라마의 방송 요일 및 시간대를 크게 중요하게 생각하지 않는 경우도 점점 더 늘어나고 있는 추세다.

무엇보다 드라마의 인기가 더 이상 예전 같지 않다는 점에 주목할 필요가 있어 보인다. 젊은 층을 중심으로 케이블과 종편 채널 드라마의 약진이 눈에 띄긴 하지만 일단 드라마 시청 빈도 자체가 과거 대비 감소했다는 응답이 꽤 많다. 게다가 TV 드라마의 소재나 스토리가 진부하다는 의견과 함께 TV 드라마의 인기 자체가 예전 같지 않다고 느끼는 목소리가 많은 상황이다. 아마도 TV 이외에 즐길 거리가 많아지고 사람들이 좀 더 다양한 취미 생활을 갖게 되면서 드라마에 열광하는 사회 분위기가 옅어진 것이 드라마에 대한 관심이 줄어든 이유로 생각해볼 수 있겠다. 현대인에게 가장 중요한 것중 하나가 '시간'일 수 있는데, 그 시간을 온전히 드라마에만 쏟는 사람들이 점점 줄어들고 있는 것이다.

때문에 이런 상황에서 드라마의 하이라이트나 명장면을 모아놓은 '클립 영상'의 인기가 높아진 점은 매우 주목할 만한 현상이라 할 수 있겠다. 예전보다 TV 드라마의 시청이 감소하고 모든 드라마를 일일이 챙겨 보지 않더라도, 드라마의 주요 장면을 압축해놓거나 인기 있는 장면만을 따로 모아놓은 '클립 영상'을 시청하는 사람들은 매우 많아지고 있는 것이다. 특히, TV 드라마의 '클립 영상'을 '꽤 자주' 보는 주 이용자층이 앞서 TV 드라마의 매력도를 저평가한 10~20대 젊은 세대인 것을 통해 이들의 경우 TV 드라마보다는 드라마 클립 영상 자체가 인기 콘텐츠로 자리매김하고 있다는 것을 확인할 수 있다. '긴 호흡'으로 드라마를 시청하기보다는 짧은 영상으로 자투리 시간을 활용하며 재미를 좇고, 다수의 관심사에서 소외되고 싶지 않은 마음 등을 '클립 영상' 시청을 통해 충족시키고 있는 것이다.

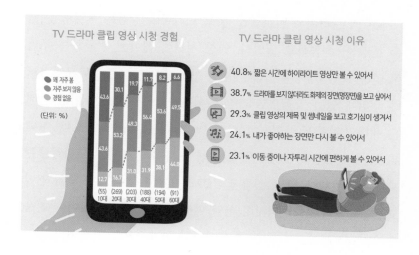

TV 드라마 클립 영상 시청 경험

TV 드라마 클립 영상 시청 이유

팩 자주 봄
자주 보지 않음
경험 없음

(단위: %)

30.1 19.7 11.7 8.2 6.6
43.6

53.2 49.3 56.4 53.6 49.5

43.6
31.0 31.9 38.1 44.0
12.7 16.7

(55) (269) (203) (188) (194) (91)
10대 20대 30대 40대 50대 60대

40.8% 짧은 시간에 하이라이트 영상만 볼 수 있어서

38.7% 드라마를 보지 않더라도 화제의 장면(명장면)을 보고 싶어서

29.3% 클립 영상의 제목 및 썸네일을 보고 호기심이 생겨서

24.1% 내가 좋아하는 장면만 다시 볼 수 있어서

23.1% 이동 중이나 자투리 시간에 편하게 볼 수 있어서

이처럼 '클립 영상'을 즐겨 보는 사람들이 많다는 것은 짧은 시간 소비할 수 있는 콘텐츠를 선호하는 것이 요즘 시청자들의 취향일 수 있다는 것을 생각해보게 한다. 그런 측면에서 최근 주목받고 있는 '웹 드라마' 역시 충분히 경쟁력 있는 콘텐츠로 평가받을 수 있을 것으로 보인다. '웹(web)'과 '드라마(drama)'가 합쳐진 신조어 '웹 드라마'는 영상의 길이가 일반적으로 10분을 넘지 않을 만큼 짧고, 주제 및 소재가 가벼우며, 주로 온라인 동영상 스트리밍 서비스에서 제공되는 새로운 형태의 드라마를 말한다. 아직까지 직접적인 시청 경험률이 높진 않아 대중적 인기를 모으고 있다고까지 말하긴 어렵지만, 짧은 시간에 소비할 수 있는 콘텐츠를 선호하고 모바일 중심의 일상을 살고 있는 10~20대 젊은 층에게는 기존 TV 드라마를 일정 부분 대체할 정도로 웹 드라마의 영향력이 매우 크게 나타나고 있는 중이다.

기존 TV 드라마와 비교했을 때 웹 드라마의 장점은 무엇보다 '짧은 분량'이 손꼽히고 있었다. 영상 시간이 짧아서 시청하는 부담이 덜하다(38.5%, 중복 응답)는 점을 웹 드라마가 기존 TV 드라마보다 우위에 있는 장점으로 가장 많이 언급하고 있었는데, 특히 젊은 세대일수록 짧은 분량(10대 54.5%, 20대 44.6%, 30대 39.4%, 40대 36.2%, 50대 30.9%, 60대 29.7%)을 웹 드라마의 매력으로 바라보는 시각이 뚜렷했다. 반면 소재 및 스토리가 젊은 층에게만 맞춰져 있고(35.9%, 중복 응답), 디지털 취약 계층에게는 시청 방식이 어려울 수 있다(33.3%)는 점 등은 웹 드라마의 한계점으로 지적되고 있었다. 젊은 세대에게만 익숙한 소재와 접근 방법으로는 웹 드라마 시장 확장에 한계가 있다는 생각을 엿볼 수 있는 부분으로, 대중적으로 확산되기 위해서는 어린 세대에게만 국한돼 있다는 선입견에

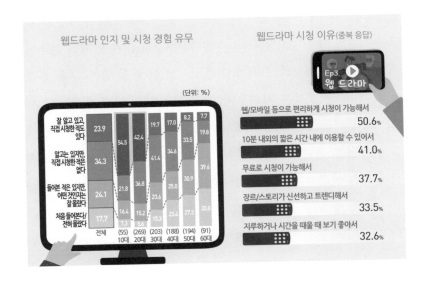

서 벗어나는 것이 중요한 과제일 것으로 보인다.

다소 상반된 평가가 존재하지만 웹 드라마가 요즘 시청자 취향을 잘 대변해주고 있는 것은 비교적 분명해 보인다. 기업의 홍보 마케팅 수단의 웹 드라마라 하더라도 재미가 있다면 볼 의향이 있다는 사람(69.2%)이 많을 만큼 현재의 웹 드라마는 '재미'라는 경쟁력을 확보한 매력적인 콘텐츠로 여겨지고 있었기 때문이다. 앞으로 10~20대 중심으로 어떤 TV 콘텐츠들이 재편될지, 더불어 TV 드라마가 어떻게 '웹 드라마'라는 또 다른 위협에 대응해나갈지 그 추이를 지켜볼 필요가 있을 것 같다.

연관 검색어★ ▼

★ Bigkinds(빅카인즈) 연관 검색어 가중치 결과 및 질적 방법론을 통해 도출한 키워드를 워드 클라우드 생성기(https://wordcloud.kr/)를 통해 시각화함.

02 나는 본방 사수보다 넷플릭스를 사수한다

✎ OTT(넷플릭스 등) 서비스 관련 조사
· 조사 대상: (디지털 기기를 보유하고 있는) 전국의 만 19~59세 성인 남녀 ①
· 조사 기간: 2019년 3월 19일~3월 22일

　다양한 채널에서 수많은 방송 콘텐츠를 경쟁적으로 쏟아내고 있는 요즘, 자연스럽게 언제 어떤 프로그램을 봐야 할지에 대한 소비자 고민도 깊어져가고 방송 프로그램을 소비하는 방식도 천차만별 달라지고 있는 중이다. 물론 아직까지는 TV 채널에서 송출되는 방송을 '직접 시청'하는 비중이 우세하기는 하지만 TV 시청 방식에 큰 변화가 있다는 것을 이미 대다수가 체감하고 있을 정도로 앞으로 TV 시청 환경은 지금보다 많은 변화가 있을 것으로 예상되고 있다. 특히 '본방 사수'의 의미가 퇴색되고 있는 모습에서 '방송사'의 영향력보다 '프로그램/콘텐츠' 영향력이 커졌다는 것을 짐작해볼 수 있는데, 그런 점에서 원하는 방송과 콘텐츠를 보기 위한 유료 결제 의향자가 대폭 증가한 점은 분명 주목할 만한 변화라

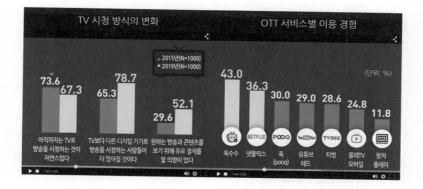

TV 시청 방식의 변화 / OTT 서비스별 이용 경험

할 수 있겠다. 변화된 TV 시청 환경 속에서 자신이 원할 때 개인의 취향에 부합하는 방송 콘텐츠를 소비하기 위해 보다 적극적인 모습을 보이고 있는 것으로, 이제는 TV라는 매개체보다는 방송을 시청할 수 있는 '시간적 여유'가, 방송사보다는 '콘텐츠'가 훨씬 중요하게 부각될 수밖에 없는 이유를 확인시켜 준다.

이렇게 변화된 소비자들의 TV 시청 습관을 고스란히 잘 보여주는 서비스가 바로 넷플릭스로 대표되는 'OTT 서비스'다. '온라인 동영상 스트리밍'을 뜻하는 OTT 서비스는 언제 어디서나 원하는 방송을 볼 수 있다는 장점을 내세워 빠르게 많은 이용자를 확보하고 있는 중이다. 실제 조사 결과 OTT 서비스의 인지도와 이용 경험은 꽤 높은 수준으로, 가장 많이 인지하고, 이용 경험이 많은 서비스는 '옥수수'와 '넷플릭스'였다. 소비자가 바라보는 이들 OTT 서비스의 가장 큰 장점은 앞서 언급한 상시 접근성·이용성과 함께 기존 방송에서 볼 수 없는 '다양한 콘텐츠'를 꼽고 있었다. 그래서 많은 소비자들은 OTT 서비스로 인해 비로소 소비자의 '볼 권리'가 보장되는 것 같다며 서비스 만족도와 기대감을 높게 평가하고 있는 중이다. 그 결과, 향후 소비자들의 TV 시청 습관은 OTT 서비스로 인해 더더욱 변화하게 될 것이란 예상이 많다. 구체적으로는 집에서의 TV 시청 시간이 감소될 것 같고, 어느 방송사의 프로그램인지 모르고 보는 경우가 더 많아질 것 같으며, OTT 서비스 이용으로 기존에 이용하던 유료 방송을 해지하는 경우가 많아질 것 같다는 의견 등이 그것이다. 이러한 전망은 앞서 살펴본 시청자들의 TV 시청 습관 변화와 일맥상통하는 부분으로, 그만큼 최근 변

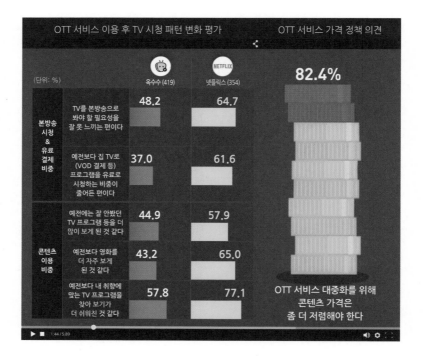

화된 방송 시청 습관에 OTT 서비스 영향력이 크다는 해석을 가능하게 한다.

향후 OTT 서비스의 시장 전망도 밝다. 20대를 중심으로 앞으로 OTT 서비스를 통해 TV 프로그램과 영화를 시청하는 사람들이 더 많아질 것이란 의견이 79.0%에 이를 정도로, 특히 5G 이동통신 서비스가 상용화되면 OTT 서비스 이용이 더욱 많아질 것이라는 의견이 상당한 수준이다(74.5%). 아무래도 더 빠른 이동통신 서비스가 제공되면 보다 다양한 콘텐츠를 끊김 없이 볼 수 있는 환경이 조성될 것이라는 기대감이 한껏 반영된 결과로 보인다. 다만, OTT 서비스의 대중화를 위해서는 '콘텐츠의 가격 조정'과 '보다 차별화된 콘텐츠 공급'이 이뤄져야 한다는 지적이 제기되고 있다. '가격'과 '다양성' 측면에서 소비자 접점을 찾게 된다면 지금보다 더 무서운 성장을 하게 될 것 같다는 것이 소비자들의 중론으로, 최근 들어 넷플릭스가 막대한 자본력을 바탕으로 글로벌 유명 콘텐츠를 확보하고 수준 높은 자체 제작 콘텐츠를 공급하는 이유 역시 이와 무관하지 않아 보인다.

'넷플릭스'를 선두로 전 세계적으로 영향력을 넓혀가고 있는 OTT 서비스는 대중들에게 '치열한 생존경쟁 시대의 핵심은 결국 차별화되고 다양한 콘텐츠'란 점을 다시 한번 확인시켜주고 있다. 기존 미디어 환경의 몰락과는 대조적으로 유독 눈에 띄게 성장을 거듭하고 있는 이 OTT 서비스를 앞으로 더 주목할 필요가 있을 것으로 보인다.

연관 검색어 ▼

03 이왕이면 착한 소비

✎ '착한 소비' 및 SNS 기부 캠페인 관련 조사
· 조사 대상: 전국의 만 16~64세 남녀 1,000명 ②
· 조사 기간: 2019년 6월 26일~6월 30일

다양하고 복잡한 사회문제 개선을 위한 자발적인 시민 참여를 기대하기 어려운 지금 같은 시대에, 사회문제에 관심을 갖게 만들고 참여하게끔 유도하는 여러 노력들은 굉장히 의미 있게 다가오기 마련이다. 최근 사회 전반적으로 확대되고 있는 '착한 소비' 활동이 그 대표적인 예로, 소비라는 가장 일상적인 활동을 통해 소비자들이 자연스럽게 사회문제에 공감하고 동참하게끔 유도한다는 점에서 실천적인 대안으로 평가받고 있는 중이다. 특히 커피 한 잔을 마시는 사소한 소비 행위에도 자신만의 가치를 표현할 정도로 이왕이면 의미 있고 가치 있는 소비 활동을 하고 싶어 하는 요즘 소비자의 성향과 이 '착한 소비' 활동은 굉장히 잘 부합한다고 할 수 있겠다.

실제 '착한 소비' 활동의 중요성에 공감하고 참여하는 소비자들

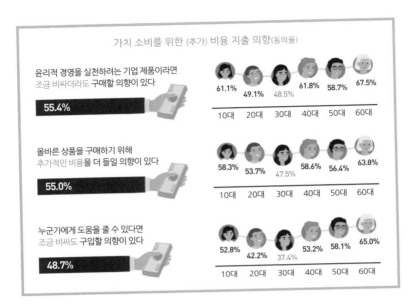

가치 소비를 위한 (추가) 비용 지출 의향(동의율)

윤리적 경영을 실천하려는 기업 제품이라면
조금 비싸더라도 구매할 의향이 있다

55.4%

10대	20대	30대	40대	50대	60대
61.1%	49.1%	48.5%	61.8%	58.7%	67.5%

올바른 상품을 구매하기 위해
추가적인 비용을 더 들일 의향이 있다

55.0%

10대	20대	30대	40대	50대	60대
58.3%	53.7%	47.5%	58.6%	56.4%	63.8%

누군가에게 도움을 줄 수 있다면
조금 비싸도 구입할 의향이 있다

48.7%

10대	20대	30대	40대	50대	60대
52.8%	42.2%	37.4%	53.2%	58.1%	65.0%

은 점점 많아지고 있는 추세로, 이를 위해 기꺼이 좀 더 많은 비용을 들여 의미 있는 소비 활동을 하고 싶어 하는 태도 역시 중요한 흐름을 형성하고 있다. 다만, 비용을 들여 나름의 가치와 의미를 좇으려는 경향이 1980년대와 1990년대에 태어난 30대 젊은 소비자에게는 다소 옅은 모습을 보여, 이들은 '나(만)를 위한 소비'가 아닌 경우 가격에 보다 민감하게 반응하는 소비층이라는 해석을 해볼 수가 있다.

알게 모르게 참여한 '착한 소비' 활동의 종류로는 '친환경 제품 구매(49.1%, 중복 응답)'나 '재래시장/전통시장 방문(48.3%)'을 주로 많이 꼽고 있었고, 이러한 경험은 소비자에게 상당한 만족감과 성취감을 주고 있는 것으로 나타났다. 그래서 착한 소비를 실천에 옮

착한 소비 활동 동참 의향 및 SNS 나눔/기부 캠페인 평가

67.6%
'착한 소비'를
실천하는 소비자가
많아질 것이다

64.4%
'착한 소비' 활동에
동참할
의향이 있다

65.9%
SNS 나눔/기부 캠페인이
더 많은 사람들의 참여와 관심을
이끌어내는 것 같다

62.4%
SNS가 재미있는 오락거리로
캠페인 참여의 접근성을
높여준다

(N=1,000)

기는 소비자는 앞으로 더욱 많아질 것이며, 착한 소비인지 아닌지
가 앞으로 소비 활동의 중요한 기준이 될 것이라는 의견이 상당히
많다. 본인 스스로도 향후 착한 소비 활동에 동참할 의향이 있다고
밝히고도 있어 착한 소비를 하려는 소비자의 발걸음은 앞으로도
계속될 것으로 보인다.

한편 소비자들로 하여금 착한 소비를 해야겠다는 마음을 갖게
만드는 미디어로는 'TV(56.4%)'와 함께 'SNS(55.2%)'가 많은 주목
을 받고 있는 모습이다. 불특정 다수에게 빠르게 전달되는 SNS가
TV만큼이나 착한 소비 활동에 직접적인 영향을 끼친다는 것을 보
여주는 결과로, 최근 SNS에서 많이 진행되고 있는 다양한 '나눔/
기부 캠페인'을 대표적인 사례로 꼽을 수 있다. 비록 아직까지 실
제 참여 경험은 7.2%로 적은 편이지만 SNS를 통한 나눔/기부 캠
페인이 사회적으로 중요한 이슈를 환기해주고, 재미있는 오락거

리로서 캠페인 참여의 접근성을 높여준다는 측면에서 소비자들의
평가도 상당히 호의적이다. 앞으로 SNS가 착한 소비 활동의 도구
로 사용될 수 있다는 기대를 가져봄 직한 결과라 할 수 있겠다.

더불어 최근 "커피 한 잔의 기부로 어려운 이웃을 돕는다"는 슬
로건을 내세운 '서스펜디드 커피' 운동이 또 하나의 착한 소비 활
동으로 주목받고 있는 모습이다. 자신의 커피값과 함께 불우 이웃
을 위한 커피값도 미리 냄으로써 형편이 어려운 이들이 커피를 무
료로 마시게 하는 기부 활동인 '서스펜디드'가 다양한 기부 문화의
확산을 위해 더욱더 필요하다는 목소리가 높게 나타나고 있는 것
이다. 아직은 그 사례가 적다 보니 직접 이용해본 경험(3.2%)은 매
우 적었지만, 서스펜디드 카페의 취지에 공감하는 소비자가 많고
앞으로의 동참 의향도 높게 나타나는 등 소비자 반응은 비교적 긍

정적인 모습이다. 다만, 서스펜디드를 가장한 편법이 등장할 수도 있을 것 같다는 불신 때문인지 서스펜디드 카페가 지금보다 많아질 것이란 의견(30.1%)보다는 국내에서의 확산이 다소 어려울 것이란 전망(44.4%)이 좀 더 우세한 편이다. 우리 사회가 소비자에게 확실한 신뢰를 줄 만큼 '착한 소비 활동'과 관련한 성숙한 문화가 형성돼 있지는 않은 모습이지만, 그럼에도 불구하고 대다수의 소비자들은 '착한 소비'가 지금의 현실을 바꿔나가기 위해 반드시 필요한 활동이라고 바라보고 있는 중이다.

어느 때보다 '사회적 연대'가 필요한 지금, 가장 일상적인 활동인 소비를 통해 '나'와 '우리', 그리고 '사회'에 조금이나마 도움을 줄 수 있을 것이란 희망을 놓지 않는 대중심리가 더욱더 확산되고 지속되길 바라본다.

연관 검색어 ▼

04 취향과 신념이
내 소비를 결정한다

✎ **취향과 소비와의 관계성 조사(일본산 불매운동 등)**
· 조사 대상: 전국의 만 19~59세 남녀 1,000명 ①
· 조사 기간: 2019년 8월 1일~8월 5일

　과거보다 훨씬 '선택지'가 많은 삶을 살고 있는 우리 사회는 점점 더 '개성'이 강조되고 '다양성'이 존중받는 사회로 변화하고 있다. 모든 영역의 결정을 이제는 개인의 '선택'에 맡기는 요즘, 그래서 2019년을 살아가는 현대인의 삶을 몇 가지 정형화된 틀로 정의 내리는 것은 사실상 매우 불가능한 일이라 할 수 있다. 그 결과, '다르다'는 것을 잘못된 것으로 받아들이기보다 다른 사람들의 행동과 생활양식을 존중할 줄 아는 사회 분위기가 형성되고 있는 중이다. 거의 모든 응답자(93.4%)가 개인의 취향은 존중돼야 한다는 생각을 가지고 있었으며, 개인의 취향을 중시하는 것이 하나의 트렌드가 된 것 같다는 주장에도 82.3%가 공감할 정도다. 연령에 관계없이 이러한 생각들이 모두 비슷할 만큼 누구나 자신만의 '취향'

을 갖는 것을 당연하게 받아들이는 사회 분위기를 엿볼 수 있는 요즘이다.

그래서인지 이제는 각자의 생각과 가치관, 소비 태도를 드러내는데 별다른 주저함도, 타인의 시선을 크게 의식하는 경우도 없어 보인다. 모든 라이프 스타일 분야에서 자신만의 취향과 가치관을 강조하는 태도가 그 어느 때보다 강해진 사회를 살아가고 있는 것이다. 물론 2018년 조사와 비교했을 때 타인이 내 취향을 어떻게 생각하는지를 고민하는 태도는 살짝 강해진 모습을 보이고는 있고, 특히 20대가 이러한 경향이 좀 더 강한 편이기는 하다.

하지만 대다수 사람들은 일단 자신과 '비슷한 취향'을 가진 다른 사람에게는 꽤 많은 호감을 느끼는 모습을 보이고 있었다. 나와 비

'취향'에 대한 사회적 인식 부담도

20대	53.6%
30대	35.2%
40대	23.6%
50대	24.8%

● 2016년 N=1,000   ● 2019년 N=1,000

63.9% → 56.0%

28.8% → 34.3%

다른 사람들이 내 취향을 어떻게 생각하는지는 그다지 중요하지 않다

나는 다른 사람들이 내 취향을 어떻게 생각할지에 대해 고민하는 편이다

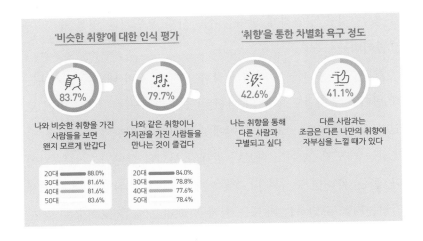

'비슷한 취향'에 대한 인식 평가

83.7%
나와 비슷한 취향을 가진
사람들을 보면
왠지 모르게 반갑다

20대	88.0%
30대	81.6%
40대	81.6%
50대	83.6%

79.7%
나와 같은 취향이나
가치관을 가진 사람들을
만나는 것이 즐겁다

20대	84.0%
30대	78.8%
40대	77.6%
50대	78.4%

'취향'을 통한 차별화 욕구 정도

42.6%
나는 취향을 통해
다른 사람과
구별되고 싶다

41.1%
다른 사람과는
조금은 다른 나만의 취향에
자부심을 느낄 때가 있다

숫한 취향을 가진 사람들을 보면 왠지 모르게 반갑고, 그런 사람과 만나는 것이 즐겁다는 의견이 많았던 것이다. 그래서인지 기존의 인간관계에서 벗어나 '비슷한 취향'을 가진 사람들을 만나려는 욕구도 점점 더 커져가는 모습을 확인할 수 있었다. 이런 만남을 통해 보다 다양한 취미 활동을 즐기는 사람들이 많아졌음은 물론이다. 더불어 '개인의 취향'을 통해 남들과 구분되는 자신만의 차별성을 강조하려는 사람들도 여럿 존재하는 모습을 보이고 있어, 결국 취향이라는 것은 누군가와 동질감을 느끼게도, 또는 차별화를 강조하기 위해서도 활용되는 개인의 '정체성'이란 점을 확인할 수 있었다.

그렇다면 사람들은 스스로의 취향, 즉 자신이 원하거나, 하고 싶은 것들을 얼마나 잘 표현하며 생활하고 있을까? '다양성'과 '다

취향이나 욕구를 잘 드러내는 분야(중복 응답)

분야	비율
대중문화(음악, 영화, 드라마 등)	70.0%
물건을 살 때	67.8%
사회적 이슈에 대한 의견	57.0%
음식을 만들거나 메뉴를 고를 때	54.7%
옷 고를 때	46.6%
사교육 등 교육적 이슈에 대한 의견	30.6%
정치적인 의견	28.8%
종교에 대한 의견	20.9%

름'이 존중받는 지금의 한국 사회라면 저마다 자신의 취향과 호불호를 거리낌 없이 표현하며 살고 있지 않을까? 기대와 달리, 조사 결과로는 사실상 이런 모습을 확인하기는 조금 어려웠다. 단, 16.7%만이 평소 하고 싶은 것이나 원하는 바를 '거리낌 없이' 표현한다고 응답했을 뿐 상당수 사람들은 '취향'을 드러내기 어려운 사회에 살고 있다고 밝히고 있었던 것이다. 가끔씩 취향을 숨겨야만 했던 경우가 실제로 존재했음을 알 수 있는 결과로, 어느 때보다 개인의 취향이 존중받는 사회라고 하지만 여전히 개인이 가지고 있는 취향이 무엇인지, 소속돼 있는 집단에서 이를 수용할 수 있는지에 따라 자신의 취향을 감춰야만 하는 상황이 비일비재하다는 것을 예상해볼 수 있었다.

다만, 상황과 대상에 따라 원하는 취향과 욕구를 표현하는 것이 현저히 다르게 나타나고 있는 점은 주목할 필요가 있다. 비록 취향의 종류나 소속돼 있는 집단의 분위기에 따라 이를 표현하지 못하는 경우도 있지만, 이전보다는 목적에 따라 개인의 욕구를 드러내는 경우가 많아지고 있음을 예상해볼 수 있기 때문이다.

그렇다면 요즘 들어 대중들은 스스로가 평소 하고 싶은 것과 원하는 것을 어떤 분야에서 가장 잘 표현하고 있을까? 조사 결과, 대체로 음악과 영화, 드라마 등의 '대중문화'와 '소비 행동', '사회적 이슈'에 대한 의견 등을 표출할 때 대중들은 그와 관련된 호불호를 잘 표현하고 있다고 응답했다. 그리고 대개는 이를 위해 더 많은 시간과 비용, 그리고 번거로움까지도 감수하려는 노력도 보였다. 최근 일본의 화이트 리스트 배제에 따라 확산된 '일본 제품 불매운동'도 어떻게 보면 넓은 의미에서 소비 활동을 통해 사회적 이슈에 대한 자신의 생각과 가치관을 드러내는 일종의 '취향 소비'로 이해해볼 수 있을 것이다.

개인의 다양한 취향이 존중받고 있는 사회 분위기에 따라 최근의 일본산 불매운동은 대중들의 지지와 참여가 그 어느 때보다 높아진 상황이다. '일본 제품 불매운동'에 찬성한다는 의견이 80.8%에 이를 정도며, 물건을 살 때 일본산인지 아닌지를 확인하면서 산다는 적극적인 참여자들도 쉽게 찾아볼 수 있다. 일본의 경제 보복에 부당함을 느끼는 많은 사람들이 가장 일상적인 '소비 활동'을 통해 분명한 의사를 표현하고 있는 것이다. 그동안 여러 차례 일제 불매운동이 있었지만 일부만 동참하고 오래 지속되지 못한 특

일본 제품 불매운동 관련 인식(동의율, %)

당분간 일본 여행은
아무리 저렴해도 안 갈 것 같다

80.0% NO

| 77.6% | 78.8% | **80.4%** | **83.2%** |
| 20대 | 30대 | 40대 | 50대 |

일본 여행 상품을 취소하거나
판매하지 않는 여행사가 좋다

62.9% NO

| 58.8% | 58.4% | **68.4%** | **66.0%** |
| 20대 | 30대 | 40대 | 50대 |

징이 있었기에 일각에서는 "이번만큼은 뭔가 다르다"란 평가가 지
배적이다. 성신여대 서경덕 교수는 이번 일제 불매운동이 SNS 활
용에 능숙한 1990년대생이 '재미있게' 불매운동을 이끌고 있기 때
문에, 과거와 달리 가장 화력이 세고 오래도록 지속될 것 같다고
언급한 바 있다.[37] 과거의 일제 불매운동이 다소 과격하고 강압적
이며 애국심에 호소하는 경우가 많았다면 지금은 '유쾌하고' '재
미있게' 부당함에 맞서는 노련함을 보여주고 있다는 것이다. 물론
20~30대 젊은 세대들의 일본 제품 불매운동과 기성세대의 그것은
그 목적이나 온도에 차이가 있을 순 있다. '하고 말고는 개인의 선
택'일 뿐이란 인식이 젊은 세대에게는 보다 더 익숙한 '취향'이자
'가치관'이기 때문이다.

더불어 현재의 상황을 감정에 치우치기보다 이성적이면서 현명

하게 대처하려는 성숙한 시민 의식이 돋보이는 몇 가지 결과도 확인할 수 있었다. 일본 제품 불매운동의 필요성에 공감을 하고 직접 참여를 하더라도, 그 분노가 일본의 일반 국민들에게 향해서는 안 된다는 자성의 목소리가 높았던 것이다. 전체 응답자의 75%는 일본 정부와 일본인 개인은 구분해서 대해야 한다고 주장하고 있었고, 상당수(72.4%)는 일본 정부가 싫다고 일본인 개인을 불친절하게 대하는 것은 용납되지 않는 일로 평가하고 있었다. 일본으로부터 역공의 빌미를 마련해주지 않는 선에서 불매운동의 순수성을 지키려는 성숙된 시민 의식을 확인할 수 있는 조사 결과로, 최근 일본 여성 관광객을 조롱하고 폭행한 한국인 남성이 여론의 호된 뭇매를 맞은 진짜 이유이기도 할 것이다.

이처럼 한국 사회는 다양성과 개성이 존중되는 사회로 나아감과 함께 자신만의 가치관과 취향에 따른 소비 활동도 점차 많아지고 있다. 물론 아직까지 한국 사회의 관습과 제도가 획일적인 모습을 벗어나지 못하고 있어서 여전히 취향을 거리낌 없이, 솔직하게 드러내기는 상당히 부담스러운 것이 사실이다. 그래서 어떻게 보면 지금의 한국 사회는 획일적인 사회에서 다양성과 개성이 존중되는 사회로 나아가는 그 중간 과정에 놓여 있다고 보는 것이 보다 합리적일 것이다. 아무쪼록 우리 사회가 지금보다 훨씬 더 다양해지고, 개인의 취향이 존중되며, 나아가 자신의 신념과 가치관을 올바른 방향으로 투영시킬 수 있는 사회로 한 발짝 나아갈 수 있기를 기대해본다.

연관 검색어 ▼

05 나만의, 모두의
제품은 한 끗 차이

✎ **맞춤형 제품 니즈 및 핸드메이드 장터 플랫폼 관련 조사**
· 조사 대상: 전국의 만 16~64세 남녀 1,000명 ②
· 조사 기간: 2019년 6월 27일~7월 2일

개인의 취향과 가치관을 중요하게 생각하는 사회 분위기가 뚜렷한 상황에서는 소비 태도에도 개인의 관심사와 생각, 성격, 가치관 같은 것들이 묻어나기 마련이다. 앞서 살펴본 일본 제품 불매운동이 확산된 이유 역시 결국은 국가적인 사안에 공감한 국민 개개인의 '가치관'이 반영된 소비 활동이라고 볼 수 있을 것이다.

이처럼 소비자들이 소비 활동에서 자신의 취향과 가치관을 분명하게 드러내기를 원하는 모습은 요즘 들어 점점 더 강해지고 있다. 그래서 때로는 이를 위해 더 많은 시간과 기다림, 더 많은 비용과 번거로움도 감수하려는 사람들이 적지 않다. 특히나 연령이 낮을수록 원하는 제품을 구입하기 위해 '오랜 배송'과 '오랜 시간'을 감수하려는 태도가 뚜렷하고, 재고가 없을 때는 예약을 걸어서라도 자신의 취향과 가치관에 맞는 제품을 구매할 것이라는 의지를 드러낸 경우가 많다. 자신의 가치관과 취향에 맞는 제품이라면 체면을 내려놓을 수도, 취소나 반품이 안 된다고 해도 구매할 것이란 의지를 드러내는 등 소비 행동의 결과가 불만족이나 실패로 끝날 수 있는 '위험성'까지도 감수하려는 소비 태도를 보이고 있는 중이다. 이 역시 젊은 층일수록 보다 뚜렷한 특징을 갖고 있어 젊은 층의 소비 태도와 기성세대의 그것은 상당히 다르다는 사실을 새삼 확인해볼 수가 있다.

그렇다 보니 개인의 취향을 중요하게 고려하는 소비자를 중심으

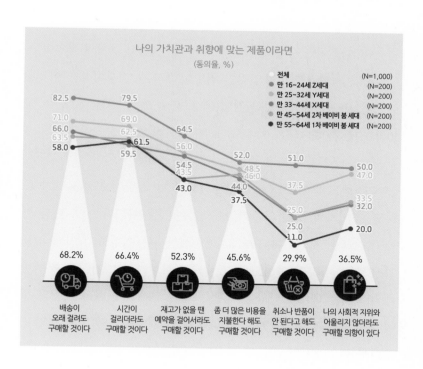

나의 가치관과 취향에 맞는 제품이라면
(동의율, %)

○ 전체 (N=1,000)
● 만 16~24세 Z세대 (N=200)
● 만 25~32세 Y세대 (N=200)
● 만 33~44세 X세대 (N=200)
● 만 45~54세 2차 베이비 붐 세대 (N=200)
● 만 55~64세 1차 베이비 붐 세대 (N=200)

| 68.2% | 66.4% | 52.3% | 45.6% | 29.9% | 36.5% |

배송이 오래 걸려도 구매할 것이다 / 시간이 걸리더라도 구매할 것이다 / 재고가 없을 땐 예약을 걸어서라도 구매할 것이다 / 좀 더 많은 비용을 지불한다 해도 구매할 것이다 / 취소나 반품이 안 된다고 해도 구매할 것이다 / 나의 사회적 지위와 어울리지 않더라도 구매할 의향이 있다

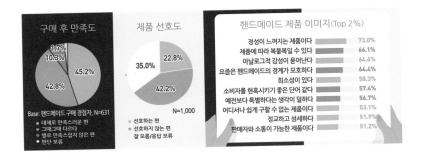

구매 후 만족도

1.7%
10.3%
45.2%
42.8%

Base: 핸드메이드 구매 경험자, N=631
● 대체로 만족스러운 편
● 그때그때 다르다
● 별로 만족스럽지 않은 편
● 판단 보류

제품 선호도

22.8%
35.0%
42.2%

N=1,000
● 선호하는 편
● 선호하지 않는 편
● 잘 모름/응답 보류

핸드메이드 제품 이미지(Top 2%)

정성이 느껴지는 제품이다	73.0%
제품에 따라 복불복일 수 있다	66.1%
아날로그적 감성이 묻어난다	64.6%
요즘은 핸드메이드의 경계가 모호하다	64.4%
희소성이 있다	58.3%
소비자를 현혹시키기 좋은 단어 같다	57.4%
예전보다 특별하다는 생각이 덜하다	56.7%
어디서나 쉽게 구할 수 없는 제품이다	53.1%
정교하고 섬세하다	51.9%
판매자와 소통이 가능한 제품이다	51.2%

로, 손으로 직접 만든 제품(수제품)을 뜻하는 '핸드메이드' 제품에 대한 관심이 적지 않을 것이란 예상이 가능하다. 실제로도 소비자의 63.1%가 핸드메이드 제품을 직접 구매해본 경험이 있었는데, 구매의 결정적 이유 역시 '개인적 취향'이 반영된 제품이기(42%, 중복 응답) 때문이란 응답이 가장 많았다. 앞서 취향 소비의 경향이 두드러졌던 저연령층이 개인적인 취향이 반영된 제품이라는 이유로 핸드메이드 제품을 구입한 경험(10대 61.5%, 20대 50.9%, 30대 41.7%, 40대 33.9%, 50대 38.6%, 60대 31.1%)이 확실히 많은 모습이었다.

다만, 핸드메이드 제품에 대한 만족도가 전반적으로 고르지 못하고, 소비자의 구매 의향이 아주 높은 것은 아니라는 점은 한 번쯤 생각해볼 지점이다. 아마도 대량생산되는 기성품이 어느 정도 일정 수준 이상의 완성도를 보장하고 상대적으로 가격도 저렴한데 비해 핸드메이드 제품은 만든 사람과 판매처에 따라 제품의 질이 불균형하고 가격에 대한 부담감도 있기 때문일 것으로 보인다. 그래서 핸드메이드 제품이 개인의 취향을 드러내기에 제격이라고 생각하면서도 특별히 핸드메이드 제품을 선호한다거나 구매하려는 의향을 많이 가지고 있지는 않은 모습을 보였다. 결국 소비자들이 바라보는 핸드메이드 제품에는 긍정적·부정적 평가가 공존하고 있음을 예상해볼 수가 있겠다. 기본적으로는 핸드메이드 제품이 '정성'과 '손맛'을 느낄 수 있고 희소성을 갖춘 제품이란 이미지가 확실하게 구축돼 있지만, 또 한편으로는 제품에 따라 질과 내구성이 천차만별이라는 '복불복' 이미지가 상당한 것이다. 게다가 핸드메이드 제품의 경계가 점점 모호해지고, 핸드메이드와 대량생산 제품의 구분이 어려워질 만큼 기성품에서 '핸드메이드' 특성을 강조하는 마케팅적 악용 사례가 빈번하다는 지적도 핸드메이드 제품 구입에 강한 의지를 보이지 않는 이유로 나타나고 있었다.

이런 상황을 고려했을 때 최근 핸드메이드 제품을 전문적으로 판매/유통하는 '카카오메이커스', '아이디어스'와 같은 '핸드메이드 마켓 플랫폼'의 성장은 상당히 고무적으로 평가될 수 있을 것이다. 플랫폼의 존재가 소비자에게 조금 더 신뢰감을 주고, 보다 다양한 핸드메이드 제품을 만나게 하는 공간으로서 중요한 역할을 할 수 있기 때문이다. 실제로 '아이디어스'는 2014년 6월 서비스 런칭 이후 2019년 1월 누적 거래액이 1,100억 원을 넘었다는 보고가 있을 만큼 엄청난 속도로 성장 중이다. 물론 '아이디어스'와 '카

출처: 스타트업 전문 미디어 platum 기사 인용

카오메이커스'로 대표되는 '핸드메이드 마켓 플랫폼'의 대중적인 소비가 아직까지 잘 이뤄지지는 않는 모습이긴 하지만, 1개월 내 재구매율이 80%에 육박할 만큼, (핸드메이드 특성상 제품마다의 만족도 차이는 있겠지만) 플랫폼 이외의 장소에서 핸드메이드 제품을 구매했을 때보다는 전체적인 만족도가 상당히 높다는 것을 확인할 수 있었다.

그래서일까? 실제 소비자 조사를 통해서도 '핸드메이드 마켓 플랫폼'에 대한 소비자 기대감은 꽤 높은 수준이었다. 무엇보다 개인의 취향과 차별성을 강조할 수 있는 핸드메이드 제품을 찾을 수 있을 것이란 기대가 남다르다. 아무래도 기존에는 마음에 드는 핸드메이드 제품을 찾기 어렵고 설사 찾아도 그 종류가 다양하지 않은 경우가 많았다면, '핸드메이드 마켓 플랫폼'에서는 보다 다양한

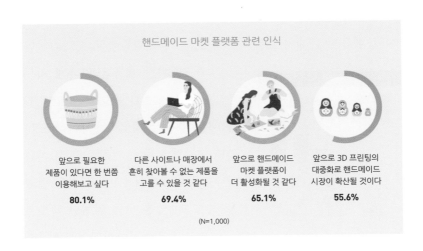

핸드메이드 마켓 플랫폼 관련 인식

앞으로 필요한
제품이 있다면 한 번쯤
이용해보고 싶다
80.1%

다른 사이트나 매장에서
흔히 찾아볼 수 없는 제품을
고를 수 있을 것 같다
69.4%

앞으로 핸드메이드
마켓 플랫폼이
더 활성화될 것 같다
65.1%

앞으로 3D 프린팅의
대중화로 핸드메이드
시장이 확산될 것이다
55.6%

(N=1,000)

종류의 제품을 만나 볼 수 있을 것이란 기대가 크기 때문으로 보인다. 그래서 앞으로 '핸드메이드 마켓 플랫폼'을 찾는 소비자는 더욱 많아질 것이라는 예상이 많았으며 대부분 한 번쯤 이용해보고 싶다는 의향을 밝히고 있을 만큼 시장 전망은 꽤 긍정적이다.

물론 '핸드메이드 마켓 플랫폼'을 향한 우려의 시각(예컨대, 핸드메이드라고 하지만 핸드메이드가 아닌 제품이 있을 수 있다(72.2%), 기성품을 핸드메이드라고 속여 파는 행위가 있을 것 같다(63.1%))이 일부 존재하고 있기는 하지만, 산업적인 측면에서도 '핸드메이드' 시장은 더욱 확대될 것이라는 전망이 강한 편이다. 특히나 향후 3D 프린트가 대중적으로 보급되고 개인 맞춤형 상품에 대한 소비자의 니즈가 계속될 것이라는 분석이 나오고 있어, 앞으로 '핸드메이드 마켓 플랫폼'의 역할은 지금보다 더욱더 중요해질 것으로 예상된다.

이제는 자신이 원하는 디자인을 구현할 수 있다면 일반적인 가격보다 조금 비싸더라도 제작할 것 같다는 소비자도, 개인의 취향을 잘 드러낼 수만 있다면 좀 더 비용을 지불해서라도 제품을 구매할 의향을 가진 사람도 분명히 존재하는 시대가 됐다. 앞으로 핸드메이드 제품을 통해 자신만의 취향과 가치관을 표현하고 싶어 하는 소비자의 욕구가 과연 얼마나 충족이 될 수 있을지 그 결과가 새삼 궁금해지는 시점이다.

06 지금은 크라우드 펀딩 중

✎ **크라우드 펀딩 관련 조사**
· 조사 대상: 전국의 만 19~59세 남녀 1,000명 ①
· 조사 기간: 2019년 4월 16일~4월 21일

　　MBC 김태호 PD의 2019년 첫 예능이 9월 15일 첫 방송됐다. 바로 '가치' 있는 아이디어를 '같이' 만들어간다는 기획 의도가 실린 '같이펀딩' 프로그램이다. 첫 회에서는 배우 유준상의 아이디어로

공익나눔

MBC 같이펀딩 X 배우 유준상의 국기함

| 프로젝트 소개 | 참여내역 29,437 | 소식·후기 0 |

[같이펀딩X유준상 3차 펀딩 마감 안내]

같이펀딩X유준상의 태극기함 3차 펀딩에 보내주신 성원에 감사드립니다. 3차 펀딩으로 준비한 태극기함 만 개의 예약 펀딩이 여러분의 뜨거운 참여 속에 마감되었습니다. 많은 분들이 보여주신 기대와 관심에 다시 한 번 감사드립니다.

12212%　D-15

995,308,500원
8,150,000원 목표

결제방법 안내
목표 100% 달성시에만 결제 ①
100%달성 후에는 아래 지정일에 결제 진행

결제예정일
2019년 10월 1일 (1차),
2019년 10월 2일 (2차)

태극기함(국기함) 제작이 진행됐고, 제작비는 최근 붐이라고 표현될 정도로 많이 언급되고 있는 '크라우드 펀딩' 방식을 통해 마련됐다. 수익금은 독립 유공자를 위해 전액 기부된다고 하니 매우 뜻깊은 프로젝트가 아닐 수 없다. 그렇다면 과연 펀딩 결과는 어땠을까? '8·15' 광복절의 의미가 담긴 목표 모금액 8,150,000원은 이미 방송 10분 만에 펀딩이 성공을 했고, 준비한 총수량 1만 개도 3차에 걸친 예약 펀딩으로 일찌감치 마감이 됐다. 뜻을 지지하는 후원자들의 기부까지 더해져 목표 금액의 1만 2,212%가 넘는 무려 995,308,500원이 모금됐다(2019년 9월 16일 기준). '김태호'라는 유명 PD의 기대감이 낳은 결과일까? 아니면 TV 매체의 무지막지한 영향력? 이렇게 평가하기에는 예능 첫 회, 첫 방송에 불과한 프로그램이 낳은 결과가 너무나 기대 이상이다. 도대체 이렇게까지 많은 사람들의 관심과 참여 열기가 뜨거웠던 진짜 이유는 무엇일까?

요즘 소비자들의 소비 행태는 그저 '가성비'라는 정형화된 키워드만으로 설명하기가 어렵다. 앞서 수차례 언급했던 것처럼 무엇보다 '개인의 취향'을 중요하게 고려하고, 소비 활동에서 '의미'를 찾고자 하는 경향이 매우 뚜렷해졌기 때문이다. '같이펀딩'이 성공한 진짜 이유도 이러한 소비자의 성향이 한껏 반영된 결과로 생각해볼 수 있을 것이다. 제품을 구매하는 일차적인 소비 행위에만 국한되지 않고, 자신이 의미 있다고 생각하는 대상과 분야에 투자와 자금 조달, 후원과 기부를 하는 이른바 '가치소비'를 지향하는 태도가 반영된 결과로 볼 수 있다는 뜻이다. 그리고 요즘, 이러한 소비자의 니즈를 가능케 하는 창구로 이 '크라우드 펀딩' 방식이 주목을 받고 있는 중이다.

'크라우드 펀딩'은 자금이 필요한 개인과 단체, 기업이 웹이나 모바일 네트워크를 이용해 '불특정 다수'로부터 자금을 모으는 활동을 뜻한다. 개인의 취향에 부합되는 서비스·상품의 제작비를 투자하는 방식부터, 사회적 의미가 있는 비영리 기구의 활동을 후원하거나 벤처 사업가 및 연구자의 활동을 위해 일정 비용을 투자하는 방식까지 크라우드 펀딩의 종류와 형태는 매우 다양하다. 아직은 참여 경험이 많지는 않지만, 그 취지와 의미에 공감하고 향후 참여해보고 싶어 하는 소비자들은 꽤 많이 찾아볼 수 있었다. 가장 많이 참여해본 크라우드 펀딩 유형은 창조적인 프로젝트에 자금을 지원하고 금전적 보상 이외의 형태(예: 영화 초대권 등)로 서비스를

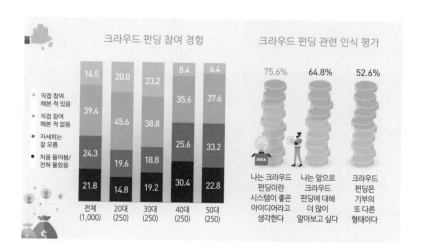

제공받는 '후원형 펀딩'(64.1%, 중복 응답)으로, 평소 지원이 필요한 개인과 단체, 기업의 성장을 돕거나, 가치가 있다고 생각하던 분야라 프로젝트에 참여했다는 의견이 많은 편이다.

크라우드 펀딩에 참여함으로써 소비자들은 후원이 필요한 사람들을 도울 수도, 사회에 좋은 영향을 끼칠 수도, 때로는 자신의 취향 및 가치관에 부합하는 제품과 서비스가 만들어지는 성과를 가장 먼저 누릴 수도 있다는 생각이 많은 모습이었다. 물론 펀딩에 있어서 가장 중요한 것은 '투자 성과'겠지만, 개인의 정체성을 표현하고 사회적 연대를 형성하는 등 투자 성과 그 이상의 가치와 의미를 찾을 수 있다는 점을 크라우드 펀딩의 가장 큰 매력으로 바라보고 있는 것이다. 그래서 소비자 대다수는 크라우드 펀딩에 참여하는 활동이 기부의 또 다른 형태라는 인식과 함께 앞으로 보다 활성화될 필요가 있다고까지 한목소리를 내고 있는 중이다. 그리고 실제 많은 소비자들은 앞으로 크라우드 펀딩에 참여할 의향을 드러내고도 있었다. 이는 지금까지의 참여 경험(전체 14.5%)을 훨씬 상회하는 수준으로, 주로 '가전/테크/전자'(24.3%, 중복 응답), '영화'(23.3%) 분야의 '지분 투자형'과 '후원형' 펀딩에 관심이 많은 모습을 보였다.

한편 스타트업과 벤처기업, 사회 활동가 등 자금이 필요한 입장에서는 크라우드 펀딩이 매력적인 자금 조달 방식 중 하나로 꼽힐 것으로 보인다. 불특정 다수의 참여를 통해 자금을 융통하는 동시

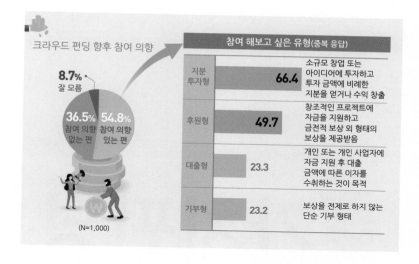

크라우드 펀딩 향후 참여 의향

참여 해보고 싶은 유형(중복 응답)

지분 투자형	66.4	소규모 창업 또는 아이디어에 투자하고 투자 금액에 비례한 지분을 얻거나 수익 창출
후원형	49.7	창조적인 프로젝트에 자금을 지원하고 금전적 보상 외 형태의 보상을 제공받음
대출형	23.3	개인 또는 개인 사업자에 자금 지원 후 대출 금액에 따른 이자를 수취하는 것이 목적
기부형	23.2	보상을 전제로 하지 않는 단순 기부 형태

8.7% 잘 모름

36.5% 참여 의향 없는 편

54.8% 참여 의향 있는 편

(N=1,000)

에 일종의 '마케팅 플랫폼'의 역할도 기대할 수가 있기 때문이다. 특히, 기성화된 상품 및 서비스보다는 특색 있고 차별화된 것을 선호하는 요즘 소비자의 관심을 끌기에 더없이 좋다는 평가를 받고 있는 중이다.

이렇듯 소비 활동에서 의미와 가치를 좇고, 보다 주체적이고 적극적인 소비 활동을 펼치는 소비자들의 참여와 함께 크라우드 펀딩이 빠르게 성장을 하고 있다. 특히, 최근 정부 규제의 완화로 개인 투자자의 참여 기회가 넓어지면서, 과거보다 훨씬 다양한 분야와 영역에서 크라우드 펀딩의 사례가 많아지고 있는 모습이다. 단, 아직 일각에서는 후원한 금액이 프로젝트를 위해 제대로 사용되는지(58.6%), 또는 참여한 크라우드 펀딩이 사기는 아닐까 하는 걱정(55.2%)도 많은 모습을 보이고 있어, 의미 있는 소비문화 확산과 보다 투명한 투자 여건 조성을 위한 노력이 함께 뒷받침돼야 할 것으로 보인다.

연관 검색어 ▼

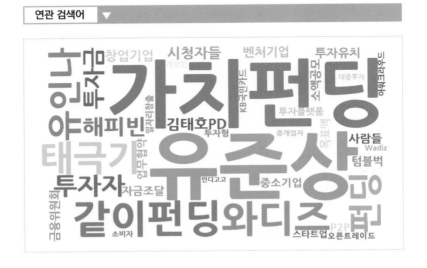

소비자들로 하여금 착한 소비를 해야겠다는
마음을 갖게 만드는 미디어로는
TV와 함께 SNS가 많은 주목을 받고 있는 모습이다.

PART 2
단발적 관계의 재구성

우리는 왜
살롱 문화를
소비하는가

SPECIAL   PART 1   PART 2   PART 3   PART 4

우리는 왜
살롱 문화를
소비하는가

2020 Trend Monitor

PART 2

건전한(?) 살롱 문화는 트렌드에 역행하는 ’’
'진짜로 이상한 일'이다

   살롱. 어감이 예쁜 프랑스산 단어. 현재 대한민국에서 이 살롱은 '새로운 형태의 사회적 욕구'를 충족시켜주는 공간으로 재정의되고 있는 중이다. 요즘 사람들은 수십만 원씩의 '회비'를 내고 살롱에 모여서 책 이야기를 하고 있다.[1] 출판 불황이 만성화돼가고 있는 시대, 트렌드에 역행하는 '이상한 일'이 벌어지고 있는 것이다. 그리고 이 현상은 최근 한국 사람들의 인간관계 변화에 대한 중요한 단서를 제공한다. 만

약 당신이 이처럼 살롱에서 책을 들고 사람들이 모여드는 현상이 '이상한 일'이 아니라고 생각한다면 약간의 트렌드 공부가 필요할 것 같다. 살롱(이라는 이름의 공간)에서 사람들이 모이는 현상은 '진짜로 이상한 현상'이 맞기 때문이다.

지금의 시대 흐름은 모이는 것이 아니라 흩어지는 것이고, '함께' 하는 것이 아니라 '혼자' 하는 것이 대세인 1인 체제[2]의 시대다. 지금은 뭐든지 혼자 하는 게 속도 편하고, 몸도 편하다고 느끼는 사람들이 많다. 2015년부터 추적해서 조사한 자료를 살짝 인용하면, 현재 사람들은 집에서 오래 머문다. 과거에 비해 점점 더 많은 시간을 집에서 머물고 있다. 그리고 뭐든 혼자서 하는 활동이 급격하게 증가하고 있다.[3] 혼자 밥 먹고, 술 마시고, 영화 보고, 놀고, 심지어 소송도 혼자서 찾아보고 한다.[4] 여기에서 파생된 소비 트렌드도 있다. 이른바 '홈트(홈+트레이닝)'라고 하는 트렌드다(조사에 따르면 현재 정기적으로 운동하고 있는 사람들의 82.5%가 이 홈트의 경험이 있었다).[5] 집에 스타 트레이너가 나오는 유튜브(YouTube)를 틀어놓고 매트 하나만 깔아놓으면 근처 헬스장 못지않은 나만의 짐(GYM)이 만들어진다. 내 방이 시간, 공간 제약이 없는 헬스장이 되는 것이다. 이 밖에도 집 안 인테리어에 대한 관심이 늘어난다거나, 유튜브의 영향력이 급증[6]하고, 여행사들이 파산[7]하는 것은 대부분 사람들이 집에서 머무는 시간이 늘어나는 것과 관련이 있다. 이런 시대에 책을 매개로 상당한 돈과 시간을 들여 자발적으로 모이려고 하는 살롱 문화가 유행한다는 것은 의미심장하다. 왜냐하면 이 살롱 문화의 유행은 인간관계의 변화에 대한 시사점도 담고 있는 현상이기 때문이다.

인간은 사회적 동물이라는 전제에서 "
출발하는 결핍, 사회성의 대리 경험

    1인 체제 시대를 이해하기 위해서는 인간이라는 동물이 가지고
있는 사회적 본성에 대한 이해가 필요하다. 세계적 인류학자 로
빈 던바(Robin Dunbar)가 밝힌 '150'이라는 던바의 수(Dunbar's
Number) 논리도 사실은 따지고 보면 '영장류가 진정으로 사회적
인 관계를 가질 수 있는 최대한의 개인적인 숫자', 즉 사회적 무리
속에서의 상호작용의 양을 밝힌 것으로 볼 수 있다. 쉽게 말해, 인
간은 이러한 상호작용의 사회생활을 통해 고등 사고가 가능하게끔
진화해왔다(사회적 뇌 가설)는 것이고, 그래서 로빈 던바는 진화론
적 관점에서 영장류가 창조한 가장 위대한 발명품으로 이 '사회성
(sociality)'을 꼽는다.[8] 아리스토텔레스의 명언집에 나오는 '인간은

사회적 동물'이라는 직관은 과학적 사실인 것이다. 여기에 큰 괴리가 하나 있다. 던바가 얘기하는 사회성이라는 본능(모여 살아야 하는 본능)과 1인 체제(혼자 살아가는 시대)라는 현재의 트렌드 사이의 큰 간극이다. 고등 사고를 하는 인간의 뇌가 바뀌지 않는 한 인간의 본성은 쉽게 바뀌지 않는다는 것을 전제한다면, 지금의 1인 체제 시대의 사람들은 필연적으로 사회성에 대한 결핍이 존재할 수밖에 없다.

이 결핍이 만들어낸 유행은 이미 몇 년 전부터 한국 사회에 쭉 있어 왔다. 일상적인 사회성을 대리해서 충족시켜주는 TV 프로그램들이다. 출연자들이 결혼 생활을 대신해주고, 육아를 대신해주며, 나와 비슷한 사람들이 다수 출연해서 여행을 가고, 매일 먹는 냉장고의 재료를 가지고 요리를 한다. 이제 사람들은 멋지고 잘생기고 예쁘고 화려한 연예인의 퍼포먼스를 즐기기보다 나와 비슷한 일반인의 생활과 사연을 궁금해하고 공감하고 싶어 한다. 지금까지도 이런 프로그램들은 큰 인기를 누리고 있는 중이고, 최근에는 1인 미디어의 인기와 함께 유튜브(YouTube)라는 플랫폼의 영향력을 극대화하는 데 일조하고 있다. '사회성이라는 인간의 본능'과 주로 혼자 생활하는 '1인 체제' 사이의 사회성 결핍이 한국 사회 문화 콘텐츠 소비 시장의 판을 완전히 바꾸고 있는 것이다.

사회생활의 기본, 〞
'동창회'에 균열이 생기고 있다

여기서 궁금증이 하나 생긴다. 그렇다면 사람들이 지금까지 어떤 형태로든 맺어온 모임은 어떻게 되고 있는 걸까? 동창회, 동문회 같은 전통적인 형태의 모임은 기능을 다한 걸까? 이런 궁금증에 기반한 흥미로운 조사 결과가 하나 있다. 2019년 3월 마크로밀 엠브레인에서 조사한 자료에 따르면, 조사의 80%가 넘는 사람들이 어떤 형태로든 모임에 참여하고 있었다.[9] 그리고 대다수는 학창 시절에 기반한 동창회였다(현재 활동 중인 정기적인 모임: 1순위 고등학교 동창회(43.6%), 2순위 대학교 동창회(34.0%), 3순위 중학교 동창회(17.4%), 4순위 초등학교 동창회(16.7%)).[10]

한국 사회에서 동창회는 모임의 기본적이고 원형에 가까운 형태인 것으로 보인다. 사회생활의 기본은 동창회라고 생각하는 것으로, 이런 '기본적인 모임'이라는 특색은 뾰족하지 않은 만족도에서

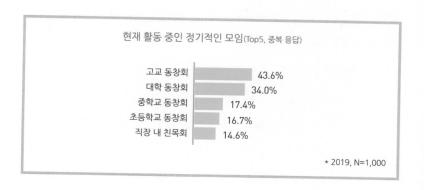

현재 활동 중인 정기적인 모임(Top5, 중복 응답)

모임	비율
고교 동창회	43.6%
대학 동창회	34.0%
중학교 동창회	17.4%
초등학교 동창회	16.7%
직장 내 친목회	14.6%

* 2019, N=1,000

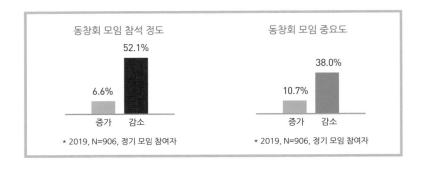

동창회 모임 참석 정도
52.1%
6.6%
증가   감소
* 2019, N=906, 정기 모임 참여자

동창회 모임 중요도
38.0%
10.7%
증가   감소
* 2019, N=906, 정기 모임 참여자

도 그대로 나타났다. 크게 만족하지도 않았지만, 그렇다고 아주 큰 불만이 있는 것도 아니었기 때문이다(특별히 불만 없음 92.6%).[11]

'모임 ≒ 동창회'라는 도식은 학연과 지연이 한국 사회에서 얼마나 중요한 것인지를 새삼 일깨워준다. 많은 사람들은 학연과 지연이 한국 사회에서 여전히 중요하다고 인식하고 있었기 때문이다(81.0%).[12] 그런데 여기서 흥미로운 균열이 관찰된다. 이전에 비해 동창 모임에 참석하는 정도가 현저하게 줄어들고(동창회 모임 참석 정도: 증가 6.6% vs. 감소 52.1%), 모임의 중요도 또한 크게 낮아지고 있기 때문이다(동창 모임의 중요도: 증가 10.7% vs. 감소 38.0%).[13] 이유가 뭘까? 표면적으로 가장 많은 사람들이 내세운 이유는 '바쁘기' 때문이었다(동창 모임 중요성 감소 이유: 1순위 다들 개인의 삶을 살기에도 바쁜 세상이라서(65.8%)).[14] 그리고 피상적인 인간관계보다는 소수의 가까운 사람들과의 밀도 있는 인간관계를 선호하는 사회적 분위기도 한몫한 것 같다(나는 소수의 몇 명 친한 친구들이 있는 것만으로도 성공한 삶이라고 생각한다 79.3%).[15] 사회적인 관계에 신경 쓰는 것보다 '가족'과 '진짜 친구' 몇 명으로 충분하다는 인식이 팽

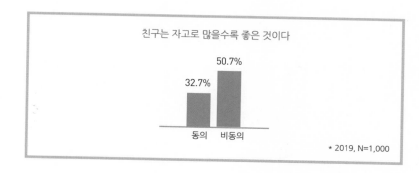

친구는 자고로 많을수록 좋은 것이다

32.7% 50.7%

동의 비동의

* 2019, N=1,000

배하고 있는 것이다(74.3%).[16] 이 생각은 '아는 사람'은 많을수록 좋다는 전통적인 관념이 깨지고 있다는 것을 보여준다(친구는 자고로 많을수록 좋은 것이다: 동의 32.7% vs. 비동의 50.7%).[17] 현재 한국 사회의 동창회는 크게 불만족스럽지는 않지만, 시간을 내서 굳이, 매번 참석하고 싶을 정도로 재미있는 곳은 아닌 것이다.

동창회에 안 나가는 이유, "
'아는 사람'에 대한 감정 노동이 싫다

동창회의 인기가 점점 떨어지는 보다 직접적인 원인은 불참 이유를 유심히 들여다보면 알 수 있다. 피상적인 이유는 '불가피한 상황'이었지만(요즘 너무 바빠서 32.6%, 연락이 없어서 19.8%), 보다 적극적인 불참 이유는 바로 '내가 잘 아는 사람에 대한 감정 노동'을 하기 싫어서였다(사람들을 만나 감정 노동을 하는 것 자체가 귀찮아서 13.0%, 나와 잘 맞지 않는 사람들이 많아져서 11.8%, 친하지도 않던 사

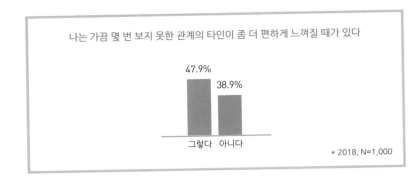

나는 가끔 몇 번 보지 못한 관계의 타인이 좀 더 편하게 느껴질 때가 있다

47.9%

38.9%

그렇다　아니다

* 2018, N=1,000

람이 친한 척하는 게 싫어서 11.8%).[18] 그런데 이런 경향은 이미 이전부터 관찰돼오고 있었다. 자신의 장점과 단점을 잘 알고 있는 사람들보다는 자신을 잘 모르는 사람들과의 관계를 더 편하게 생각하는 사람들이 많았던 것이다(나는 가끔 몇 번 보지 못한 관계의 타인이 좀 더 편하게 느껴질 때가 있다: 동의 47.9% vs. 비동의 38.9%).[19] 많은 사람들이 이미 '자신을 잘 아는 사람들'과의 관계를 불편하게 경험하고 있다는 뜻이다.

사람들은 처음 만나게 된 사람들이나 관계가 깊지 않은 사람들을 대할 때, '자신이 보여지고 싶은 방식'으로 자신을 연출한다. 하지만 자신을 잘 아는 관계에서 이런 연출은 '아는 사람'들의 불편함을 수반한다. 이때 오가는 흔한 대화는 "너 왜 안 하던 짓 하고 그러냐" 하는 것이다. 당사자의 입장에서는 '새로운 변화를 추구하는 모습'이 나를 잘 아는 친구들에게는 '안 하던 짓'이 되는 것이다. 이런 상황이 매번 반복된다면? 아무리 친한 친구라 하더라도 그 만남은 꽤나 불편함을 만들어내는 피하고 싶은 모임일 수밖에

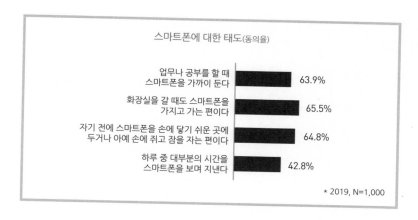

스마트폰에 대한 태도(동의율)

항목	동의율
업무나 공부를 할 때 스마트폰을 가까이 둔다	63.9%
화장실을 갈 때도 스마트폰을 가지고 가는 편이다	65.5%
자기 전에 스마트폰을 손에 닿기 쉬운 곳에 두거나 아예 손에 쥐고 잠을 자는 편이다	64.8%
하루 중 대부분의 시간을 스마트폰을 보며 지낸다	42.8%

* 2019, N=1,000

없을 것이다. 그러니 점점 더 만남이 불편해지고, 하지만 그 사람들의 소식은 그래도 조금은 궁금하고. 이 같은 상황에서 언제나 일상생활을 함께 공유하고 있고, 거리낌 없이 '나'를 표현하는 것이 가능한 '스마트폰'은 기존의 인간관계에서 느끼는 부족한 부분을 채워주는 역할을 하고 있다고 볼 수 있을 것이다.

조사에 따르면, 현대인들이 관계의 대상을 '스마트폰으로 교체'하고 있는 것은 분명한 하나의 흐름으로 보인다. 거의 모든 일상에서 스마트폰에게 자신의 곁을 내주고 있기 때문이다(업무나 공부를 할 때 스마트폰을 가까이 둔다 63.9%, 화장실을 갈 때도 스마트폰을 가지고 가는 편이다 65.5%, 자기 전에 스마트폰을 손에 닿기 쉬운 곳에 두거나, 아예 손에 쥐고 잠을 자는 편이다 64.8%, 하루 중 대부분의 시간을 스마트폰을 보며 지낸다 42.8%)).[20] 주변의 '사람들과 직접 소통'하기보다는 '스마트폰과 소통'하는 것이 예전보다 잦아졌고(궁금한 게 있으면 옆 사람에게 물어보기보다 스마트폰 등으로 검색하는 편이다

57.5%(2014) → 64.1%(2017) → 70.3%(2019)), 이것은 다시 실제 인간 관계의 소통의 양을 줄이는 결과로 이어지고 있는 것이다(디지털 기기 의존으로 인한 주 염려 요인: 1순위-가족 간의 대화 부족 및 관계 소홀(40.6%)).[21]

스마트폰의 사용이 실제 인간관계에 영향을 끼치고, 이것이 다시 소비생활에 영향을 주는 흥미로운 사례가 하나 있다. 2019년 8월 28일, 강원도 주민들은 도지사와의 간담회에서 '군 장병의 휴대전화(스마트폰) 사용 시간을 1일 1~2시간으로 조정해달라'고 요구했다.[22] 스마트폰의 사용으로 영상통화 및 SNS를 통해 가족 및 친구들과 수시로 소통이 가능해지다 보니 외부 면회객이 줄고, 외박 사용도 감소하면서, 인근 지역의 매출이 40% 이상 급감했기 때문이라고 설명한다. 실제 국방부가 일과 후 군 장병의 휴대전화 사용을 시험 실시한 이후 해당 부대에서는 편지, TV 채널 다툼, 장병 간 대화, 운동이 줄어들고 있다는 소식도 전해진다.[23] 스마트폰으로 인해 폐쇄된 공간의 인간관계가 변화하고, 이것은 주변의 소비 패턴에도 직접적으로 영향을 끼치고 있는 것이다.

이제 사람들은 스마트폰과 함께라면 외롭지 않고, 심심하지 않으며, 내무반에서 후배들을 괴롭힐 일도 없고, 인정 욕구 충족을 위해 애쓰지 않아도 된다. 스마트폰은 최소한의 사회적 욕구를 충족시켜주는 동시에 관계를 완벽하게 통제할 수 있는 도구가 된 것이다. 그리고 이것이 1인 체제를 가능하게 만든 원동력이기도 하다.

새로운 사회성의 출연 "
: '개인화된 사회성', '살롱'은 앞으로도 흥행할까?

다시 되돌아가보자. 인간은 사회적 본능을 가지고 태어난 사회적 동물이다. 인간의 뇌가 그런 방식으로 진화해왔고, 고등 사고의 과정도 사회적 관계의 복잡성과 함께 발달해왔다. 인간은 타인과 관계 맺기를 하지 않고는 존재할 수 없다. 이런 전제에서 보면, 자신의 취향을 자유롭게 인정받고 싶어 하고, 관행적이고 의례적인 집단(가족, 친척 모임, 동창회 등)에서 떨어져서 굳이 '나 홀로 되기'를 선호하는 사람이 많다는 것은 자신을 포함한 기존 집단에서 상당한 불편함을 느껴왔다는 것을 암시한다. 이것은 두 가지의 해석을 가능하게 한다. 그동안의 사회적 분위기가 개인에게 의무나 역할을 충분히 설득하지 못했거나, 아니면 지나치게 억압적이었거나다. 한국 사회의 1인 체제 현상은 인간관계의 양상도 바꿔놓고 있다.

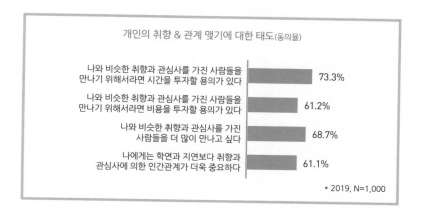

개인의 취향 & 관계 맺기에 대한 태도(동의율)

나와 비슷한 취향과 관심사를 가진 사람들을
만나기 위해서라면 시간을 투자할 용의가 있다 — 73.3%

나와 비슷한 취향과 관심사를 가진 사람들을
만나기 위해서라면 비용을 투자할 용의가 있다 — 61.2%

나와 비슷한 취향과 관심사를 가진
사람들을 더 많이 만나고 싶다 — 68.7%

나에게는 학연과 지연보다 취향과
관심사에 의한 인간관계가 더욱 중요하다 — 61.1%

* 2019, N=1,000

'아는 사람'에 대한 감정 노동을 최소화하려고 하고, 자신의 취향이 존중받는 곳을 찾아다닌다. 사람들은 이제 '막연한 교류나 친목'을 목적으로 타인과 만나지 않는다. 뚜렷한 목적을 가지거나, 개인의 관심사를 위주로 한 서로의 취향을 존중하고/존중받는 인간관계를 지향한다. 인간은 본능적으로 사회성을 타고난 존재이지만, 현재의 사회성은 '철저하게 개인화된 형태의 사회성'에 가까운 것이다. 조사에서도 이런 사회적 분위기가 그대로 드러난다. 상당수의 사람들이 나와 비슷한 취향과 관심사를 가진 사람들을 위해 충분한 시간을 투자하겠다는 의향을 드러내고 있었고(73.3%), 나와 비슷한 취향과 관심사를 가진 사람들을 만나기 위해 '비용'을 더 투자할 의향이 있었으며(61.2%), 더 많이 만나고 싶어 했고(68.7%), 학연과 지연보다 취향과 관심사에 기반한 이러한 인간관계가 더욱 중요하다고 전망했다(61.1%).[24]

사회성 결핍을 느끼는 개인들이 공감의 콘텐츠를 적극적으로 찾고자 하는 태도는 유튜브의 폭발적인 성장세로도 연결된다. 유튜브를 이용하는 사람들의 상당수는 콘텐츠가 다양하고 재미있어서뿐만 아니라 '나와 비슷한 취향'의 사람들을 찾는 용도로도 활용하고 있었기 때문이다(유튜브에서는 나와 비슷한 관심사를 가진 사람들과 쉽게 소통할 수 있다 63.5%, 유튜브는 이용자 간의 상호작용을 가능하게 하는 커뮤니티 역할을 한다 67.3%).[25]

개인 취향을 존중하고, 존중받기를 원하는 시대. 사람들은 독립적으로 판단하고 생활하는 개인이 되기를 원하고 있었으며, 여기서 파생하는 사회성의 결핍은 자신과 공감하는 사람들을 적극적으로 찾아 나서거나, 자신과 유사한 취향을 보여주는 콘텐츠를 소비하며 충족해나가고 있다. 그리고 자신의 취향에 따라 모였다가, 흥미를 잃으면 바로 흩어지는 형태를 선호한다. 2019년 한국 사회의 사회성은 '개인의 취향에 따라 선택적으로 맺어지는 형태의 사회성'으로 진화하고 있는 것이다. 이런 인간관계의 큰 변화의 흐름 속에 '살롱 문화'가 있다.

So what? 🎵
시사점과 전망

자신의 취향에 따라 사회성(sociality)이 재구성되는 시대다. 이렇게 되면 기존의 전통적이고 의례(ritual)적인 모임의 형태부터 큰 영향을 받게 된다. 동창회, 동문회, 향우회, 사우회 등 귀속적 지위에 따라 자연스럽게 형성돼온 모임은 타격이 불가피해지며, 회사라는 형태에서 반강제적으로 했던 '의례적인' 모임들은 더 이상 지속 가능하지 않을 수 있다. 이제는 개인의 취향에 따라 느끼는 그 모임만의 '핵심 콘텐츠(core, 의미(책) 요소든 재미 요소든)'가 있어야한다(요즘 사람들은 여기에 돈을 '마~이' 쓴다). '관계'만 있는 의례적인 모임은 해체될 가능성이 매우 높다. 기업의 입장에서 또는 개인적으로 이런 모임들이 꼭 필요하고, 지속적으로 유지해야 한다면, 몇 가지 팁은 있다. 그 모임에서의 '감정 노동'을 최소화하도록 해주는 것이다. 회원 간에 의례적인 경조사를 없애거나 줄이고, 모임의 장(長)을 정기적으로 교체하고, 회원들의 권한을 똑같이 배분하면 된다. 이렇게 되면 지금의 사람들이 '통제 가능한' 상태[26]에 들어가고, 당연히 관여가 높아지면서, 그 모임은 지속 가능하게 될 가능성이 매우 높다(요즘 유행하는 '살롱' 문화가 딱 이렇게 운영된다).

추신. 참고로 한국 사회의 맥락을 고려한, 지속 가능한 '살롱 문화'의 힌트를 아주 살짝 제공해본다.

지속 가능한 '살롱 문화'를 위한 TIP

1. 모임에 참석한 사람들의 '과거'를 묻지 않는다.
  나이 포함, 호구조사 하면 곧바로 '꼰대' 소리 듣는다.

2. '지금 당장'의 관심사와 대화 소재에 집중한다.
  실제로는 그 주제에 대해 잘 모르면서 딴 얘기로 자신의 존재감을
  드러내는 사람이 있는데, 이것도 꼰대가 되는 지름길이다.
  '나 때는 말이야(Latte is a horse)' 이 워딩은 정말로 안 된다.

3. 정해진 모임이 끝나면 바로 집에 간다.
  헤어지기 아쉬워하는 것도 꼰대들의 특징이다.

4. 정기 모임 중에 '쉬는 달' 또는 '쉬는 분기'를 정하는 것도 좋다.
  지속 가능하게 운영하려면 시즌제로 운영하는 것도 하나의 방법이다.

5. 모임(살롱)의 장을 정기적으로 바꾼다.
  살롱의 장(호스트 또는 호스티스)이 장기 집권을 하면 필연적으로
  권력화가 되고, 사조직화된다. 그리고 이게 바로 기존 모임들의 '폭망'
  원인이다. 그러니 가능하면 시즌제로 리더를 교체하는 것이 좋다.

---

01 요즘 모임,
취향은 같게 배경은 다르게

✎ **동창 모임, 취미(관심사) 모임 관련 조사**
· 조사 대상: (과거/현재 '정기적 모임' 참여 경험이 있는) 전국의 만 19~59세 성인 남녀 1,000명 ①
· 조사 기간: 2019년 3월 8일~3월 12일

흔히 남녀 관계에서의 미묘한 심리 싸움을 일컫는 '밀당'이라는 표현은 사실 모든 인간관계에서 비슷하게 적용된다. 때로는 상대에게 적극적으로 자신의 속내를 드러내면서 가깝게 다가가기도 하고, 또 어떤 때는 자신을 감추며 일정한 거리를 유지하려는 과정을 반복하면서 관계의 깊이와 끈끈함이 형성되는 것이다. 그래서 어쩌면 이 '밀당'은 서로에 대한 '관심'과 비례한다고도 볼 수 있다. 그런 의미에서 '인간관계의 단절'이 중요한 사회문제로 떠오른 오늘날 한국 사회의 모습은 시사하는 바가 매우 크다고 할 수 있다. 누군가와 밀고 당기기를 할 정도로 타인에게 특별한 관심을 기울이는 사람들이 그만큼 줄어들었다는 것을 의미하기 때문이다. 실제 조사에서도 2명 중 1명(50.9%)만이 타인 및 주변 사람들에게 관심이 있는 편이라고 응답할 만큼 사회 전반적으로 타인에 대한 관심은 점점 더 낮아지고 있는 상황이다.

'타인'에 대한 관심이 줄어들고 있는 모습과는 달리 현대인들이 가장 많은 관심을 쏟는 것은 바로 '자기 자신'이었다. 스스로를 위해 더 많은 시간과 비용을 투자하는 데 주저함이 없으며, 이러한 사회 분위기는 2017년에 비해 더욱더 뚜렷해지는 모습이었다. 이렇게 '나'를 중요하게 생각하고 '나'를 위해 사는 것을 우선적인 가치로 삼다 보니 다른 사람들에 관심을 기울일 만한 마음의 공간은 그리 넉넉하지 않을 수 있다. '나 홀로 성향'이 강해지면서 사회적 관계에 대한 욕구 자체가 옅어지고 있는 상황으로, 타인에 대한 관심이 지속적으로 낮아지고 있는 지금의 모습은 어쩌면 자연스러운 현상일는지도 모를 일이다.

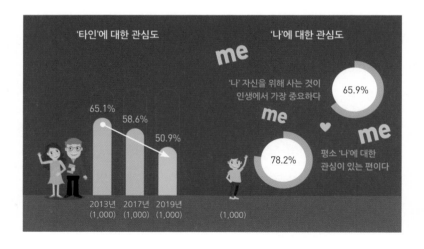

물론 여전히 한국 사회는 타인과의 관계가 삶의 중요한 부분이라는 인식이 많다. '인간관계', 좀 더 정확하게 말해 '인맥'이란 것이 이른바 부와 명예, 성공을 위해 필요한 '연줄'과도 같은 친밀감 그 이상의 의미로 받아들여지고 있기 때문이다. 우리 사회가 유독 어느 지역 출신인지, 어느 학교를 나왔는지에 민감한 이유이기도 하다. 실제로 대부분의 사람들도 (타인에 대한 관심이 없다고는 하나) 정기적으로 '모임'에는 참여하고 있었고, 참여하는 모임의 상당수는 초·중·고등학교와 대학교(대학원) 등 학창 시절에 형성된 것들이었다. 주로 '동창회'라는 이름으로 이루어진 모임의 형태가 많은 비중을 차지하고 있다는 얘기다. 특별히 학교가 아니더라도 직장 생활을 기반으로 한 모임의 형태도 많아, 우리 사회에 학교의 '간판'이나 직장에서의 '연줄 또는 인맥'을 중히 여기는 문화가 아직도 존재하고 있음을 짐작할 수가 있었다.

하지만 최근 타인에 대한 관심이 줄어들고 있는 현상과 유사하게, 사회 전반적으로 학연에 의한 '동창 모임'에도 피로감을 느끼는 사람들이 많아지고 있는 흐름이 역력하다. 과거에 비해 정기적으로 활동하는 모임의 숫자가 눈에 띄게 줄어든 가운데 특히 '모임' 중 가장 큰 비중을 차지했던 학교 동창 모임에 대한 니즈가 많이 줄어든 편이다. 주로 다른 연령에 비해 30대의 동창회 모임 참여 니즈가 두드러지게 감소(20대 47.1%, 30대 59.9%, 40대 50.7%, 50대 50.4%)한 특징을 보이는 등 전반적으로 동창 모임에 참여하려는 의지가 예전만은 못한 모습을 확인할 수 있었다.

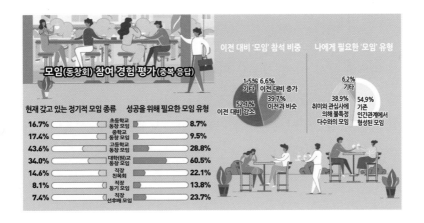

모임(동창회) 참여 경험 평가(중복응답)

이전 대비 '모임' 참석 비중

나에게 필요한 '모임' 유형

현재 갖고 있는 정기적 모임 종류

16.7%	초등학교 동창 모임
17.4%	중학교 동창 모임
43.6%	고등학교 동창 모임
34.0%	대학(원)교 동창 모임
14.6%	직장 친목회
8.1%	직장 동기 모임
7.4%	직장 선후배 모임

성공을 위해 필요한 모임 유형

8.7%	
9.5%	
28.8%	
60.5%	
22.1%	
13.8%	
23.7%	

이전 대비 '모임' 참석 비중
- 1.5% 기타
- 6.6% 이전 대비 증가
- 39.7% 이전과 비슷
- 52.1% 이전 대비 감소

나에게 필요한 '모임' 유형
- 6.2% 기타
- 54.9% 기존 인간관계에서 형성된 모임
- 38.9% 취미와 관심사에 의해 불특정 다수와의 모임

그런데 눈에 띄는 한 가지 흐름이 있다. 이렇게 '동창 모임'에 대한 니즈가 줄어들고, 정기적인 모임 참여 활동이 감소하는 추세임에도, 다양한 모임 및 동호회에 참여해야 할 필요성을 느끼는 경우가 여전히 많은 모습을 보였던 것이다. 전반적인 모임 활동이 감소하는 추세라고는 하나, 인간관계 형성에 대한 니즈가 아직은 존재한다는 것을 확인시켜주는 대목이 아닐 수 없다. 더 나아가 중요한 변화 한 가지를 감지할 수 있었는데, 바로 '기존의 인간관계에서 형성된 모임'만큼이나 '취미와 관심사에 따른 불특정 다수와의 모임'을 실제 자신에게 필요한 모임의 성격으로 꼽고 있었다는 점이다. 바쁘고 지친 일상생활 속에서 취향과 관심사를 중요한 가치로 인식하고 이를 기반으로 한 '모임'을 좀 더 중요하게 생각하기 시작했다고 볼 수 있을 것이다. 특히, 개인의 취미와 관심사에 따른 모임에 가장 많은 관심을 드러내는 연령대는 30대(42.9%)로, 앞서 동창회 모임에 대한 참여 니즈가 가장 많이 감소한 것과는 대조적

인 모습을 확인할 수 있었다. 최근 들어 취향과 관심사를 중심으로 다양한 '모임 앱(APP)'을 통해 불특정 다수와의 만남이 이뤄지고 있는데, 응답자 상당수(61.3%)는 새로운 만남에 대한 니즈가 큰 만큼 이러한 현상을 자연스러운 일로 받아들이고 있었다. 대체로 모임 앱(APP)을 통해 사람을 만나고, 모임에 참여하고자 하는 의향도 비교적 높게(53.8%) 평가되는 등 모임 앱(APP)에 대한 평가는 꽤 긍정적이었다. 특히, 20~30대 젊은 세대(20대 58.8%, 30대 62%, 40대 48.8%, 50대 45.6%)가 모임 앱(APP) 이용에 거부감이 적은 모습을 보여, 이들이 취미나 관심사를 통한 모임 참여 니즈가 가장 높은 연령대란 사실을 다시 한번 확인할 수 있었다.

이렇듯 인간관계나 그 인간관계를 통해 형성되는 '모임' 자체를 바라보는 한국 사회의 인식에 전반적으로 많은 변화가 있다는 것을 느낄 수 있다. 그리고 여기에는 '인간관계'에 대한 태도 자체가 이전과 달라졌다는 중요한 사실이 내포돼 있다고 볼 수 있다. 바로 학연과 지연보다 취향과 관심사에 따른 인간관계가 더 중요하다고 평가될 만큼 누군가를 만나는 데 있어서 개인의 취향, 관심사가 매우 중요한 '조건'이 되고 있다는 점이다. 물론 아직까지 학연과 지연을 바탕으로 한 인간관계 또한 중요하다는 인식이 여전하지만 이것이 한국 사회에서 사라져야 할 문화라는 생각이 점점 확산되고 있는 것은 분명해 보인다. 이 밖에 '친밀한 관계'에 대한 생각이 변화하고 있는 점도 인간관계나 인간관계를 통해 형성되는 모임의 성격이 달라진 이유로 꼽아볼 수 있겠다. 자고로 친구는 많으

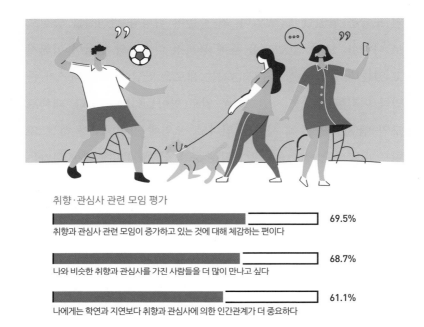

취향·관심사 관련 모임 평가

취향과 관심사 관련 모임이 증가하고 있는 것에 대해 체감하는 편이다 **69.5%**

나와 비슷한 취향과 관심사를 가진 사람들을 더 많이 만나고 싶다 **68.7%**

나에게는 학연과 지연보다 취향과 관심사에 의한 인간관계가 더 중요하다 **61.1%**

면 많을수록 좋은 것이라는 생각(32.7%)보다 이제는 몇몇 친한 친구들이 있는 것만으로도 성공한 삶이라는 생각(79.3%)이 많은 모습이다. 친구의 많고 적음에 크게 신경 쓰지 않는 성향이 강해지고 있는 것이다. 심지어 전체 74.3%는 사회적인 관계에 신경을 쓰기보다 가족과 친한 친구 몇 명에게 충실하고 싶다고 말할 만큼, 한국 사회에 '소수'를 중심으로 한 '느슨한' 인간관계를 지향하는 태도가 점점 커져가고 있는 모습을 확인할 수 있었다.

지금 우리 사회는 그 어느 때보다 관계의 '양'보다는 '질'을 중요하게 따지며 친밀한 몇몇 관계에만 집중하려는 태도가 더더욱 강해지고 있다. 이런 느슨한 인간관계에서 가장 중요한 것은 만나는 사람의 나이와 학력, 직업이 아니라, 서로가 공통적으로 지니고 있는 '관심사'와 '취향'일 확률이 높다. 물론 출세를 지향하는 사회 분위기가 여전히 존재하는 한 이러한 변화가 얼마나 지속될 수 있을지는 단언하기 어려울 수 있다. 하지만 출세 지향적, 목적 중심형 인간관계에 염증을 느끼는 사람이 점점 더 많아지고 있는 사회적 흐름은 분명히 직시할 필요가 있을 것으로 보인다.

연관 검색어 ▼

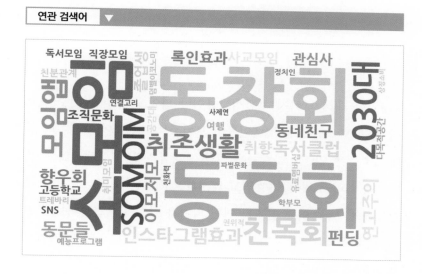

02 이웃? 모르는 사람입니다

∅ 이웃, 동네, 그리고 지역사회 관심도 평가
· 조사 대상: 전국의 만 19~59세 성인 남녀 1,000명 ①
· 조사 기간: 2019년 4월 17일~4월 23일

타인에 대해 낮아지는 관심만큼이나 타인에게 곁을 내주려 하지 않는 모습도 요즘 현대인들이 보여주는 핵심적인 특징이라 할 수 있다. 잘 모르는 사람들에 대한 경계심은 훨씬 강해졌고, 가까운 사람이라고 해서 쉽게 믿고 의지하지도 않는다. 그러니 요즘 사람들에게 '이웃'이란 단어가 어떤 의미가 있는지를 곱씹어보게 된다. 한때 우리 사회도 가족이나 친척, 친구만큼이나 이웃을 가깝고 소중한 사람들로 여겼던 때가 분명 있었다. '이웃사촌'이라는 말 그대로 정이 들어 사촌 형제나 다름없던 그들이 바로 '이웃'이었던 것이다. 하지만 이제 이웃은 잘 모르는 '타인'과 다름없는 존재인 듯하다. 내가 살고 있는 집의 옆집에 실제 누가 살고 있는지 모르는 경우가 태반이며, 서로 마주치더라도 가벼운 인사조차 나누지 않는 모습을 쉽게 볼 수 있다. 이웃에게 인사하는 것을 매우 중요한 예절이라고 생각하던 이전 한국 사회의 분위기와 비교해보면 상상할 수도 없는 일이 벌어지고 있는 셈이다. 특히나 20~30대젊은 세대의 경우 이웃과 교류를 하지 않는 경향이 보다 뚜렷하고, '이웃사촌'이라는 말을 더 낯설게 느끼는 경우가 많아지고 있다. 앞으로 가야 할 미래 사회에 이들이 정치, 사회, 문화 전반에 걸쳐커다란 영향을 끼칠 존재라는 점을 감안하면 한국 사회의 '관계 단절' 현상이 지금보다 더 가속화될지 모른다는 우려가 커질 수밖에없다.

이렇게 이웃이 낯선 존재가 돼버린 이상 당연히 이웃들과 모여서 함께 무엇인가를 한다는 것은 생각하기 어려운 일일 것이다. 결국 이웃과의 관계가 소원해진 모습을 좇다 보면 공동체가 점점 약화되고 있는 우리 사회의 안타까운 현실을 마주하게 된다. '이웃사

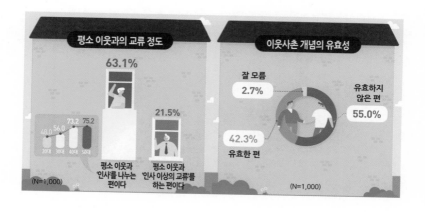

촌'이라는 말이 무색해진 것만큼이나 '우리 동네'에 대한 의미 부여도 옅어지고, '지역사회'에 대한 관심이 줄어들고 있는 모습을 확인할 수 있는 것이다. 더 이상 지금 살고 있는 동네에 '사는 곳' 이상의 의미를 부여하는 사람들이 많지 않은 것으로, 내가 살고 있는 동네의 공동체 활동이나 지역 커뮤니티, 지역 정치에 대한 관심은 아예 찾아볼 수 없거나 제한적인 수준에 그치고 있는 중이다. 일례로, 과거 지역 협의체 역할을 하면서 주민 교류의 장으로도 많이 이용되던 '반상회'는 이제 그 역할의 중요성도 필요도도 크게 쇠퇴한 모습을 보이고 있다. 반상회를 통해 이웃과 가깝게 지낼 수 있을 거라는 기대감도 현저하게 낮고(24.9%), 자신이 거주하는 동

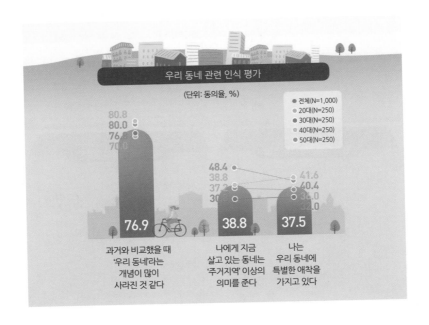

우리 동네 관련 인식 평가

(단위: 동의율, %)

● 전체(N=1,000)
● 20대(N=250)
● 30대(N=250)
● 40대(N=250)
● 50대(N=250)

80.8
80.0
76.8
70.0

48.4
38.8
37.2
30.0

41.6
40.4
36.0
32.0

76.9
과거와 비교했을 때
'우리 동네'라는
개념이 많이
사라진 것 같다

38.8
나에게 지금
살고 있는 동네는
'주거지역' 이상의
의미를 준다

37.5
나는
우리 동네에
특별한 애착을
가지고 있다

네의 반상회가 정기적으로 잘 운영되고 있다는 응답도 단 15.3%
에 그칠 뿐이었다. 지역 주민들끼리의 친목을 도모하고 공동의 안
건을 토론하기 위해 과거 주기적으로 열리던 '반상회' 문화가 지금
은 유명무실해진 것이다.

하지만 다행스럽게도, 요즘 들어 (이웃과의 교류 필요성은 크게는 못
느끼지만) 때때로 동네에 정을 붙일 수 있는 누군가가 있었으면 하
는 마음이 곳곳에서 조금씩 보이는 중이다. 부쩍 외로워진 현대인
들이 다시금 '우리 동네'에 관심을 갖고, 한두 명의 '동네 친구'라
도 있었으면 좋겠다는 바람을 내비치고 있는 것은 아닌지 기대해

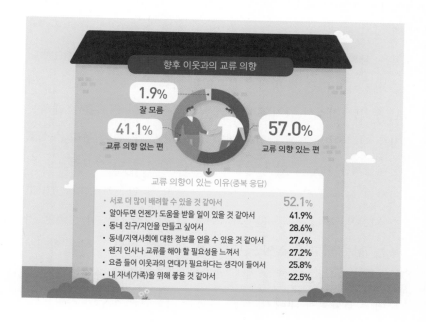

볼 만한 대목이 아닐 수 없다. 실제 조사에서도 앞으로 이웃이나 동네 사람들과의 '교류'를 희망하는 사람들이 적지 않았는데, 교류를 원하는 가장 중요한 이유는 '서로에 대한 배려', 그리고 '상호 도움을 주고받을 수 있을 것'이란 작은 바람 때문이었다. 최근 들어 이웃 관계가 범죄나 스릴러 영화의 주요 소재로 자주 활용될 만큼 이웃을 바라보는 인식이 많이 달라졌지만, 다시금 경계의 대상에서 친밀한 관계로 바뀔 수 있지는 않을까 하는 바람을 가져보게 한다.

덧붙여 주목해야 할 한 가지 사실은 (다소 거창해 보일 순 있지만) 이웃과 거주 동네에 대한 애착 감소로 지역사회에 대한 관심과 참여가 줄어들게 되면 그에 따른 피해는 결국 지역 주민인 우리들에게 다시 되돌아올 수 있다는 점이다. 지역 주민의 관심과 참여가 적은 상황이 지속될 경우 지방자치제도는 주민들의 의견이 제대로 반영되지 않은 채 방만하게 운영될 가능성이 상당히 높다. 그리고 우리는 적절한 감시와 비판의 부재가 어떠한 결과를 초래하는지를 이미 여러 차례 경험을 통해 잘 알고 있다. 결국 우리 스스로 지역사회에 대한 관심과 공동체 의식을 갖고, 보다 적극적으로 지역사회 활동에 참여해야 한다는 것을 기억할 필요가 있다. 그리고 그 시작은 '우리 동네'라는 자의식을 갖고, 오랫동안 한 지역에 머무는 '정주 의향'을 높이는 데서 출발해야 할 것이다. 이를 위해선 무엇보다 이웃들과의 관계를 개선하고, 동네에서 다양한 활동을 하며 지역사회에 대해 더 많은 관심을 기울이는 노력이 가장 시급

하고 중요한 과정일 것으로 보인다. 앞으로 사회적 차원에서도 이
러한 노력과 분위기가 한층 더 확산될 수 있도록 정책적인 고민과
방안 마련이 적극 필요한 이유이기도 하다.

연관 검색어 ▼

성금기탁 봉사활동 이웃들 문화 실현
밀반찬 위원장 이날기탁
지자체 지역사회 아이들
직원들 지방소멸 커뮤니티에 십시일반
사회적 타인은지옥이다 사회복지공동모금회
독거노인 확산
더불어 커뮤니티
복지사각지대 전달식 고시원 어르신들 웹툰

03 나도 자연인이고 싶다

✎ 농어촌(귀농·귀촌·귀어) 이주 관련 소비자 인식 평가
· 조사 대상: 수도권에 거주하는 만 19~59세 성인 남녀 1,000명 ①
· 조사 기간: 2019년 7월 17일~7월 23일

바쁘고 여유가 없는 현대사회는 일상과 주변 사람들의 소중함을 제대로 느끼지 못하게 만드는 경우가 많다. 그리고 빼곡한 빌딩숲의 이미지로 연상되는 서울 및 수도권 지역의 삶은 그 복잡함과 여유 없음이 지방 도시에 비해 한결 강하다. 비싼 집값과 물가는 더 높은 수준의 경제력을 필요로 해서 사실상 도시에서의 삶 자체는 부담스럽기 그지없다. 최근 들어 수도권 거주자들 사이에서 '귀촌'과 '귀농', '귀어' 생활에 대한 관심이 커지고 있는 것도 어쩌면 정신적·신체적·경제적으로 '여유 있는 삶'을 바라는 마음과 결국 맞닿아 있는 것으로 볼 수 있을 것이다.

수도권 도시 거주자들이 바라보는 농어촌 지역은 일단 도시에 비해 자연환경과 경관이 더 뛰어나고(82.1%), 이웃 간 교류나 유대

귀촌·귀농·귀어 시 중요 고려 사항(중복 응답)

항목	비율
주변 경관/자연환경	40.8%
도시와의 근접성	39.1%
병원, 약국 등의 유무	34.7%
각종 편의 시설 여부(마트 등)	32.7%
대중교통 이용 편리성	27.1%
귀촌·귀농·귀어 지역 이웃의 성향	23.1%
생활비 수준	22.0%
주택 구입 용이성	21.8%
해당 지역에 대한 정부 지원책	15.3%
자녀 교육(기관, 학원 등)	5.0%

이주 지역 선택 유형

기타 0.6%
연고지 희망 37.3%
무연고지 희망 62.2%

감이 끈끈하다(64.2%)는 점이 매우 큰 장점으로 꼽히고 있었다. 특히 농어촌 지역은 이웃끼리의 관계가 좋아 세월이 지났더라도 여전히 서로 기대어 살아갈 수 있는 곳이자, 서로서로 어려울 때 도움을 주는 좋은 이웃이 많다는 생각이 적지 않은 모습이다(앞서 도시 거주자의 이웃에 대한 생각과는 정말 많이 다르다). 그래서인지 지금은 아니더라도 은퇴 이후의 삶을 이곳에서 지내고 싶다는 의견이 비교적 높은 모습을 보이고 있었다. 단, '도시와의 접근성'은 어느 정도 괜찮아야 한다는 것이 전제다.

대다수 수도권 도시 거주자들은 농어촌 거주를 할 때 최우선적으로 '주변 경관/자연환경'과 '도시와의 접근성'을 많이 고려하고 있었다. 이왕이면 경치 좋은 곳에서 살고 싶은 마음과 그래도 도시에서 그렇게 많이는 멀어지고 싶지 않은 마음이 공존하고 있는 것

(N=1,000)

24.7%

귀농(귀촌), 귀어를 하면
도시보다 경제적으로 여유로운
생활을 할 수 있을 것 같다

26.4%

농사일로도 얼마든지
고정적인 수입이
가능하다

51.7%

도시 생활보다
농촌 생활이 생활비가
적게 들 것이다

으로, 그런 점에서 향후 귀촌과 귀농, 귀어 생활은 수도권 외곽 지역에서 좀 더 많이 이뤄질 수 있겠다는 생각을 해볼 수 있을 것 같다. 그리고 그렇게 해서 선택된 지역은 (요즘 사람들에게 고향이 별로 큰 의미를 주지 않는 것처럼(동의율 58.7%)) 연고지가 있는 지역보다 주로 연고지가 없는 농어촌 지역으로의 이주가 될 가능성이 높아 보인다. 연고지에 대한 느낌이 그리 각별하지 않은 대신 '새로운 환경'에서의 '새로운 인간관계'로 '새로운 출발'을 하고 싶어 하는 니즈가 그만큼 더 많다고 볼 수 있는 것이다.

그런데 뭔가 좀 이상하다. 귀농과 귀촌, 귀어 생활이 도시보다 '경제적'으로 여유가 있을 것이라는 생각이 예상보다 매우 낮게 평가되고 있었던 것이다. 도시 생활보다 농촌 생활이 분명 생활비가 적게 들 것이라는 의견은 많지만, 경제적으로 여유로운 생활을 할 수

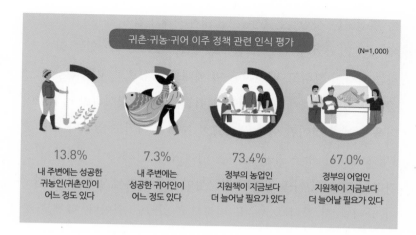

귀촌·귀농·귀어 이주 정책 관련 인식 평가

13.8%
내 주변에는 성공한
귀농인(귀촌인)이
어느 정도 있다

7.3%
내 주변에는
성공한 귀어인이
어느 정도 있다

73.4%
정부의 농업인
지원책이 지금보다
더 늘어날 필요가 있다

67.0%
정부의 어업인
지원책이 지금보다
더 늘어날 필요가 있다

있을 것 같다는 인식은 전체의 24.7%에 불과했던 것이다. 이유는 이랬다. (기본적으로 농어촌 지역에서의 생활이 만만치 않다는 것을 인지해서일 수도 있지만) 아무래도 농어촌 생활이 안정적이고 충분한 소득을 기대할 만한 '수입원'이 마땅치 않다는 것이다. 자칫 농어촌 지역의 한적하고 여유로워 보이는 풍경만을 보고 '귀촌'과 '귀농', '귀어'를 결심했다면 낭패가 아닐 수 없는 일로, 어쩌면 도시 생활 때보다 '무슨 일을 하면서', '어떻게 살아갈지'에 대한 고민과 준비가 더 많이 요구될 수도 있다는 해석을 해볼 수가 있겠다.

그래서일까? 뛰어난 자연경관과 한적함, 사람 사는 정(情)을 느끼고 싶어 농어촌 생활을 꿈꾸는 사람들은 많지만, 아직까지는 관심 수준에 머무르는 경우가 많은 모습이었다. 특히 정부나 지방자치단체의 지원 정책이 많아지고 있음에도 실제 귀촌과 귀농, 귀어를 결심하는 사람들은 (성공적인 정착 사례가 많이 없어서인지) 일부에 그치고 있었다. 다만 그럼에도, 기본적으로 여유 있는 삶을 원하는 마음이 강하고, 베이비 부머 세대를 중심으로 고령 인구가 급증하고 있기 때문에 향후 귀촌과 귀농, 귀어를 결심하는 사람들이 더욱 많아질 것이란 예상은 비교적 높게 평가되고 있었다. 2명 중 1명(51.8%)이 요즘 귀농과 귀촌, 귀어 인구는 세대에 상관없이 증가하는 것 같고, 수도권과의 접근성이 편리해져서 앞으로 이 인구가 늘어날 것 같다(48.3%)고 바라보고 있었던 것이다. 대체로 중장년층에서 농어촌 지역으로 이주하는 사람들이 증가하는 추세고 (20대 39.6%, 30대 48.4%, 40대 55.2%, 50대 64%), 편리해진 접근성으로 앞으로 이주 인구가 더 늘어날 것이라는(20대 34.4%, 30대 41.6%, 40대 55.6%, 50대 61.6%) 예상을 많이 하고 있어서, 농어촌 이주에 대한 관심은 이들 중장년층을 중심으로 많다는 생각을 해볼 수가 있었다.

그래서 앞으로 농어촌 생활과 인구를 위한 지원책이 지금보다 더 필요하다는 주장이 제기되고 있다. 특히 정부의 농·어업인 지원책이 더 늘어날 필요가 있고, 젊은 영농인/어업인에 대한 지원이나 육성이 필요하다는 의견도 상당하다. 앞으로 농어촌 인구 증가 현상이 충분히 예상되는 만큼 지금의 농어촌 이주 열기가 식지 않고 지속적인 관심이 유지될 수 있도록 정부 및 지방자치단체의 현실성 있는 정보 제공과 지원 정책이 뒷받침돼야만 할 것으로 보인다.

04 그 골목식당에
손님이 끊이지 않는 이유

✎ **〈백종원의 골목식당〉 및 골목 상권 관련 인식 평가**
· 조사 대상: 전국의 만 19~59세 성인 남녀 1,000명 ①
· 조사 기간: 2019년 5월 22일~5월 27일

경기 침체와 대기업 자본의 침투, 젠트리피케이션 현상과 함께 오늘날 우리의 '골목 상권'은 큰 위기를 맞고 있는 중이다. 그리고 휘청거리는 골목 상권의 모습은 곧 서민층의 위기와 다름없어 보인다. 골목 상권에서 가게를 운영하는 대다수 사람들이 '생계형 자영업자'에 해당하기 때문이다. 특히 고령화와 취업난 속에서 많은 사람들이 자의나 타의로 자영업자의 길을 선택하고 있는 현실을 떠올려볼 때 골목 상권의 위기는 결코 간과할 수 없는 중대 사안임이 분명하다.

현재 가장 인기 있는 예능 프로그램 중 하나인 〈백종원의 골목식당〉은 이러한 골목 식당과 자영업자의 현실을 적나라하게 보여준다는 평가를 받고 있다. 본방송 시간에 채널을 고정해놓고 시청한 경험이 41.9%일 정도로 고정 시청자층도 제법 탄탄하다. 실제 프로그램에 출연, 변화의 과정을 겪은 식당을 방문해보고 싶다는 사람들이 줄을 이을 정도로 시청자 영향력도 상당하다. 그렇다면 소비자들이 프로그램에 이렇게 호의적인 이유는 무엇일까? 많은 시청자들은 〈백종원의 골목식당〉이란 프로그램이 자영업자들의 실제 현실을 잘 보여주고, 장사가 안 되는 이유를 정확하게 전달해주는 등 실질적으로 가게 운영에 도움이 되는 정보를 많이 준다는 점을 가장 긍정적으로 평가하고 있었다. 단순히 예능이 아니라 자영업자들에게 다양한 조언과 솔루션을 제안하면서 그동안 제대로 된 전문가의 조언이나 도움을 받지 못했을 자영업자들에게 큰 힘을 주고 있다는 것이다.

물론 출연자의 태도와 악마의 편집 등 프로그램을 둘러싼 오해와 잡음들도 존재하긴 하지만, 이 프로그램이 어디까지나 '예능 프로그램'이라는 점을 감안했을 때 이처럼 많은 관심을 받고 높은 영향력을 행사하고 있다는 점은 분명히 우리에게 시사하는 바가 크다고 할 수 있다. 바로 특정 식당을 지적하고 나무라는 데 그치지 않고, 일반 소비자들의 시각에서 '좋은 식당'과 '좋은 사장'의 모습을 제안하려는 '진정성' 있는 모습이 결국 시청자들의 공감을 이끌어냈다고 볼 수 있기 때문이다. 그만큼 이제까지는 이렇게 애정 섞인 시각으로 골목 상권 문제에 접근하는 모습 자체를 찾아보기 힘들었다는 해석도 가능할 것이다.

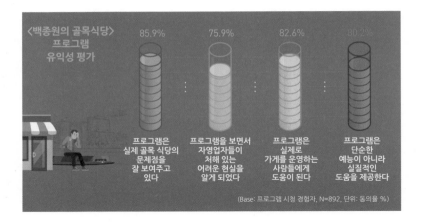

<백종원의 골목식당>
프로그램
유익성 평가

85.9%
75.9%
82.6%
80.2%

프로그램은
실제 골목 식당의
문제점을
잘 보여주고
있다

프로그램을 보면서
자영업자들이
처해 있는
어려운 현실을
알게 되었다

프로그램은
실제로
가게를 운영하는
사람들에게
도움이 된다

프로그램은
단순한
예능이 아니라
실질적인
도움을 제공한다

(Base: 프로그램 시청 경험자, N=892, 단위: 동의율 %)

그렇다면 <백종원의 골목식당>이란 프로그램에서 전달하고 있는 내용 중 우리가 가장 중요하게 생각해봐야 할 메시지는 무엇일까? 일단은 골목 식당이 살아나기 위해 무엇보다 자영업자들의 부단한 노력을 강조하고 있다는 점에 주목할 필요가 있겠다. 대다수의 시청자 역시 골목 상권이 살아나지 못하는 가장 큰 이유로 장사를 잘 못하는 개인/자영업자들이 많기 때문으로 바라봤을 뿐 '대형 마트' 등의 외부적 요인에서 골목 상권의 침체 원인을 찾고 있지는 않았기 때문이다. 물론 자영업자의 노력만으로 골목 식당의 활성화가 이뤄지기는 어렵기 때문에 국가적으로 제도 차원의 지원책을 마련해야 한다는 의견도 많다. 다만, 앞서 언급한 것처럼 '골목 상권(골목 식당)의 성공'을 위해선 골목마다 특징 있는 상품이나 경험을 제공하는 것보다도 '그 집만의 뚜렷한 특징(55.5%, 중복 응답)'과 '식당 주인의 성격과 손님에 대한 배려(53.9%)'가 더욱 중요하다는 소비자 의견이 많다는 점을 기억해야 할 것으로 보인다.

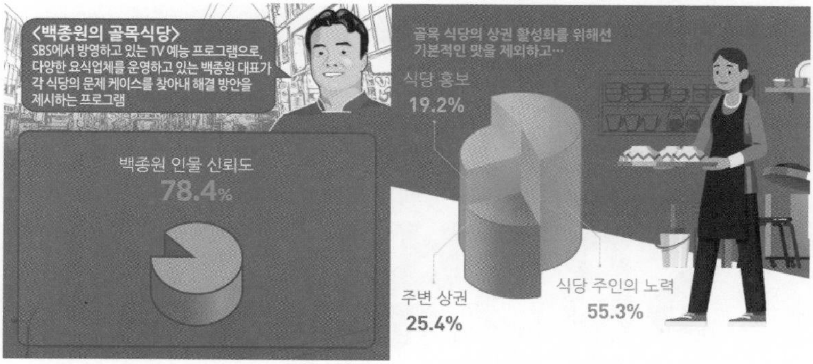
〈백종원의 골목식당〉
SBS에서 방영하고 있는 TV 예능 프로그램으로,
다양한 요식업체를 운영하고 있는 백종원 대표가
각 식당의 문제 케이스를 찾아내 해결 방안을
제시하는 프로그램
백종원 인물 신뢰도
78.4%
골목 식당의 상권 활성화를 위해선
기본적인 맛을 제외하고…
식당 홍보
19.2%
주변 상권
25.4%
식당 주인의 노력
55.3%

식당만의 '매력'적인 특징만큼이나 식당 주인이 손님을 어떻게 대하는지를 중요하게 생각하는 소비자가 그만큼 많아졌다는 의미로 해석해볼 수 있겠다. 결국 식당 주인의 노력이 골목 식당의 성공을 가름하는 중요한 변수임을 알 수 있는 것으로, 이러한 소비자들의 의중은 현재 〈백종원의 골목식당〉을 통해 여과 없이 보여지고 있는 중이다.

어찌 됐든 예능 프로그램 〈백종원의 골목식당〉이 골목 상권이나 많은 자영업자에게 던져주는 메시지는 매우 강력하다. 그런 점에서 또 '백종원'이라는 한 개인의 영향력도 간과할 수 없을 것으로 보인다. 방송 초기만 해도 유명세를 자신의 프랜차이즈 사업에 활용하려 한다는 비판을 받았지만, 현재는 그를 향한 대중의 신뢰가 꽤나 탄탄하다는 것을 느낄 수 있다. 〈백종원의 골목식당〉을 통해 형성된 골목 식당에 대한 관심이, 실제 소비자들에게 어떤 영향을 끼칠지 앞으로도 지속적으로 지켜볼 필요가 있을 것 같다.

타인에 대한 관심이 줄어들고 있는 현상과 유사하게,
사회 전반적으로 학연에 의한 동창 모임에도
피로감을 느끼는 사람들이 많아지고 있는 흐름이 역력하다.

PART 3

외로운 나,
그리고 타인 지옥

상상 속
타인에게 불안을
느끼는 이유

SPECIAL   PART 1   PART 2   PART 3   PART 4

상상 속
타인에게 불안을
느끼는 이유

2020 Trend Monitor

PART 3

스마트폰으로 혁명하는 시대의 "
역설, 외로움

포노사피엔스(Phono-sapiens)[1]의 시대다. 동명의 베스트셀러 저자인 성균관대학교 최재붕 교수는 지금의 사람들이 스마트폰으로 혁명을 하고 있다고 주장한다. 포노사피엔스의 등장으로 소비 습관이 크게 변했고, 이 변화에 따라 기업의 사업 방식, 조직 운영도 모두 바뀌고 있으며, 조직 문화, 사회의 위계질서, 사내 직원 간의 관계, 가족의 구성과 인간관계에 이르기까지 전방위적인 혁명이 진행 중이라고 설명한다.[2]

사람들은 본질적으로 스마트폰을 통해 어떤 욕구를 충족하고 있는 것일까? 스마트폰의 원형은 '전화기'다. 미디어와 일상의 사회사를 연구하는 전북대학교 강준만 교수는 마샬 맥루한(Herbert Marshall Mcluhan, 1911~1980년)의 고전(《미디어의 이해》)을 인용하면

서, 전화기는 본질적으로 미디어이고, 사람들로 하여금 '참여'를 불러일으키는 미디어이며, 이를 통해 나 이외의 세계와의 연결을 의미한다고 주장했다.[3] 그리고 이 연결은 궁극적으로 '고독으로부터의 탈출 욕구'를 포함하는 개념이라고 설명한다. 본질적으로 사람들은 자신의 외로움, 고독함에서 탈출하기 위해 '전화기'를 찾는다는 것이다. 그렇다면 언제 어디서나 스마트폰과 함께하는 포노사피엔스의 시대에 사람들은 '외로움의 공포'로부터 해방됐을까?

마크로밀 엠브레인이 조사한 결과에 따르면, 역설적이게도 상당수의 사람들은 외로움을 느끼며 살고 있었다(59.5%).[4] 그리고 공교롭게도 하루 중 대부분의 시간을 스마트폰과 보내는 세대일수록(하루 중 대부분의 시간을 스마트폰을 보며 지낸다: 1순위 20대(57.5%),

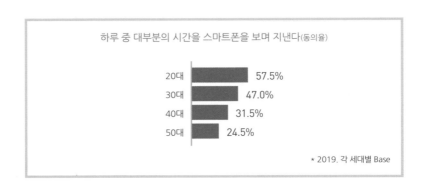

하루 중 대부분의 시간을 스마트폰을 보며 지낸다(동의율)

20대	57.5%
30대	47.0%
40대	31.5%
50대	24.5%

* 2019. 각 세대별 Base

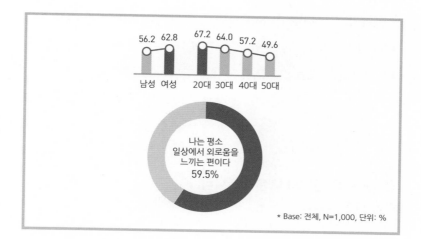

56.2 62.8   67.2 64.0 57.2 49.6

남성 여성   20대 30대 40대 50대

나는 평소
일상에서 외로움을
느끼는 편이다
59.5%

* Base: 전체, N=1,000, 단위: %

2순위 30대(47.0%), 3순위 40대(31.5%), 4순위 50대(24.5%))[5] 외로움
을 더 많이 느끼고 있었다(평소 일상에서 외로움을 느낀다: 1순위 20대
(67.2%), 2순위 30대(64.0%), 3순위 40대(57.2%), 4순위 50대(49.6%)).[6]
하루 중 스마트폰과 보내는 시간이 가장 많다고 응답한 20대와 30
대가 다른 연령대에 비해 상대적으로 더 외롭다고 느끼고 있었던
것이다. 사람들은 외로움의 공포로부터 탈출하고자 전화기를 붙잡
았지만, 지금의 전화기(스마트폰)는 사람들의 기대에 부흥하지 못
하고 있는 것 같다.

그렇다면 사람들은 왜 외롭다고 느끼는 것일까? 미래에 대한 희
망이 없다거나(31.4%, 3순위), 세상에 나 혼자 있는 듯한 느낌이 들
어서(31.4%, 4순위)와 같이 막연한 이유도 있었지만,[7] 무엇보다 중
요한 원인은 '사람'과 '경제적 여유'에 있는 것으로 보인다. 응답자
들은 딱히 만날 사람이 없거나(37.0%, 2순위), 마음을 터놓을 사람

이 없어서(28.7%, 6순위) 외로워했고, 막상 만난다고 해도 경제적인 여유가 없어서(40.2%, 1순위) 사람을 만나는 것 자체를 꺼리는 듯했다.[8] 지금의 사람들은 '그냥' 사람을 만나지는 않는다. '돈'이 있어야 만날 수 있는 대상이라고 생각하고 있는 것이다.

타인(他人)은 연대의 대상이 아니라, 〃 경쟁의 대상이다

이러한 경제적인 어려움에 대한 인식은 자신의 삶이 불행하다고 생각하는 태도에도 영향을 주고 있는 것으로 보인다. 추적 조사결과, 자신의 삶이 불행하다고 생각하는 경향이 늘어나고 있었는데(내 삶이 불행하다고 생각해본 경험: 66.5%(2014) → 71.0%(2016) → 76.4%(2019)), 응답자들이 지적한 가장 중요한 원인도 경제적인 문제였기 때문이다(삶이 불행하다고 생각한 이유: 1순위-본인의 경제적 문제(39.0%), 2순위-집안의 경제적 능력/문제(33.9%)).[9] 경제적인 문제

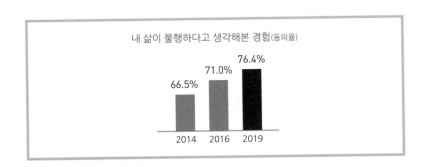

내 삶이 불행하다고 생각해본 경험(동의율)

66.5% (2014) 71.0% (2016) 76.4% (2019)

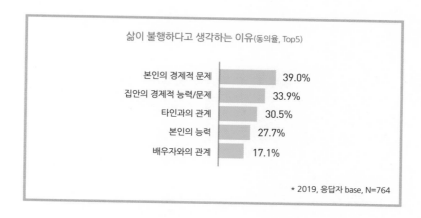

삶이 불행하다고 생각하는 이유(동의율, Top5)

본인의 경제적 문제	39.0%
집안의 경제적 능력/문제	33.9%
타인과의 관계	30.5%
본인의 능력	27.7%
배우자와의 관계	17.1%

* 2019, 응답자 base, N=764

에 대한 만성적인 스트레스는 외로움뿐 아니라 내 삶이 불행하다는 생각에도 영향을 주는 변인이 돼가고 있었다.

본질적으로 외로움은 관계에 대한 인식에서 파생되는 감정이다. 외로움이라는 감정은 내가 실제로 혼자 있느냐와는 관계없이 '타인과 떨어져 혼자 있는 것 같은' 또는 '타인이 멀게 느껴지는' 감정이다. 즉, 타인에 대한 생각이 반영된 감정이라고 할 수 있다. 이렇게 '외로움'이 가득한 시대에 과연 현대인들은 타인을 어떻게 생각하고 있는 것일까? 중요한 힌트는 사람들이 생각하는 '사회(社會)'에 대한 이미지에서 유추해볼 수 있다. 사회는 사람들이 모여서 만들어진 집단이다. 따라서 사회에 대한 사람들의 인식은 '일반적인 타인'에 대한 이미지를 형성한다고 볼 수 있다. 이러한 관점에서 조사 결과를 보면, 대부분의 사람들은 대한민국에서의 사회생활을 힘들어하고 있었다. 사회 안전망이 충분하지 않고(우리 사회는 인생의 위기마다 사회 안전망이 제대로 작동하지 않은 듯하다(76.0%)),

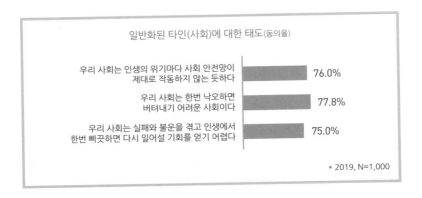

일반화된 타인(사회)에 대한 태도(동의율)

우리 사회는 인생의 위기마다 사회 안전망이
제대로 작동하지 않는 듯하다 ... 76.0%

우리 사회는 한번 낙오하면
버텨내기 어려운 사회이다 ... 77.8%

우리 사회는 실패와 불운을 겪고 인생에서
한번 삐끗하면 다시 일어설 기회를 얻기 어렵다 ... 75.0%

* 2019, N=1,000

한번 낙오하면 버텨내기 힘든 사회로 대한민국을 상상했다(우리 사회는 한번 낙오하면 버텨내기 어려운 사회이다(77.8%), 우리 사회는 실패와 불운을 겪고 인생에서 한번 '삐끗'하면 다시 일어설 기회를 얻기 어렵다(75.0%)).[10] 그리고 이미 일본에서는 수년 전부터 사회문제가 됐고,

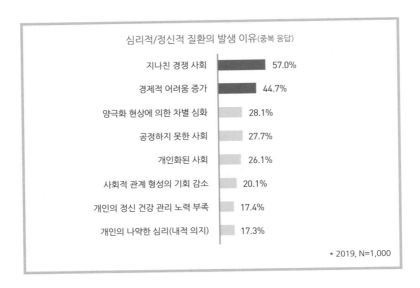

심리적/정신적 질환의 발생 이유(중복 응답)

지나친 경쟁 사회 ... 57.0%

경제적 어려움 증가 ... 44.7%

양극화 현상에 의한 차별 심화 ... 28.1%

공정하지 못한 사회 ... 27.7%

개인화된 사회 ... 26.1%

사회적 관계 형성의 기회 감소 ... 20.1%

개인의 정신 건강 관리 노력 부족 ... 17.4%

개인의 나약한 심리(내적 의지) ... 17.3%

* 2019, N=1,000

최근에는 우리나라에서도 문제가 되고 있는 '고독사(혼자 사는 사람이 돌발적인 질병 등으로 사망하는 것)'의 문제를 개인의 자기 관리 실패나 게으름으로 보는 시선이 있다고 인정하는 분위기였다(우리 사회는 고독사 문제를 자기 관리 실패나 게으름 등으로 바라보는 시선이 강하다 64.7%).[11] 또한 사람들은 한국 사회를 패자 부활이 불가능한 사회로 인식하고 있었으며, 타인을 더불어 살아야 하는 연대의 대상이라기보다는 '경쟁의 대상'으로 인식했다(심리적/정신적 질환의 발생 이유: 1순위-지나친 경쟁 사회(57.0%)).[12] 이런 사회 분위기 때문인지 타인에 대한 막연한 불안감 또한 높은 수준이었다(요즘은 나와 가까운 사람도 나를 해할 수 있겠다는 생각이 든다 54.2%, 요즘은 새로운 사람을 만나는 게 무섭다 48.4%).[13]

현재 한국 사회에서 '타인'은 돈 없이도 쉽게 만날 수 있는 대상이 아니며, 연대나 더불어 살아야 하는 대상이 아닌 경쟁의 대상이다. 냉정하게 보면, 이러한 불특정 타인에 대한 부정적 인식은 도시화가 진행되면서, 또는 실제 인간관계를 대체하는 스마트폰이 진화·발전하면서 자연스럽게 생겨나는 것이라 볼 수도 있다. 하지만 이처럼 타인에 대한 불신과 부정적 인식이 팽배해질 경우 사회 문제를 해결하는 데 필요한 정부의 다양한 복지 정책이나, 신뢰를 기반으로 하는 공유 경제 비즈니스의 기반을 매우 약하게 할 수 있다는 점에서 문제의식을 가질 필요가 있어 보인다.

반대의 이유는 "
타인에 대한 의심

  공유 경제 비즈니스는 물건이나 공간, 서비스 등을 나누어 쓰는 '공유'의 개념을 IT 플랫폼을 기반으로 사업화한 모델을 뜻한다. 예를 들어 살고 있는 집의 빈방을 숙박을 위해 잠시 빌려주거나(에어비앤비, airbnb), 자신의 자가용으로 택시 서비스를 제공하는(우버, Uber) 기업을 말한다. 이런 형태의 공유 경제 비즈니스는 여러 가지 논란[14]을 뒤로하고 세계적으로 급격하게 성장하고 있는 추세다. 그러나 국내에서만큼은 공유 경제 비즈니스가 맥을 못 추는 듯한 모습이다. 대표적인 공유 경제 서비스 업체인 우버의 경우만 하더라도 여러 차례 국내 시장 진출을 시도하다가, 2015년 7월 차량 공유 서비스를 일단 중단했고,[15] 얼마 전에는 배송 서비스의 중단을 선언한 바 있다.[16] 최근에는 승차 공유 서비스를 둘러싼 논란도 벌어졌었다. 2018년 10월 국내 업체인 카카오(Kakao)가 공유 경제 비즈니스인 '카카오 T카풀' 서비스를 내놓으면서 택시업계와 정면으로 충돌한 것으로, 현재는 파업과 분신을 앞세운 택시업계의 격렬한 반발로 서비스가 잠정 중단된 상태다.[17]

'카카오 T카풀' 서비스의 중단에는 택시업계의 강력한 반발과 정치권에 가해진 강한 압박이 영향을 준 것으로 보인다. 서비스 도입 문제뿐만 아니라 택시업계의 생존과 관련한 대안도 함께 찾아야 했지만, 그 해결책이 뾰족하지 않았던 것이다.[18] 이와 더불어 우리 사회의 타인에 대한 불신도 읽어볼 수 있었다. 당시 마크로밀 엠브레인에서 진행한 카풀 서비스 관련 소비자 조사의 결과를 보면 도입에 찬성하는 입장이 좀 더 많았는데(카풀 서비스: 찬성 58.2%, 반대 12.5%),[19] 반대하는 의견에서 중요한 시사점을 찾을 수 있었다. 카풀 서비스의 도입에 반대하는 소비자들은 택시업계의 입장을 옹호하거나, 대기업(카카오)의 이윤이 늘어나는 것에 대한 거부감 때문에 반대를 하는 것이 아니라는 사실이다.

 가장 중요한 반대 이유는 '타인에 대한 태도'에 있었다(1순위-카풀 서비스를 악용한 범죄가 늘어날 것 같아서(68.0%), 2순위-범죄 이력,

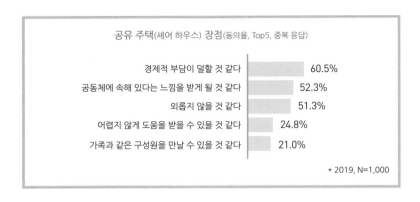

공유 주택(셰어 하우스) 장점(동의율, Top5, 중복 응답)

경제적 부담이 덜할 것 같다	60.5%
공동체에 속해 있다는 느낌을 받게 될 것 같다	52.3%
외롭지 않을 것 같다	51.3%
어렵지 않게 도움을 받을 수 있을 것 같다	24.8%
가족과 같은 구성원을 만날 수 있을 것 같다	21.0%

* 2019, N=1,000

전과 등 신원이 확인되지 않은 운전자가 많을 것 같아서(66.4%), 3순위-낮선 사람의 차를 탈 수 있을 만큼 사회적 신뢰도가 높지 않아서(55.2%)).[20] 카풀 서비스 제공자는 약간의 심사를 거쳐 '카풀 크루'로 등록되는 것만을 빼면, 원칙적으로 회사에 소속된 전문 기사가 아닌 일반인이다. 이 일반인을 믿을 수 없다는 것이 반대의 가장 큰 이유였던 것이다.

공유 주택에 관한 이슈에서도 이와 유사한 측면이 발견된다. 2019년 7월, 〈SBS 스페셜〉에서는 서울시 도봉구 안골마을의 '공유 주택'에 관한 내용을 방송한 바 있다('간헐적 가족' 편). 서로 다른 50여 명이 함께 모여 집을 짓고 살기 시작한 3년을 취재하고, 그곳 사람들을 인터뷰해 제작된 방송의 핵심은 '공유 주택'에서 공동체의 가치와 유대감이 주는 정서적 안정감을 얻을 수 있다는 것이었다. 마크로밀 엠브레인에서도 '공유 주택(셰어 하우스, share house)' 관련 조사를 진행했었는데, 많은 사람들이 '공유 주택'에 대해 들어본 적이 있었고(62.5%),[21] 과반의 사람들이 공유 주택에 대해 긍정적인 태도를 보였다(53.4%). 대체로 많은 사람들은 이 셰어 하우스(공유 주택)가 '경제적 부담'을 덜게 하고(1순위, 60.5%), 공동체에 속해 있다는 느낌을 주며(2순위, 52.3%), 외로움에서도 해방시킬 것이라고 바라봤다(3순위, 51.3%).[23] 공유 주택의 이런 장점은 한국 사회 구성원이 만성적으로 느끼는 '외로움'과 '불안감', 그리고 '경제적인 스트레스'를 한 번에 해소하게끔 하는 것으로, 공유 주택이 향후 중요한 공간으로서 역할을 할 수 있을 것이라는 기대감을 갖게 만든다. 이것은 지금 현대인들이 겪고 있는 외로움과 경제적인 문제에 기반한 많은 불안감을 더는 데 있어서 공동체적인 유대감이 문제 해결의 중요한 실마리가 될 수 있다는 중요한 단서를 제공한다.

다만, 생각보다 공유 주택에 대한 부정적인 인식도 적지 않았는데(46.6%), 이러한 부정적 인식의 대부분은 '상상 속 타인'에 관한 것이었다. 사생활 보장의 문제(55.1%)와 함께 타인에 대한 막연한 두려움(40.4%)을 우려하는 목소리가 컸다.[24] 또한 다른 사람들의 눈치를 많이 보게 될 것을 걱정했고(35.5%), 시비가 생길 것을 두려워했으며(28.9%), 범죄에 노출될 것도 우려했다(24.7%).[25]

정리해보면, 현재 많은 사람들은 최근 한국 사회가 안고 있는 다양한 사회문제의 해결책이 연대 또는 공동체적인 유대감에 있다고 생각하면서도 선뜻 타인에게 손을 내밀기는 부담스러워한다는 것을 느낄 수 있다.

놀고먹는 타인은 싫다 "
고로 나는 반대한다, 기본 소득제

　원인과 결과가 뒤섞인 듯한 외로움, 불안, 경제적 불안감의 순환
고리는 낮아지는 듯 보였던 물질주의[26] 성향에도 영향을 주는 듯
했다. 얼마만큼의 수입이 있느냐에 따라 사람들의 능력을 평가하
거나(얼마만큼의 수입이 있느냐에 따라 능력이 평가된다: 75.4%(2014)
→ 68.8%(2017) → 76.6%(2019)), 대부분의 일을 돈으로 해결할
수 있다고 믿는 경향이 2년 전에 비해 훨씬 증가한 것이다(대부
분의 일은 돈으로 해결할 수가 있다: 70.6%(2014) → 55.6%(2017) →
67.0%(2019)).[27] 이러한 돈에 대한 집착이 최근 증가한 것은 현재
한국 사회가 매우 불평등하며(부의 불평등 심각함 87.8%, 부의 불평등
체감도 77.4%), 이런 상황에서 내가 일단 가난해지면 회복이 불가
능하다는 두려움(우리나라는 한번 가난해지면 계속 가난하게 살아야 하
는 사회다 57.1%, 한국 사회는 부를 대물림하고 있다 92.2%, 대한민국은

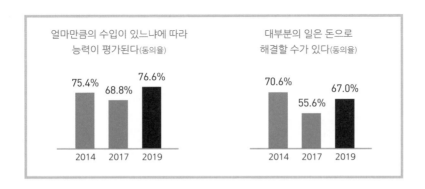

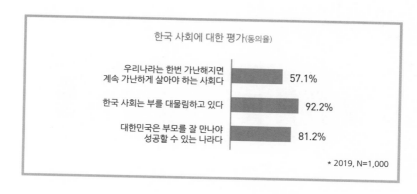

한국 사회에 대한 평가 (동의율)

우리나라는 한번 가난해지면
계속 가난하게 살아야 하는 사회다   **57.1%**

한국 사회는 부를 대물림하고 있다   **92.2%**

대한민국은 부모를 잘 만나야
성공할 수 있는 나라다   **81.2%**

* 2019, N=1,000

부모를 잘 만나야 성공할 수 있는 나라다 81.2%)에 대한 반응으로 보인
다.[28] 즉, 한번 들어가면 빠져나올 수 없다는 '가난의 개미지옥'에
대한 두려움이 돈에 대한 집착을 만들어내고 있는 것이다. 그래서
이 두려움 때문인지 세금을 좀 더 올리더라도 모든 국민에게 보편
적으로 복지를 확대해야 한다는 생각이 근소하게 증가한 것으로
보인다(68.8%(2016) → 71.4%(2019)).[29]

만약 집안의 형편이나 환경, 자신의 능력에 관계없이 안정적으
로 최소한의 생활비가 모든 개인에게 직접적으로 지급이 된다면
사람들은 심리적으로 덜 불안해하지 않을까? 이런 아이디어가 구
체화된 것이 바로 기본 소득 제도다. 기본 소득제는 이미 알래스카
등의 일부 지역에서는 수십 년 전부터 도입이 된 제도지만, 4차 산
업혁명 시대에 대한 관심이 커지면서 전 세계적으로 논의가 본격
화되고 있는 모습이다. 인공지능이나 로봇 등으로 인해 일자리 감
소와 이에 따른 소비 여력의 급락이 예상되면서 지식인들이나 관
료들뿐만 아니라 상당수의 기업에서도 호감을 가지는 제도다. 지

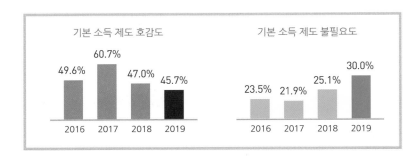

기본 소득 제도 호감도

49.6% 60.7% 47.0% 45.7%
2016 2017 2018 2019

기본 소득 제도 불필요도

23.5% 21.9% 25.1% 30.0%
2016 2017 2018 2019

금은 우리나라에서도 일부 지역에서 대상과 금액의 수준을 정해 실험적으로 진행하고 있다.[30]

기본 소득 제도의 특징은 기본 소득을 지급받는 대상을 차별하지 않는 데 핵심적인 특징이 있다. 일단 기본 소득제는 개인의 형평성을 고려하지 않는다. 기본 소득을 받는 대상이 가난한지, 부자인지, 직업이 있는지 없는지 등을 따지지 않는 것이다.

우리나라에서 이 기본 소득 제도에 대한 논의가 신선했던(?) 시기는 4차 산업혁명에 대한 논의가 한창 유행이던 2016년이었다. 당시에는 절반 정도의 사람들이 이 제도(기본 소득 제도)에 대해 호

기본 소득 제도 도입 반대

28.8% 25.8% 34.5% 35.9%
2016 2017 2018 2019

감을 가졌는데(49.6%),³¹ 이후 대통령 선거가 있던 2017년에 호감도가 60.7%로 급증하다가, 이후 2018년과 2019년에 관심은 최초의 조사에 비해서도 낮은 수준으로 떨어졌다(기본 소득 제도 호감도: 47.0%(2018) → 45.7%(2019)).³² 반면, 기본 소득제에 대한 부정적인 시각은 늘어나는 추세였다(기본 소득 제도 불필요: 23.5%(2016) → 21.9%(2017) → 25.1%(2018) → 30.0%(2019), 기본 소득 제도 도입 반대: 28.8%(2016) → 25.8%(2017) → 34.5%(2018) → 35.9%(2019)).³³ 차별하지 않고 모든 사람에게 공평하게 똑같은 기준의 금액을 준다는데 이렇게 반대표를 던지는 이유는 도대체 뭘까? 이 반대 의견의 핵심에는 '세금 부담'과 함께 '타인에 대한 부정적 인식'이 중심적으로 자리하고 있었다. 사람들은 세금이 너무 많이 들고(65.5%), 그 세금을 내가 내야 한다는 부담을 느끼고 있었고(49.6%), '놀고먹는 타인'이 너무 많을 것 같다는 걱정을 하면서(일하지 않는 사람에게도 돈을 주는 것이 불공정해서 58.2%, 일을 안 하는 사람들이 늘어날 것 같아

기본 소득제가 되면
사람들은 게을러질 것이다

47.4% 35.0%

동의 비동의

기본 소득제가 되면 일부 사람들만 일하고
대다수의 사람들은 일하지 않을 것이다

41.0% 40.0%

동의 비동의

* 2019, N=1,000

서 56.5%, 근로 의욕이 없어지기 때문에 49.6%, 사람들이 게을러지기 때문에 37.3%)[34] 기본 소득 제도를 반대하고 있었던 것이다.

비록 많은 사람들이 기본 소득 제도가 시행되면 막연한 미래에 대한 불안감이 줄어들 것이라고 동의를 하지만(56.8%), 그와 동시에 일하는 사람과 하지 않는 사람 간의 갈등이 심해질 것을 걱정하는(52.4%) 것으로, 이 갈등은 결국 '자신'과 '상상 속의 타인'과의 갈등이었다. 자신은 기본 소득 제도가 시행돼도 지금 일을 관둘 가능성이 거의 없고(9.3%), 지금 하고 있는 일을 성실하게 계속하겠지만(71.7%), '남들'은 게을러질 것(동의율 47.4% vs. 비동의율 35.0%), 일하지 않을 것(동의율 41.0% vs. 비동의율 40.0%)이라고 생각하기 때문이다.

기본 소득제에 관한 갈등은 우리나라에만 있는 것은 아니다. 정치철학자인 팀 던럽(Tim Dunlop)은 그의 저서 《노동 없는 미래》에서 기본 소득을 모든 사람에게 적용하는 데 가장 큰 걸림돌은 사람들에게 '대가 없는 돈'을 주는 것을 우려하는 사회의 인식이라고 주장한다. 누구든 열심히 노력하면 일자리를 찾을 수 있다는 인식이 널리 퍼져 있고, 이 인식은 깨지기 매우 힘든 주장이라고 설명한다.[35]

하지만 만약 기본 소득제가 시행된다면, 사회적 인식은 변할 수 있다는 단서가 있다. 경기도에서는 2019년 1분기부터 경기도에 3년 이상 주민등록을 두고 계속 거주한 만 24세 청년 17만 5,000여 명에게 분기당 25만 원씩 연간 100만 원의 기본 소득을 지급하는 실험을 진행하고 있다(2019년부터 2022년까지).[36] 최근 경기연구원에서는 이 기본 소득을 받은 청년들을 대상으로 설문조사를 실시했는데 그 결과를 보면, 10명 중 6명(60.3%)은 자신의 삶에 변화가 있다고 응답한 것으로 나타났다. 주된 변화는 '친구를 만나고 교제하는 데 걱정을 덜하게 되는 것'과 '자기 계발에 대한 것'이었다.[37] 흥미로운 것은 주변에 대한 관심이 커졌다는 사실이다. 기본 소득제의 수혜를 받은 청년들의 경우 사회 불평등 해소에 대한 관심이 늘었고(64.32점), 인권 신장이나(61.99점), 가족의 의미에 대한 인식이 긍정적으로 변한 것이다(61.57점). 1년에 100만 원이라는 '최소한의 생활비'는 사람들의 관심을 주변의 다른 사람들에게로 돌리는 역할을 하고 있는 것으로 보인다.

So what? 🎵
시사점과 전망

오늘날 비즈니스는 제품의 '구매'가 아니라 '사용'에 본질적 가치를 두고 진화하고 있다. 이런 관점에서 렌털(rental), 공유 경제(sharing economy)로의 진보는 필연적이다. 그런데 이 방향으로의 진화는 '지속적이고 신뢰 있는 관계(relation)'를 전제로 한다. 불특정 대상에 대한 신뢰가 중요한 사업 기반이 된다는 뜻이다. 따라서 첫 번째로 지적할 부분은, 이 비즈니스를 추구하는 기업과 개인, 공공 기관에서는 실제 그 제품이나 서비스를 이용하는 데 있어서 경제적인 이익이 얼마나 되는가를 소비자들에게 제시하기 전에,

'관계에 대한 신뢰도'를 높이는 것을 고민해야 한다는 것이다. 궁극적으로, 공유의 가치가 실제로 개인의 삶을 어떻게 바꾸고, 불안감을 얼마나 떨어뜨리는지를 정부나 공적인 기관에서 적극적으로 홍보해야만 한다.

두 번째로 지적할 부분은, 경쟁의 가치에 대한 성찰이다. 다양한 전문 기관에서 향후 한국 사회의 생산 가능 인구(만 15~64세) 급감의 심각성을 지적한다. 단적으로 2002년생이 대학을 들어가는 2021년부터 대학의 입학생 수가 2년 전에 비해 15만 명 가까이 감소할 것으로 예상되는데, 전문가들은 이 추세가 이후 20년 이상 지속되며 이전 상태로의 회복은 불가능할 것으로 본다.[38] 물리적으로 공부할 사람(대학 등록금을 낼 사람)들과 일할 사람들이 급격하게 줄어드는 것이다. 이렇게 되면 경쟁을 최우선적인 평가 요소로 삼는 인식에 대전환이 필요하다. 지금까지의 타인은 '경쟁의 대상'이었다면, 사람이 부족한 시대의 타인은 '협력의 대상'이 돼야 한다. 한 사람 한 사람이 소중한 자원이기 때문이다. 그리고 이런 인식이 전환되지 않으면, 궁극적으로 어떤 대중적인 정책이나 지원도 갈등을 피할 수 없기 때문이다.

마지막으로 지적할 부분은 대중적 정서에 관한 것이다. 사회 전반적으로 외로움과 불안감이 팽배해 있다. 여기에 부의 불평등 문제에 대한 자각과 인식이 더해지면서 대중은 언제든지 분노할 준비가 돼 있는 것처럼 보인다(부자들과 격차가 너무 심해지면 화가 날 것 같다 72.2%).[39] 이런 상황에서 만약 사소한 불공정의 문제가 제기되는 사건이 나오면 집단적으로 부정적 감정을 표출할 가능성이 매우 크다. 이미 대중은 감정적으로 매우 예민해진 상태이고, 긍정적이든 부정적이든 자신의 감정을 억압하지 않고 쉽게 드러내는 시대적 분위기이기 때문이다.

스마트폰과 관련된 수많은 소비 현상과 비즈니스가 쏟아진다. 앞으로의 미래 비즈니스는 스마트폰을 빼놓고는 거론할 수가 없다. 스마트폰은 사람들로 하여금 다른 사람들과 연결돼 있다고 믿게 만든다. 그래서 하루 24시간의 절대 시간을 이 마법의 기기를 붙잡고 생활한다. 하지만 여전히 사람들은 현실에서 외로워하고 불안해한다. 실제 누군가와 대화하고 만날 시간이 부족하기 때문이다. 사람들은 현명하게도 그 답을 알고 있다. 타인과의 공동체를 만들거나 연대하는 것이 사람들이 불안해하는 경제적인 또는 정서적인 문제의 해결책임을 알고 있는 것이다. 다만, 섣불리 나서지 못하고 스마트폰을 붙잡고 그 불안함을 회피하는 '뫼비우스의 띠' 안에 갇혀 있는 듯하다.

TIP ___

불안함을 긍정의 실행력으로 바꾸는 흥미로운 팁이 있다. 신경심리학자인 이안 로버트슨(Ian Robertson)은 생산적인 실행력을 가져오는 상태인 '흥분'과 '불안'의 증상이 거의 같음을 지적한다. 동시에, 불안이라는 감정 상황은 '차분함'보다는 긍정적인 성과를 내는 감정 상태(흥분)로의 전환이 훨씬 쉽다고 주장한다. 그러면서 관점을 살짝 바꾸는 것이 엄청난 반전을 가져온다고 설명한다. 우리가 느끼는 '위협'이라는 대상을 '도전 과제'로 관점을 바꾸면, 그 상황에서 일어나는 좋은 일에 집중하게 된다는 것이다. 정확하게 이런 관점으로 불안감을 긍정적인 성과로 성공적으로 전환시킨 사람이 바로 타이거 우즈(Tiger Woods)였다.

어떤 감정이든 이를 유발하는 가장 중요한 상황은 바로 우리의 머릿속에 존재한다. 자기만의 상황을 얼마든지 창조할 수 있다. (중략) 다시 말해 불안한 일을 앞두고 있을 때 우리는 둘 중 하나를 선택할 수 있다. 바로 위협을 느끼거나 도전하는 것이다. 위협을 느끼면 그 상황에서 일어날 수 있는 나쁜 일에 집중하게 된다. 사람들의 웃음거리가 되지 않을까 걱정한다. 반대로, 도전해보겠다고 생각하면 그 상황에서 일어날 수 있는 좋은 일에 집중하게 된다. (중략) 일단 접근 체계가 활성화되면 접근 체계의 신경안정제 역할 덕분에 불안이 완화되고 동시에 위협을 두려워하는 회피 체계가 억제되기 때문에 물러나고 싶은 마음도 줄어든다. (중략) 전진을 위한 정신력의 핵심은 두려움과 불안의 아드레날린을 잘 활용하는 것이다. 아드레날린으로 인한 각성 상태를 위협으로 인식하는 것이 아니라 도전에 맞설 연료로 사용하는 방법을 찾는 것이다.

-이안 로버트슨, 《스트레스는 나쁜 것이 아닙니까》, 156~160쪽

01 세상에서 가장 슬픈 병, 치매

✎ **치매 사회 진단 및 대응책 관련 조사**
· 조사 대상: 전국의 만 19~59세 성인 남녀 1,000명 ①
· 조사 기간: 2019년 5월 15일~5월 19일

2019년 3월, 타임 슬립 소재의 그저 그런 뻔한(?) 판타지 내용인 줄 알았다가 충격적인 반전으로 먹먹함과 감흥을 선사한 드라마가 하나 있었다. 코믹과 신파, 냉·온탕을 드나들며 우리 사회에 적지 않은 경종을 울린 드라마, 바로 〈눈이 부시게〉다. 아마도 이 드라마가 치매 (알츠하이머병) 노인의 얘기란 걸 처음부터 부각시켰다면 나조차도 첫 회를 보기가 쉽진 않았을 듯싶다. 너무도 익숙하지만 가까이 마주하기는 왠지 모르게 마음 한구석이 무거워지는 느낌, '치매'는 우리에게 딱 그런 이미지다.

사실 인간의 유한한 삶에서 늙고 병약해지는 것은 아주 자연스러운 현상이다. 하지만 기억력과 언어능력, 계산력 등 인지 기능이 심각하게 손상돼 일상생활에 상당한 지장을 초래하는 '치매 환자'의 모습은 우리에게 나이 듦의 자연스러움을 무섭게 느껴지게끔 만든다. 그렇다고 언제까지 마냥 피할 수만은 없다. 어느새 우리 사회가 '고령화 사회'에 접어들면서 '치매'라는 것이 한국 사회가 맞닥뜨린 중요한 과제가 돼버렸기 때문이다. 실제로 우리 주변에서도 치매를 앓고 있는 사람들을 어렵지 않게 찾아볼 수 있고, 그래서 드라마나 영화 소재로 '치매'가 요즘 자주 활용되고 있기도 하다.

문제는 이렇게 치매에 대한 문제의식이 커지고 있음에도, 여전히 우리 사회가 치매에 대한 이해가 부족하고 치매 환자를 대하는 태도가 싸늘하기만 하다는 것이다. 그저 치매를 남의 일인 듯 외면하며 사회 전반적으로 치매 문제를 정면으로 응시하고 싶어 하지 않는 마음이 깊게 형성돼 있다. 실제 조사에서도 치매는 노화의 과정에서 어쩔 수 없이 발생하는 자연스러운 현상으로 바라보기보다 치매 환자 당사자는 물론 가족들에게까지 고통만 가져다주는 '몹쓸 병'으로 인식하고 있는 경우가 많았다. 고령화와 함께 치매 환자가 빠르게 증가하고 있지만 이를 정상적인 노화 현상과는 구분해서 바라보고 있는 것이다.

그렇다면 이렇게까지 치매 문제를 회피하려는 근본적인 이유는

| 치매에 대한 인식 | | 치매 환자와 주변인(가족 등)에 대한 인식 | | |

74.5%
이제 흔히
볼 수 있는
노인성
질환이다

29.5%
나이가 들면
자연스럽게
찾아오는
질병이다

75.0%
가족 중에
누군가가
치매 진단을 받으면
앞이 막막할 것 같다

73.8%
치매는
한 가정을
무너뜨리는
무서운 질병이다

57.8%
가족이
치매 진단을 받으면
예전처럼 잘 지내지
못할 것 같다

N=1,000

무엇일까? 가장 첫 번째는 기억 손상으로 인간다움을 잃어버리는 모습을 지켜봐야 한다는 '심리적 두려움'이 크기 때문일 가능성이 높다. 자신이 한 행동과 지난날들의 기억을 잃어버리고, 주변 사람들을 알아보지 못하는 모습은 기억을 잃어가는 당사자에게나 자신이 잊히는 것을 지켜보는 가족들에게나 견디기 힘든 고통일 수밖에 없기 때문이다. 게다가 치매 환자를 지켜보고 간호하는 과정에서 필연적으로 겪게 될 신체적·정신적 고통에 대한 두려움도 치매 문제를 정면으로 마주할 용기를 사그라지게 하는 주요 요인으로 볼 수 있다. 대부분 치매 환자의 간호로 인해 나와 내 가족들의 몸과 마음이 고달플 것(동의율 75.7%)이고, 내 시간을 충분히 가지지 못할 것(72.5%)이며, 사회생활에 지장을 받을 수도 있을 것(72.0%)이라는 생각에서 자유롭지 못한 모습을 보이고 있었던 것이다. 가족 중에 치매 환자가 있다면 결국 우리 가족이 예전처럼 잘 지내지 못할 것이란 생각이 많은 것으로, 왜 그토록 많은 사람들이 치매에 대해 필요 이상의 공포를 갖고 있고 언젠가는 그들에게도 찾아올지 모른다는 사실을 왜 애써 외면하고 있는지를 조금은 가늠해볼 수 있었다. 실제 가족 중 누군가가 치매 진단을 받으면 앞이 막막할 것 같다고 밝히고 있을 만큼 가족 구성원이 치매에 걸릴 수 있다는 상상 그 자체만으로도 상당한 두려움을 느끼는 모습이었다.

이 같은 두려움의 밑바탕에는 '경제적 부담'과 같은 현실적인 이유가 더더욱 크게 작용하고 있을 가능성이 높아 보였다. 가족이나 본인이 치매를 진단받을 경우 가장 염려되는 부분으로 '경제적 부담(56.7%, 중복 응답)'을 꼽은 경우가 단연 많았던 것이다. 간병으로 인한 신체적·정신적 스트레스도 크지만 무엇보다도 오랜 기간 치매 환자를 돌보는 과정에서 수반될 경제적 비용에 부담감을 느끼는 사람들이 그만큼 많다고 볼 수 있는 결과라 할 수 있겠다.

이렇게 치매 환자 부양의 어려움과 간병을 둘러싼 고민이 깊어지고 있는 만큼 이제는 국가적·사회적 차원에서 치매 문제에 접근해야 한다는 목소리가 높아지고 있는 추세다. 고령화 사회에서 치매 노인의 부양은 궁극적으로 누구에게 책임이 있는가를 묻는 질문에 국가(80.2%, 중복 응답)를 꼽는 사람들이 압도적으로 많았던 것이다. 이제 '치매 문제'는 우리 사회가 정면으로 응시하고 함께 해결해야 하는 현실적인 과제란 점에 공감도가 높다는 것을 알 수 있는 결과다. 특히나 내 부모 중 한 명이 치매에 걸린다면 부양을

치매 사회 및 치매 문화 관련 인식 평가

34.7% 치매 환자들도 일상에서 일반인들과 함께 지내게 해야 한다 < **48.6%** 치매 환자들은 따로 모아 요양원에서 지내게 하는 편이 낫다

 74.0% 아직 우리나라는 치매에 대한 인식이 한참 뒤떨어져 있다

 81.6% 치매는 우리가 피한다고 피할 수 있는 것이 아니다

 90.2% 치매를 숨기지 않고 안전하게 공존하고 치료할 수 있는 문화가 돼야 한다

(N=1,000)

잘할 자신이 있다는 목소리는 적고, 치매에 걸리는 것은 자식들에게 큰 짐이 될 수 있다는 우려가 크게 나타나고 있는 점도 치매 문제를 개인 차원에서만 접근하기 어렵다는 사실을 일깨워준다. 물론, 2017년 대선 이후 우리나라는 현 정부 주도 아래 국가가 치매를 책임지는 '치매 국가 책임제'란 정책이 운영되고는 있다. 하지만 치매 환자들을 일반인들과 일상에서 함께 지내게 하는 것보다 그들만을 따로 모아 지내게 하는 편이 나을 것 같다는 의견이 우세할 정도로, 아직 우리 사회는 치매 환자와 함께 공존할 수 있는 사회 문화적 토양이 조성돼 있지 않은 것이 현실이다. 비록 많은 사람들(71.6%)이 치매에 걸렸다고 해서 일상생활을 포기하라는 법은 없다고 한목소리를 내고 있지만 또 한편으로는 그들과 함께하는 생활을 경계하고 두려움을 느끼는 다소 상반된 태도를 갖고 있는 것이다. 내 가족과 내 이웃, 내 나라 국민이 치매에 대해 선입견과 편견을 갖고 있는 한 아무리 좋은 취지의 제도라 하더라도 제

도의 효용성을 따지는 일은 무의미할 것이다. 적어도 치매가 있더라도 숨기지 않고 안전하게 공존하고 치료할 수 있는 문화가 형성될 수 있도록 국가와 사회는 물론 국민 모두가 치매 문제에 더 가까이 다가가려는 노력이 필요할 것으로 보인다.

한편, 치매 인구가 급증하고 치매가 남의 일만은 아니라는 인식이 커지면서, '치매 보험'의 필요성을 느끼는 사람도 부쩍 많아진 모습이다. 실제 성인 10명 중 6명(61.6%)이 향후 치매 관련 보험에 가입할 의향이 있다고 밝힐 정도였는데, 연령에 관계없이 치매 보험에 가입할 의향(20대 60.8%, 30대 63.6%, 40대 62%, 50대 60%)은 모두 비슷하게 높은 결과를 보이고 있었다. 앞으로 치매 보험에 대한 관심이 지금보다 많아질 것 같다는 예상도 적지 않아 관련 보험의 인기는 어느 정도 지속될 것으로 전망된다. 다만, 현재 출시되는 치매 보험은 보장 범위가 제한적일 것 같다는 인식이 높아, 향후 '보험 상품 내용의 개선' 및 '보장 범위의 확대' 등을 요구하는 소비자 목소리가 좀 더 커질 것으로 보인다.

이제 고령화와 함께 '치매 사회'로의 진입이 피할 수 없는 흐름으로 다가오고 있다. 누구도 '고령화'와 '치매'로부터 자유로울 수는 없기에 치매에 대한 과도한 공포와 선입견을 바꾸려는 노력, 그리고 치매 문제를 사회 전반적으로 공론화하려는 우리 모두의 관심이 그 어느 때보다 필요한 시점이라고 할 수 있겠다.

연관 검색어 ▼

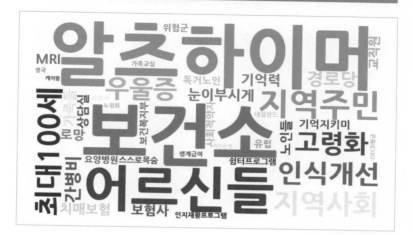

02 이제는 **외로움**도
관리가 필요한 때

✍ **외로움, 고독사 이슈 진단 조사**
· 조사 대상: 전국의 만 19~59세 성인 남녀 1,000명 ①
· 조사 기간: 2019년 5월 24일~5월 29일

    수많은 온·오프라인 관계에 둘러싸여 있음에도 더없이 마음이 외롭고 공허하다고 느끼는 현대인들이 부쩍 많아지고 있다. 인터넷과 스마트폰을 통해 어디에나 그리고 누구와도 연결돼 있지만 마치 이 세상에 홀로 남겨진 듯한 외로움을 수시로 느끼는 사람들이 많은

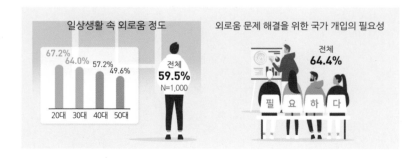

것이다. 이런 외로움의 속성은 연애의 부재나 애정의 결핍 등 일차
원적인 욕망에서만 기인하는 것이 아니라 현대사회의 구조적인 문
제, 라이프 스타일의 변화, 개인의 기질 등 다양한 원인이 복합적으
로 작용하여 생겨난다는 점에서 그 해결을 더욱 어렵게 만든다.

실제 한국 사회에서도 많은 사람들이 일상적으로 '외로움'을
느끼며 살고 있었고, 특히 청년 세대(20대 67.2%, 30대 64%, 40대
57.2%, 50대 49.6%)가 다른 세대에 비해 외롭다는 감정에 보다 많
이 노출돼 있는 모습을 보이고 있었다. 외로움을 느끼게 된 원인은
경제적 이유와 인간관계의 고립, 타인과의 비교 및 상대적 박탈감,
시간적 여유 부족에 이르기까지 꽤나 다양하고 복잡했다. 문제는,
이 '외로움'이란 감정이 비단 개인에게만 국한되지 않고 우리 사회
전체에 넓게 퍼져 있다고 바라보는 시각이 상당하다는 점이다. 사
회 공동체 및 국가 차원의 관리가 절실히 필요하다고 할 수 있는
부분으로, 많은 대중들 역시 국가적인 차원에서 우리 사회의 '외로
움' 문제에 접근해주길 바라는 기대감이 매우 큰 모습이었다.

게다가 외로움과 공허함은 극단적으로는 분노 조절 장애와 공황
장애 등 각종 정신 질환으로 발전되거나, 타인에게 신체적·언어적
폭력을 가하는 행동으로 이어질 수도 있다는 점에서 더욱 우려되
는 사회적 이슈라 할 수 있다. 이미 영국은 외로움을 사회적인 질
병으로 간주하고, 외로움 문제를 전담하는 주무부처를 설치해 장
관직(Minister for Loneliness)을 임명하는 등 적극적인 정부 대처가
이루어지고 있다. 비단 영국뿐만 아니라 전 세계적으로 외로움을

사회적으로 심각한 문제로 인식하고 문제 해결의 해법을 찾기 위해 다각적인 노력을 기울이고 있는 중이다. 많은 사람들이 일상적으로 외로움을 느끼고 있는 우리나라 역시 이에 대한 적극적인 고민이 필요한 시점이라 할 수 있겠다.

우리 사회가 '외로움'이란 감정에 주목해야 하는 또 다른 이유는 이것이 만성화가 될 경우 자발적인 격리나 고독감으로 이어지고, 결국 사회적 문제인 '고독사'라는 결과를 낳는다는 점 때문이다. 그래서 많은 전문가들은 초고령 사회로 진입함과 동시에 증가하는 노인들의 사회적 고립 문제를 심각하게 경고하고 있다. 그리고 매우 안타깝게도 이미 우리 사회 역시 이러한 현상이 뚜렷하게 나타나고 있는 중이다. 거의 대부분(97%)의 사람들이 '고독사'와 관련한 뉴스를 접해본 적이 있을 정도로 고독사는 우리 사회에 너무도 빈번하게 발생하고 있는 사회문제 중 하나였다. 물론 '외로움'의 문제가 전 세계적인 이슈였던 것처럼 고독사 또한 국가를 불문한 글로벌 현상일 수는 있다. 다만 고독사의 주된 이유로 '관계 단절'을 꼽고 있는 우리 사회에서는 그 심각성을 더욱 좌시할 순 없는 상황인 듯하다. 채무와 질병, 실직, 이혼 등을 이유로 가족이나 친구 관계가 단절되고 이후 고독사에 이르게 되는 사례가 그만큼 우리 사회에 많다고 볼 수 있기 때문이다. 따라서 이제는 고독사 문제를 사회적인 차원에서 접근해야 한다는 인식, 즉 '개인이 자초한 불행'으로만 볼 것이 아니라 '사회적 고립'의 문제로 바라볼 필요가 있다는 의견이 제기되고 있다.

무엇보다도 고독사 문제가 해결되려면 사회 공동체의 역할이 중요하다는 의견이 많았는데, 실제 고독사 예방 및 방지를 위해 적극적인 검토가 필요하다고 꼽은 방안 역시 '공동체 회복'과 관련된 것들이 많았다. 혼자 사는 노인들의 정서적 안정을 위해 '마을 공동체'를 조성하고, 단절된 인간관계의 회복을 위해 '지역사회 안전망'을 마련하거나, '공동주택'을 만들어 공동체 생활을 권장하자는 의견들이 많이 나온 것이다. 저렴한 주거 공간이 필요한 청년과 방이 남는 노년층이 함께 살도록 이어주는 '세대 간 주거 공유(셰어 하우스)' 사업을 시행하자는 의견도 적지 않았는데, 다만, 셰어 하우스는 노년층보다는 젊은 청년층에게 더 유용할 것 같다는 의견이 많아 '고독사' 문제 해결을 위한 방안으로 활용될 수 있을지는 좀 더 고민이 필요할 것으로 보인다.

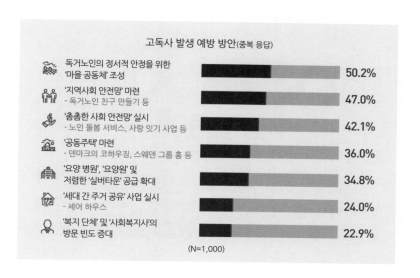

고독사 발생 예방 방안(중복 응답)

- 독거노인의 정서적 안정을 위한 '마을 공동체' 조성 — 50.2%
- '지역사회 안전망' 마련 - 독거노인 친구 만들기 등 — 47.0%
- '촘촘한 사회 안전망' 실시 - 노인 돌봄 서비스, 사랑 잇기 사업 등 — 42.1%
- '공동주택' 마련 - 덴마크의 코하우징, 스웨덴 그룹 홈 등 — 36.0%
- '요양 병원', '요양원' 및 저렴한 '실버타운' 공급 확대 — 34.8%
- '세대 간 주거 공유' 사업 실시 - 셰어 하우스 — 24.0%
- '복지 단체' 및 '사회복지사'의 방문 빈도 증대 — 22.9%

(N=1,000)

앞서 언급한 방안들의 실현을 위해선 보편타당성이나 포괄성, 예산, 시민 여론 등 보다 세밀한 검토가 선행될 필요가 있을 것이다. 단, 현재 가장 분명한 건 이러한 방안들이 장기적으로는 국가의 복지 비용을 줄이는 길이 될 것이란 국민적 공감대가 매우 높게 형성돼 있다는 점이다. 지금까지는 외로움이나 고립, 소외감으로 인한 문제를 개인의 문제로만 바라보는 경우가 많았지만, 이제는 국가의 적극적인 역할을 요구하는 목소리가 한층 높아지고 있다는 의미다. '외로움은 생존의 경고등'[40]이라는 말이 있다. 지금의 상황을 국가가 절대 간과해서는 안 되는 이유로, 앞으로 우리나라도 국가 차원에서 고독사를 예방할 수 있는 정책적·제도적 차원의 방안이 다각적으로 검토되고 시행되기를 기대해본다.

연관 검색어 ▼

03 나 마음의 병이 생겼나 봐

✐ 현대인의 정신 건강 접근 및 코칭 관련 조사
· 조사 대상: 전국의 만 19~59세 성인 남녀 1,000명 ①
· 조사 기간: 2019년 5월 17일~5월 21일

　사람은 누구나 기본적으로 행복을 추구한다. 무엇 때문에 사는지 또 어떤 삶을 만들어 나가는지 그 방향성에 대한 명쾌한 해답은 알 수 없지만, 분명한 건 우리 모두 기분 좋은 것을 추구하고 결국 그 끝에서 행복이란 감정을 마주하고 싶어 한다는 데에는 이견이 없을 것이다. 그런데 요즘, 스스로 행복하다고 말할 수 있는 사람이 과연 몇 명이나 될까? 행복이란 감정이 너무나 주관적이고 상대적인 것이라 정확히 알아낼 순 없어도 체감적으로 '행복하다'는 사람보다 자신에게 '불행'이 더 가까이 있다거나 이러한 삶이 쉽사리 바뀌지 않을 것이란 체념으로 가득한 사람들이 사회 전체적으로 부쩍 많아진 느낌이다. 현대인의 고질병쯤으로 여기거나 또는 마음가짐, 기질적인 문제로만 돌리기에는 지금 개개인이 맞닥뜨리고 있는 사회 구조적인 문제가 그리 녹록지 않아 보인다. 치열한 경쟁, 사회적 불평등과 불공정한 시스템, 시간과 돈의 부족과 같은 문제가 눈앞의 가치나 행복감을 제대로 알아볼 수 없을 만큼 너무나 강력하게 작용하고 있기 때문이다. 게다가 그 어느 때보다 연결성이 높은 시대에 살고 있기까지 해서 주변 사람과의 관계 문제, 특히 타인의 삶과 행복을 자신의 것과 '비교'해서 오는 '상대적 박탈감'이 우리의 삶을 전보다 더 불행하게 만들고 있다. 그리고 이 불행의 그림자는, 현재 빠른 속도로 개개인의 '정신 건강'에 위협을 가하고 있는 중이다.

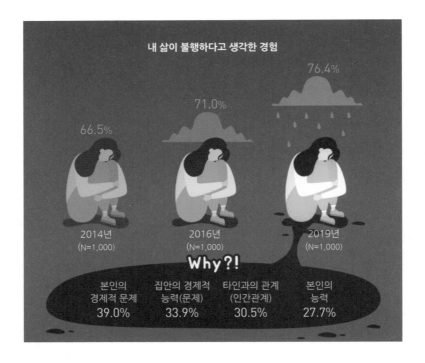

마크로밀 엠브레인 트렌드모니터가 측정한 2019년 한국 사회의 '정신건강지수'를 보면, 지난 2014년 68.7점, 2016년 70.6점에서 2019년 다시 68.1점으로, 예전에 비해 전혀 나아지지 않고 있는 모습을 확인할 수 있었다. 특히, 중장년층보다 청년 세대의 정신 건강 상태(20대 66.7점, 30대 64.5점, 40대 69.7점, 50대 71.5점)가 더욱 좋지 않게 평가되고 있어, 이들을 괴롭히는 스트레스 요인이 무엇인지에 대한 심도 있는 점검이 필요하다는 주장도 제기되고 있다. 이러한 결과는 최근 밀레니얼 세대(1980년대와 2000년대 초반 출생)와 Z세대(2000년 전후 출생)의 정신 건강 문제가 심각한 수준에 이르렀다는 미국 이상심리학 저널의 발표 내용[41]과 그 맥을 같이하는 것으로, 청년 세대의 정신 건강 위험이 비단 국내만의 문제가 아닌 글로벌한 사회 이슈임을 감지할 수가 있다. 단, 국내에서는 정신 건강의 취약한 부분들로 인해 우울증이나 자살 등 실질적인 고통을 호소하는 사람들이 점점 더 많아지고 있다는 문제가 제기됨에 따라, 청년 세대를 비롯 각계각층의 정신 건강 상태를 서둘러 점검해야 한다는 의견이 모아지고 있다.

실제 조사 결과, 자신이 겪고 있는 정신적 고통 및 심리적 문제 중 가장 많이 호소하고 있는 증상으로는 무기력증(29.8%, 중복 응답)과 수면 장애(24.9%), 불안 증세(19.9%), 그리고 우울증(15.1%) 등이 꼽히고 있었다. 특히 '우울증'은 전체 응답자의 73.7%가 '현대인이라면 누구나 겪고 있는 증상'이라고 인식하고 있을 만큼, 누구나 우울증에 시달릴 수 있다는 생각을 하고 있는 모습까지 보이고 있었다. 주변에 정신적인 문제가 있는 사람들이 많아졌다는 데에도 성인 10명 중 7명(69.9%)이 공감하는 모습을 보이는 등 현대인이라면 저마다 크고 작은 '마음의 병' 하나쯤은 가지고 있을 거라는 생각을 이미 많은 대중들이 하고 있다는 것을 확인해볼 수 있었다.

문제는 개개인의 정신적 고통 및 심리적 증상을 해결하기 위해 시도하는 방법이 그리 뾰족해 보이지 않는다는 것이다. 증상에 관계없이 대부분 '휴식'과 '운동', '취미 활동' 등으로 증상을 이겨내려 노력하고 있을 뿐 전문적인 상담이나 진료, 약을 복용하는 등의 적극적인 치료 사례는 찾아보기가 어려웠다. 도대체 이유가 뭘까? 굳이 이유를 꼽자면 아마도 (인식의 전환이 많이 이루어졌다고는 하나) 사회 전체적으로 여전히 존재하는 차별과 멸시의 시선이 강하기 때문일 가능성이 높다. 한마디로, 정신 질환을 바라보는 개개인의 시각과 사회적 태도에 괴리감이 존재한다는 얘기다. 특히나 한국 사회에서는 정신과 방문 등의 진료 이력에 대한 공포감이 상당한 수준이다. 그래서 대부분의 사람들(76.8%)이 스스로가 정신 질환을 앓고 있다면 병원을 찾아갈 것이란 의지를 보이고는 있지만, 이른바 'F코드'라 불리는 정신과 진료 이력의 공개 및 공유에 대한 불안감으로 실제 그런 상황이 찾아왔을 때 스스럼없이 병원에 방문하는 것은 쉽지만은 않아 보인다. 최근 이런 F코드의 낙인이 없고 익명성이 보장된다는 등의 이유로 모바일 상담 앱에 대해 낙관적인 시장 전망론이 점쳐지고 있는 것도 이러한 사회 분위기와 무

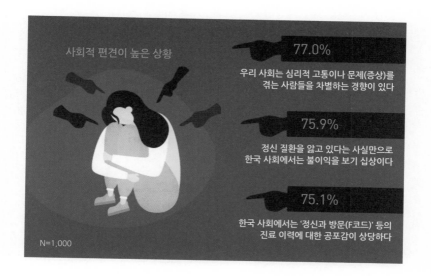

사회적 편견이 높은 상황

77.0%
우리 사회는 심리적 고통이나 문제(증상)를
겪는 사람들을 차별하는 경향이 있다

75.9%
정신 질환을 앓고 있다는 사실만으로
한국 사회에서는 불이익을 보기 십상이다

75.1%
한국 사회에서는 '정신과 방문(F코드)' 등의
진료 이력에 대한 공포감이 상당하다

N=1,000

관하지 않을 것이다.

다만, 현재 시점에서 우리가 꼭 짚고 넘어가야 할 사안은 정신 건강에 이목과 관심을 기울이게 된 진짜 이유가 단순히 현대인들의 심리적 고통 및 정신적 스트레스 그 자체에 대한 관심이 예전보다 많아졌기 때문은 아니란 것이다. 우울증을 비롯해 각종 마음의 병을 앓고 있는 사람들에 의한 '범죄'가 이전에 비해 훨씬 더 많아져, 이에 대한 불안감으로 나타난 하나의 사회적 흐름이란 점에 주목할 필요가 있어 보인다. 이를테면 조현병 범죄의 증가 등이 그 예로, 연일 TV 매스컴을 통해 보도되는 정신 질환 및 정신적 문제에 따른 잦은 범죄는 현대인의 정신 건강에 대한 우려를 그 어느 때보다 커지게 만든 중요한 배경 요인이 되고 있다. 때문에 정신 건

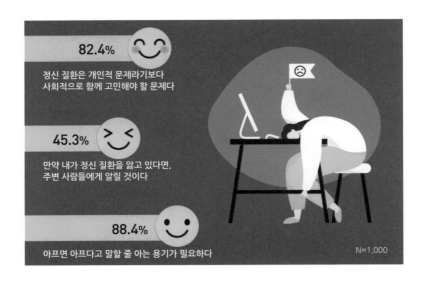

82.4%
정신 질환은 개인적 문제라기보다
사회적으로 함께 고민해야 할 문제다

45.3%
만약 내가 정신 질환을 앓고 있다면,
주변 사람들에게 알릴 것이다

88.4%
아프면 아프다고 말할 줄 아는 용기가 필요하다

N=1,000

강을 관리하고 예방하거나 치료하는 것이 개인 차원만의 문제가 아니라 이제는 한국 사회 구성원 대다수가 공유하는 사회적인 문제로 바라볼 필요가 있다는 주장이 점점 더 많아지고 있는 추세다.

그렇기에 앞으로 우리 사회는 보다 다양한 유형의 정신 질환과 심리적 증상을 좀 더 편안하게 치료받을 수 있는 사회적 환경을 조성하는 것은 물론 정신 질환 증세에 대한 편견을 바꾸려는 노력과 배려의 마음가짐이 필요할 것으로 보인다. 그리고 무엇보다 개인 스스로도 정신적 고통을 그저 숨기기에 급급하지 않고 당당하게 말할 수 있는 용기와 노력이 요구된다. '말하지 못하면 더 아플 수 있다'는 메시지를 이 시대를 살아가는 현대인이라면 가슴 깊이 되새길 필요가 있을 것 같다.

연관 검색어 ▼

✎ **사회적 위협(데이트 폭력 등) 법적 처벌 수위 관련 인식 조사**
· 조사 대상: 전국의 만 19~59세 성인 남녀 1,000명 ①
· 조사 기간: 2019년 6월 14일~6월 19일

"세상 참 무섭다"란 말이 절로 나올 만큼 하루가 멀다 하고 강력 범죄 사건, 사고들이 뉴스 메인을 장식하고 있다. 이제는 새로운 범죄 소식에 분노하기보다 '대수롭지 않은 듯', '식상한 듯' 여기는 스스로의 모습에 더 무서움이 느껴질 정도다. 게다가 마치 경쟁이라도 하듯 쏟아지는 자극적이고 과도한 범죄 기사로 필요 이상의 불안과 공포심을 느끼는 사람들도 적지 않은 모습이다. 물론 과거에 비해 범죄 발생이 증가해서 사람들의 공포심이 커진 것인지, 아니면 미디어에 노출되는 빈도가 잦아지면서 범죄에 대한 우려가 커진 것인지를 놓고는 의견이 분분하지만, 예전보다 국민들이 범죄와 관련한 '불안감'을 훨씬 많이 느끼고 있는 것만큼은 분명해 보인다.

무엇보다 자신의 분노와 불만, 스트레스를 불특정 다수에게 쏟아붓는 '묻지 마 범죄'가 증가하면서, 일상의 안전에 큰 위협을 느끼는 경우까지 많아지고 있다. 범죄심리학자 이수정 교수의 저서 《사이코패스는 일상의 그늘에 숨어 지낸다》에서도 '묻지 마 범죄'는 심각한 한국형 범죄로 꼽히고 있을 정도다. 어느 누구도 자신은 범죄 대상이 되지 않을 것이라는 확신을 갖지 못하고, 환한 대낮이거나 사람이 많은 장소라 하더라도 결코 안전하지 않을 수 있다는 얘기다. 실제 조사에서도 많은 대중들은 분노 조절 장애로 인해 모르는 사람을 '살해'하거나 '폭행'하는 범죄를 최근 가장 많이 발생하는 범죄 유형으로 꼽고 있었다. 특히 조현병 등 정신 질환을 앓고 있는 사람들에 의한 '묻지 마 범죄'가 최근 많아지면서 이들을 향한 경계와 공포심도 점점 더 커지고 있는 모습을 보이고 있었다.

문제는 이러한 범죄에 대한 불안감이 곧 '사회적 신뢰'를 무너뜨

한국 사회 범죄 심각성 평가(동의율)

88.9%
'묻지 마 범죄' 뉴스를 접하면 자신도 피해 대상이 되면 어쩌나 하는 불안감이 든다

(N=1,000)

79.6%
최근 우리나라에서 심각한 범죄가 많이 일어나고 있다

최근 가장 많이 발생하고 있는 범죄 유형(중복 응답)

75.2%	분노 조절을 못해 모르는 사람 살해
66.1%	음주 운전
65.8%	분노 조절을 못해 모르는 사람 폭행
65.2%	보이스 피싱 사기
63.4%	여성 성폭행(추행)
59.6%	청소년의 집단 따돌림 및 폭행
57.9%	향정신성 약물 및 마약 투약/매매
55.7%	데이트 폭력

범죄의 가해자·피해자 관계

가해자와 피해자가 서로 아는 사이

가해자와 피해자가 서로 모르는 사이

18.2%　31.2%　38.8%　25.9%

2016년(N=1,000)　2019년(N=1,000)

가해자·피해자 관계 유형(중복 응답)

애인/연인 사이	57.9%
동네 이웃/주민	58.0%
부부 사이	33.6%
회사 동료 및 선후배	29.9%
친구 사이(이성)	28.5%
학교 동기 및 선후배	27.5%
부모와 자식(자녀) 관계	27.0%
직장 상사(부장/임원급)와 부하 직원	25.0%
친목회/동호회 지인	23.0%
군(軍) 상사와 부하 직원	20.9%
친구 사이(동성)	20.4%

리고, '인간관계'에 대한 불신을 야기하는 결정적인 요인으로 나타나고 있다는 점이다. 전체 응답자의 73.4%가 요즘은 남들에게 설불리 호의를 베푸는 것이 두렵다고 느끼고 있었고, 사건 사고가 발생했을 때 그냥 빨리 그 자리를 벗어나는 게 상책이라고 말하는 사람들이 절반 이상(54.5%)에 달하고 있었다. 더 나아가 2명 중 1명은 가까운 사람도 나를 해할 수도 있겠다는 생각이 들고(54.2%), 새로운 사람을 만나는 것이 무섭다(48.4%)는 생각까지 밝히고 있었다. 괜한 일에 엮여 범죄 피해자가 될 것을 걱정하거나, 기존 인간관계에 경계심을 드러내고 새로운 관계를 맺는 것을 부담스럽게 여기는 사회 분위기가 점점 더 고조되고 있는 것이다.

게다가 실제 가족과 친구, 연인 등 '친밀한 관계'나 '아는 관계'에서 잇따라 범죄가 발생하다 보니 누구도 믿을 수 없다는 불신이 강해지고 있는 것도 사실이다. 조사 결과에서도 최근 일어나고 있는 범죄가 '서로 아는 사이'에서 발생하는 경우가 많은 것 같다는 의견이 증가한 점도 이 같은 사실을 뒷받침해준다. 더불어 '연인 관계'에서의 신체적·정신적 폭력이 위험수위에 다다르고 있을 만큼 사회 전반적으로 빈번해지고 있는 '데이트 폭력'에 대한 우려도 상당히 높은 수준이다. 다행히도(?) 우리 사회가 연인 간의 데이트 폭력을 '사랑싸움'이나 '다툼' 정도로 무마하는 것 같다는 비판과 함께 이제는 데이트 폭력도 엄연한 범죄로 바라볼 필요가 있다는 주장이 제기되고 있는 것은 고무적인 현상이라 할 수 있겠다.

한편, 사회 혼란을 야기하는 질 나쁜 범죄가 끊이지 않고 발생하는 배경으로 '범죄에 대한 낮은 처벌 수위(74.0%, 중복 응답)'를 지적하는 의견이 높게 나타나고 있는 점은 눈여겨볼 만한 대목이다. 연령에 관계없이 범죄 처벌 수위가 낮다는 사회적 공감대가 형성돼 있었으며, 남성(66.0%)보다는 특히 여성(82.0%)이 낮은 처벌 수위에 대한 원성이 큰 모습을 보이고 있었다. 그래서 이러한 중범죄 사건을 감소시키기 위해서는 무엇보다도 법적 처벌 수위를 강화해야 한다는 목소리가 높다. 더불어 범죄자의 신상을 공개하거나 범죄자에 대한 감시 시스템을 강화해야 한다는 등 보다 철저하게 범죄자 관리 감독에 힘을 쏟아야 한다는 대중적 인식이 확산돼 있는 모습을 보였다.

이 밖에도 힘과 권력을 가진 자들에게는 상대적으로 유리한 판결이 나오고, 음주 운전과 정신 질환에 의한 범죄에 관대하다는 목소리도 적지 않은 요즘이다. 어떤 범죄든 처벌 수준이 낮은 '솜방

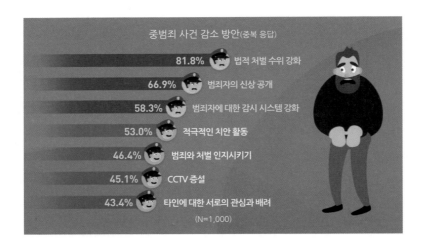

중범죄 사건 감소 방안(중복 응답)

81.8% 법적 처벌 수위 강화
66.9% 범죄자의 신상 공개
58.3% 범죄자에 대한 감시 시스템 강화
53.0% 적극적인 치안 활동
46.4% 범죄와 처벌 인지시키기
45.1% CCTV 증설
43.4% 타인에 대한 서로의 관심과 배려
(N=1,000)

망이' 처벌이 많고 공정하거나 적절한 법 처벌이 이뤄지지 않고 있다는 불만의 목소리가 많은 것으로, 국민들이 공감할 수 없는 처벌 사례가 그만큼 많다는 것을 감지할 수 있다. 특히나 한국은 범죄자에게 관대한 나라라는 생각이 공공연할 정도로 범죄에 대한 엄격한 법 집행이 이루어지지 않는다는 국민 인식이 매우 높은 편이었다. 그래서인지 그 어느 때보다 '사형 제도'의 필요성에 공감하는 목소리가 높다. 성별(남성 77.0%, 여성 84.8%)과 연령(20대 82.4%, 30대 83.2%, 40대 78.4%, 50대 79.6%)에 따른 차이 없이 사형 제도에 찬성하는 의견이 지배적이며, 특히 지난 2016년도 동일 조사 비교 시 사형 제도의 필요성에 공감하는 사회적 분위기(2016년 78.6% → 2019년 80.9%)가 지속되고 있는 것도 주목할 만한 점이다. 더불어 이제는 '경범죄'부터 엄격히 다스려야 한다는 의견이 많은 상황인데, 특히나 음주 운전의 경우 가벼운 사고라 할지라도 가중처벌의

현행 법체계에 대한 인식(동의율)

84.6%
가진 자와
가지지 못한 자에 대한
'법적 차별'이 존재한다

81.0%
우리나라는
어떤 범죄든
처벌 수준이 낮다

80.9%
사형 제도는
필요한
정책이다

67.9%
한국은
범죄자에게
관대한 나라다

(N=1,000)

대상이 돼야 한다는 강경한 입장이 우세하다(동의율 85.9%). 청소년이라고 해서 예외가 있으면 안 된다(동의율 88.4%)는 인식도 강해 최근 10대 청소년에 의한 범죄를 심각하게 바라보는 시민 의식역시 엿볼 수 있었다.

결국 지금의 한국 사회에서 가장 필요한 것은 시대의 변화에 뒤떨어진 '양형 기준'을 바로 세워 모든 범죄를 엄중하게 다스리는작업일 것으로 보인다. 그러지 않는 이상 범죄자에게 관대한 나라라는 의심은 확신으로, 법에 의해 범죄로부터 보호받을 수 있다는믿음은 불신으로 변할 수밖에 없을 것 같다.

05 실종된 '우리', 갈등의 불씨가 되다

🖉 한국 사회 갈등 이슈 점검 및 공동체 의식 관련 조사
· 조사 대상: 전국의 만 19~59세 성인 남녀 1,000명 ①
· 조사 기간: 2019년 7월 15일~7월 18일

　최근 한국 사회는 정치와 경제, 사회와 문화 등 분야를 가리지 않고 갈등 문제가 심각한 수준에 이르고 있다는 느낌을 받는다. 물론 자신이 처한 상황과 환경에 따라 서로의 '이해관계'가 다를 수밖에 없기에 아무리 좋은 생각과 의견, 정책과 법안도 모두를 완벽하게 만족시킬 수는 없다. 그래서 수많은 이슈들이 쟁점화되고, 치열한 '갈등' 양상이 뒤따르는 것은 어찌 보면 당연한 현상이라고 할 수 있다. 문제는 이러한 사회 갈등이 제대로 해결되지 않고, 그저 또 다른 이슈나 갈등에 묻혀 흐지부지 넘어가는 경우가 많다는 점이다. 이는 사회 갈등을 어떻게 중재하고 해결해야 할지에 대한 이렇다 할 해법을 찾지 못하고 있다는 것을 의미한다는 점에서 상당히 우려되는 부분이라고 할 수 있겠다. 그런데, 지금 우리 사회의 모

갈등이 가장 심각한 분야(중복 응답)	갈등의 근본 원인(중복 응답)

갈등이 가장 심각한 분야(중복 응답)

- 51.7% 부의 양극화로 인한 갈등
- 45.0% 진보와 보수의 이념 갈등
- 39.1% 여당과 야당의 정치적 갈등
- 37.3% 갑과 을 관계의 갈등
- 35.9% 남성과 여성의 성별 갈등
- 25.5% 각종 이해관계로 인한 갈등
- 24.8% 정규직과 비정규직 간의 갈등
- 22.7% 세대 간 갈등

갈등의 근본 원인(중복 응답)

- 53.1% 경제적 양극화/빈부 차이의 확대
- 39.9% 사회 지도층의 지나친 자기 이익 추구
- 35.3% 고용 불안/실업률의 증가
- 27.1% 경제·사회적인 높은 불안감
- 23.3% 정치적 불안/정치적 리더십의 부재
- 21.0% 경쟁을 강화하는 교육 시스템
- 17.9% 소통 부족으로 인한 낮은 공감대
- 17.6% 세대 간 문화적 경험의 큰 차이
- 14.2% 높은 실업률

(Base: 갈등 심각성 高평가자, N=754)

습이 예사롭지 않다. 예전보다 갈등이 더 많아진 것 같다는 대중들의 평가가 줄을 잇고 있는 것이다. 갈등의 '깊이'나 그 '수준'까지는 몰라도, 갈등의 '종류'가 훨씬 더 다양해진 것은 분명해 보인다.

여러 갈등 중에서도 현재 한국 사회에서 사회적 갈등이 가장 심각하다고 여겨지고 있는 분야는 '부의 양극화로 인한 갈등'과 '진보 vs. 보수의 이념 갈등', '여당 vs. 야당의 정치적 갈등' 등이었다. 최근 대두되고 있는 일련의 사회적 이슈에서 알 수 있듯이 '정치적 갈등'이 격화되고 있다고 바라보는 사람들이 상당히 많다는 것을 알 수 있다. 남성과 여성 사이의 '젠더 갈등'도 심각한 갈등 분야로 인식되고 있는 모습이었는데, 이 경우 특히 20대 젊은 층(20대 62.4%, 30대 40.5%, 40대 21.9%, 50대 21.6%)이 중요하게 생각하고,

사회적 갈등 양산에 관한 인식 평가

64.0%
우리 사회는
수많은 갈등을
공권력으로
해결해온
경향이 있다

58.8%
갈등이 자주
발생하는 것은
갈등이 공정하게
수습된 경험이
적기 때문이다

55.2%
우리 사회에
갈등이 많은 것은
그동안 공정한
중재자가 없었기
때문이다

74.6%
우리 사회의
갈등을
정치 집단이
부추기는
경향이 있다

69.0%
사회적 갈등이
심각한 것은
정치가 제대로 된
역할을 하지
못하기 때문이다

(N=1,000)

또 심각성도 많이 느끼는 모습을 보이고 있었다.

그렇다면 이러한 다양한 유형의 갈등은 도대체 누가, 왜, 무엇 때문에 만들고 있는 것일까? 사회 지도층? 고용 불안? 실업률? 예상되는 다양한 이유가 있겠지만, 결국 그 원인을 구체적으로 좇다 보면 '양극화로 인한 경제적 어려움'이 이 모든 사회적 갈등을 촉발시킨 핵심 요인이란 점을 발견할 수가 있다. 그리고 이러한 갈등을 더욱더 광범위하게 확산시킨 근본적인 배경 이유로는 각자의 주장과 의견만이 옳다고 생각하는 태도(동의율 74.5%), 목소리를 크게 내야지만 손해를 보지 않는다는 생각(71.2%) 등을 지적하는 경우가 많았다. 서로 의견을 들어보려 하지도 않고, 양보도 하지 않으려는 데에서 의도치 않았던 많은 사회적 갈등이 생긴다는 것이다. 물론 갈등 수준이 심각해지고 이를 적절하게 해결하지 못하는 것이 문제이지 사회 전반적으로 다양한 갈등이 존재하는 것 자체는 사회 발전 과정에서 생겨나는 당연한 현상일 수 있다. 사회 갈등의 진짜 문제는 '갈등'이 만들어지는 그 자체가 아니라, 그 갈등을 어떻게 풀어내고 해결할지를 모르는 데 있기 때문이다. 그런데 안타깝게도 한국 사회에서는 그동안 이런 과정이 잘 이뤄지지 않았다는 의견이 많다. 우리 사회가 많은 갈등을 공권력으로 해결해온 경향이 있고, 갈등이 유독 자주 발생하는 이유 역시 역사적으로 공정하게 갈등이 수습된 경험 자체가 부족했기 때문이라는 의견이 많았던 것이다. 한국 사회가 갈등을 해결하는 방식이 얼마나 미숙했으며 제대로 수습해본 경험도 부족하다는 것을 확인해볼 수 있는 결과로, 갈등을 해결하는 과정만 본다면 아직 우리나라는 선진국의 수준에 미치지 못한다는 것을 느낄 수 있다.

우리 사회에 갈등이 많은 또 하나의 이유로는 사회 갈등을 해결하는 데 도움을 줄 수 있는 '중재자'가 없었기 때문이란 지적도 상당하다. 사회적 갈등 문제의 해결에 도움을 줄 수 있는 큰 어른이 없고, 공정한 보도를 통해 다양한 의견을 개진시켜야 할 언론은 오히려 한쪽의 입장만을 대변하는 경우가 많다고 생각하는 사람들이 그만큼 많은 것이다. 그래서 지금 우리나라의 사회적 갈등이 심각한 것은 결국 정치가 제대로 된 역할을 하지 못하고 있기 때문이라며 '정치의 부재'를 탓하는 의견이 많다. 상당수는 우리 사회의 갈등을 정치집단이 부추기는 경향이 있다고까지 평가하고 있는 중이다. 최근 '갈등 사회, 어떻게 풀 것인가'란 주제로 열린 한 TV 토론회에서 정치권이 전면적인 비판을 받았을 정도로 사회적

공동체 의식 평가

34.7%
나는 사람들과 더불어 함께
살아간다는 느낌을 가지고 있다

30.6%
나는 우리나라 사람들과
일체감을 느낀다

(N=1,000)

갈등을 직접적으로 조정해야 하는 국가 및 정부에 대한 비판이 상당히 큰 모습을 엿볼 수 있었다.

더불어 우리 사회에 수많은 이슈들이 쟁점화되고, 치열한 '갈등' 양상이 뒤따르는 것에 대해 그 원인을 '실종된 공동체 의식'에서 찾는 시각도 많았다. 실제 조사에서 전체 10명 중 8명(76.4%)이 지금 우리 사회에 '공동체 의식'이 절대적으로 필요한 상황이라는 데에 높은 공감을 표하고 있을 만큼 '더불어 함께 살아간다'는 생각이 매우 옅은 모습을 보이고 있었던 것이다. 사회 구성원들과의 유대감 및 친밀감을 느끼지 못하다 보니 타인의 의견을 경청하고 수용하려는 마음이 점점 더 작아지고, 이것이 결국 치열한 갈등 이슈를 촉발시키는 또 하나의 이유가 되고 있다고 보는 것이다. 결국 공동체 정신을 함양하고 포용적 사회 문화를 조성해나가는 것이야말로 사회적 갈등을 최소화할 수 있는 길이란 점을 기억할 필요가 있을 것으로 보인다.

　한편 한국 사회에서 첨예한 갈등으로 꼽히는 가장 대표적인 사
례로는 두말할 나위 없이 '노사 갈등'을 꼽을 수 있겠다. 대체로
'노동조합' 자체는 노동자 스스로를 보호할 장치가 필요하고, 기업
주의 횡포나 잘못된 행동의 중재 및 차단이 가능하다는 측면에서
그 필요성에 공감하는 의견이 많다. 하지만 또 한편으로 파업으로
일반 소비자 및 국민들에게 피해를 입히는 것 같다거나(77.2%, 중
복 응답), 무리한 임금 상승을 요구하는 경우가 많고(74.7%), 사회적
으로 갈등을 유발하는 곳이란(53.2%) 이미지도 상당하다. 그래서
'노사 갈등'이 발생하는 것을 당연하게 받아들이면서도, 다소 극단
적인 노동조합의 행동과 대처에는 우려의 목소리가 많은 것이 사
실이다. 상당수(62%)가 동의하는 것처럼 노동조합의 이슈 해결 방
법에 극단적인 경향이 있다는 지적이 많은 것이다. 노동조합의 필
요성에 동의를 하면서도 그와 동시에 노동조합을 꺼리는 태도가
존재하는 사회 분위기는 이러한 노조의 강성적인 성향 때문이라
는 생각도 해볼 수 있을 것 같다.

　기본적으로 갈등의 해결은 다양한 의견을 취합하고 조정하는 과
정에서 나오기 마련이다. 서로 다른 생각과 의견을 가지고 있고 모
두의 의견은 마땅히 존중받아야 한다는 생각이 있어야 갈등 문제
를 최소화할 수 있는 것이다. 그런 점에서 현재 한국 사회는 무엇
보다 타인을 배려하고, 서로 상생하려는 공동체 의식이 반드시 필

요하다고 볼 수 있겠다. 다양한 사회적 갈등이 무수히 촉발되고 있는 지금, 우리가 꼭 기억해야 할 어젠다일 것이다.

연관 검색어 ▼

⑥ 현실에서의 카풀 서비스는 낭만적이지 않다

✎ **택시 호출 및 카풀 서비스 관련 조사**
· 조사 대상: 전국의 만 19~59세 성인 남녀 1,000명 ①
· 조사 기간: 2018년 11월 23일~11월 28일

    세계 어느 나라와 비교해봐도 대중교통 인프라가 잘 갖춰져 있는 곳이 바로 우리나라다. 하지만 버스나 지하철 대비 이용이 조금 까다로운 교통수단이 있다. 바로 '택시'다. 상대적으로 비싼 요금이 택시 이용을 주저하게 만들기도 하지만 현재 우리나라는 무엇보다 필요한 수요만큼 공급이 잘 이뤄지지 않는다는 지적이 많다. 분명 절대적인 택시의 숫자는 많은 것 같은데 정작 필요할 때(예: 심야 시간대나 외곽에서 이용 시) 택시를 잡기가 쉽지 않다는 불만이 많은 것이다. 교통 인프라가 다소 미비하다는 평가를 받고 있는 중국 관광객조차 한국에 오면 '택시' 이용이 불편하다는 볼멘소리가 나올 정도다. 그도 그렇거니와 이미 중국은 차량 공유 서비스 플랫폼(예: 디디추싱)을 통한 일반 택시 및 카풀 서비스 이용이 모든 중

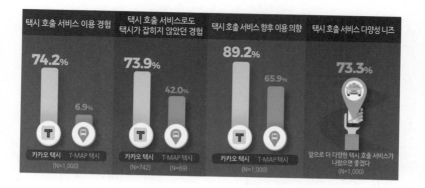

국인의 일상이 된 지 오래다.

우리나라 역시 '카카오택시'를 중심으로 택시 호출 서비스가 대중화돼 사용자 편의성이 높아진 상황인 것은 맞다. 서비스가 없었던 이전에 비해 승차 거부 등의 불편 사항도 월등히 낮아져 앞으로 더 다양한 택시 호출 서비스가 나왔으면 좋겠다는 바람이 있을 정도로 택시 호출 서비스 이용 의향이나 시장 평가는 매우 긍정적이다. 이 서비스가 영세 개인택시 사업자에게는 어려움을 가중시킬 것(28.6%)같다거나 목적지 등의 사용 기록이 남을 것 같다는 불안감(26.7%)은 적다. 오히려 택시 호출 서비스를 이용하는 사람은 왠지 센스 있는 사람처럼 느껴진다(44.8%)고 할 만큼 우리들 일상생활에 택시 호출 서비스는 매우 친숙한 존재로 자리 잡고 있다.

그런데도 문제가 하나 있다. 이렇게 택시 호출 서비스에 대한 긍정적인 평가에도 여전히 택시를 탑승하는 것이 결코 쉽지만은 않다는 볼멘소리가 이어지고 있는 것이다. 실제 조사에서도 호출 서비스를 이용해도 택시가 잡히지 않았던 경험이 생각보다 많아, 택시 기사들이 승객을 골라 태우는 것 같다는 합리적(?) 의심을 지우기도 어려운 상황이다.

이렇다 보니 택시를 대체하는 수단에 대한 고민이 나날이 깊어지고 있다. 그리고 최근 그 대안으로서 '카풀 서비스'가 거론되고 있는 중이다. 카풀 서비스는 일종의 차량 공유 서비스로 비슷한 방향으로 이동하는 사람들끼리 차량을 함께 이용할 수 있도록 돕는 서비스를 말한다. 이미 중국에서는 '순펑처(順风车)'란 이름으로 중국인은 물론 현지에 거주하는 외국인들에게까지 대중화돼 있는 서비스이기도 하다. 하지만 아직 우리나라는 생존권 위협을 주장하며 파업을 불사하는 택시업계의 강한 반발에 부딪혀 도입 자체에 어려움을 겪고 있다.

그렇다면 사회적 화두로 떠오른 '카풀(Car Pool)' 서비스 도입에 대해 일반 소비자들은 어떤 입장을 갖고 있을까? 기본적으로는 일단 찬성하는 쪽에 무게를 두고 있는 모습이다. 주로 택시보다는 저렴한 요금으로 이용할 수 있는 '대안'이 생기고(60.1%, 중복 응답), 택시 공급이 부족한 출퇴근 시간대에 빚어지는 교통의 불편함을 해소할 수 있다(54.5%)는 점에서 서비스 도입을 찬성하는 경우가 많았다. 승차 거부를 하는 택시들이 많다(35.9%)는 것도 카풀 서비스의 도입에 찬성하는 이유 중 하나였는데, 평소 택시 이용에 불편함을 느낀 경험이 적지 않다 보니 그 대안으로 카풀 서비스를 생각하는 사람들이 많은 것으로도 보인다. 그래서, 서비스가 도입되면 이용을 해보고 싶은 의향과 서비스 자체에 대한 호감도는 비교적 긍정적으로 평가되고 있었다. 물론 여성의 경우 카풀 서비스의 이용 의향(48%)과 비의향(46.4%)이 비슷하게 나타나 서비스에 대한 기대와 우려가 공존하는 모습을 보이기도 했다.

카풀 서비스에 대한 호감도만큼이나 향후 국내의 카풀 문화 활성화에도 기대감이 큰 모습이었는데, 가장 중요한 이유는 가성비와 효율을 따지는 소비자의 증가(62%, 중복 응답)와 관련이 있어 보였다. 아마도 택시보다는 이용 요금이 저렴하고, 대중교통 대비 편하게 이동할 수 있다는 장점이 다수의 소비자로 하여금 카풀 서비스를 이용하게 만들 것이라는 생각 때문인 것으로 보인다. 또한, 앞으로는 지금보다 '공유 경제'라는 사회적 시스템에 더 익숙해지게 되면서(50.6%), 지금은 잘 몰라 이용하지 않은 서비스를 이용하게 될 잠재적 소비자가 있을 것(46.2%)이기 때문에 카풀 서비스 이용률이 앞으로 더 증가할 것이라는 예상이 많았다. 게다가 카풀 서비스는 IT 기술의 발전에 따른 필연적인 현상이고, 오히려 우리나라가 다른 나라에 비해 서비스 추진 정도가 이미 늦은 감이 있다고 보는 평가(63%)까지 있었다. 차후에는 카풀 서비스 도입이 '일자리' 창출과도 연결될 것이란 의견(투잡을 뛰는 사람들이 많을 것 같다 80.4% 등)이 있을 정도로, 지금까지는 카풀 서비스에 대한 평가가 제법 긍정적인 측면이 많은 편이다.

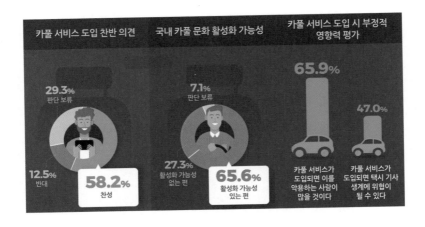

카풀 서비스 도입 찬반 의견 국내 카풀 문화 활성화 가능성 카풀 서비스 도입 시 부정적 영향력 평가

다만, 모든 서비스 도입이 그렇듯 카풀 서비스도 우려와 경계의 시선이 상당수 존재하는 모습을 보이고 있다. 특히나, 카풀 서비스를 악용하는 범죄가 늘어날 것 같고(68%, 중복 응답), 범죄 이력이 있거나 신원이 확인되지 않은 운전자가 많을 것 같다(66.4%)는 등 범죄 발생에 대한 우려가 압도적으로 많은 편이다. 낯선 사람과 함께 자가용을 탈 수 있을 정도로 우리 사회의 신뢰도가 높지 않다는 것을 보여주는 또 하나의 의미 있는 결과이기도 하다. 실제 카풀 문화의 활성화에 회의적인 시선을 보내는 사람들 역시 타인을 쉽게 믿지 못하는 사회 분위기(63%, 중복 응답)와 높은 수준의 범죄에 대한 우려(59.3%) 때문에 '신뢰'를 바탕으로 하는 카풀 서비스가 활성화되기는 어려울 것으로 바라보는 경우가 많았다.

그래서 본격적으로 카풀 서비스가 도입되기 전에 해결해야 할 과제들도 상당해 보인다. 가장 큰 해결 과제는 '안전성' 문제로, 카풀 서비스 도입의 찬반 입장과는 관계없이 카풀 서비스 안전성을 우려하고 있는 모습은 공통적으로 높게 나타나고 있었다. 그래서 카풀 서비스 도입 이전에 관련 규정이나 법안을 먼저 마련해야 한다는 데 한목소리를 내고 있다. 더불어 카풀 서비스의 정착을 위해서는 '상호 신뢰'가 바탕이 되어야 한다는 생각도 많은 모습이었다. 이것은 최근 급성장하고 있는 (불특정 다수와 함께 사용하는) '카셰어링' 서비스에도 시사하는 바가 크다. '공유 서비스'의 특성상 카셰어링 역시 사회적 신뢰가 뒷받침돼야 활성화될 수 있는 시스템 중 하나이기 때문이다. 결국 '카풀'이나 '카셰어링' 모두 서비스 정착과 활성화를 위해선 서비스 규모 확장과 더불어 이용자 상호 간의 신뢰를 구축하는 것이 무엇보다 중요하다는 것을 확인할 수가 있다.

이 같은 관점에서 최근 이슈가 되고 있는 카풀 서비스와 택시업계의 갈등은 다소 무의미한 공방전이라는 것이 소비자들의 중론이다. 카풀 서비스의 도입이 택시 기사의 생존권에 위협이 될 수 있다는 인식(동의 47.0%, 비동의 33.0%)보다는 승차 거부나 승객 골라 태우기 등 일부 택시 기사의 악행이 빚은 자업자득의 결과(동의 62.3%, 비동의 18.6%)로 바라보는 경우가 많았던 것이다. 이것은 그간 카풀 서비스 도입을 반대하는 택시업계의 의견에 많은 소비자들이 동조하고 있지 않다는 것을 보여주는 결과이기도 하다. 다만, 택시업계와 카풀 서비스가 상생할 방법은 존재할 수 없다(24.7%)는 부정적 시각은 적어, 결국 두 업계가 머리를 맞대고 소비자를 우선적으로 고려하는 '상생의 길'을 모색하는 것이야말로 실현 가능한 '공생의 길'임을 자각할 필요가 있을 것으로 보인다.

연관 검색어 ▼

07 노○○존,
권리일까 차별일까?

✎ 노 키즈 존(No Kids Zone) 관련 인식 조사
· 조사 대상: 전국의 만 19~59세 성인 남녀 1,000명 ①
· 조사 기간: 2019년 4월 18일~4월 23일

요즘 들어 공공장소에서 아이들의 부주의로 발생하는 사건 사고가 끊이질 않고 있다. 아이들의 안전에 직접적인 위협이 생기는 경우는 물론 다른 손님들에게 물리적·정신적 피해를 입히거나 매장의 영업을 방해하는 사례가 적지 않다. 게다가 요즘에는 다른 사람들의 고통과 피해는 생각하지 않는 몰상식한 부모들이 많아지면서, 심각한 갈등과 분쟁으로까지 번지는 일도 종종 볼 수 있다. 이렇게 공공장소에서 아이들로 인해 겪는 불편함이 커지다 보니 최근 들어 영유아 및 아이들의 출입을 제지하는 '노 키즈 존(No Kids Zone)'이 조금씩 공론화되고 있는 모습이다. 부모가 아이들을 방치할 경우 안전사고에 대한 우려 및 위험이 커지기 때문에 근본적으로 아이들의 출입을 제지하고자 하는 것인데, 실제 음식점과 카페

등을 중심으로 노 키즈 존을 도입하는 매장들이 점차 증가하고 있는 분위기가 감지되고 있다.

일각에서는 노 키즈 존의 도입을 아이들과 그들의 부모에 대한 '차별적'인 행위로 보는 시각도 적지 않다. 하지만 사회 전반적으로는 노 키즈 존의 필요성에 공감하는 사람들이 훨씬 많아 보인다. 실제 음식점이나 카페 등의 공공장소에서 아이들의 소음 문제나 충돌 등의 위험한 상황으로 불편함을 겪은 경험이 많은 가운데 노 키즈 존 도입에 찬성하는 태도가 강한 모습을 보이고 있었던 것이다. 특히 젊은 세대(20대 77.6%, 30대 67.6%, 40대 60.4%, 50대 58.8%)와 자녀가 없는 사람들(미혼 77%, 무자녀 기혼자 74.1%, 유자녀 기혼자

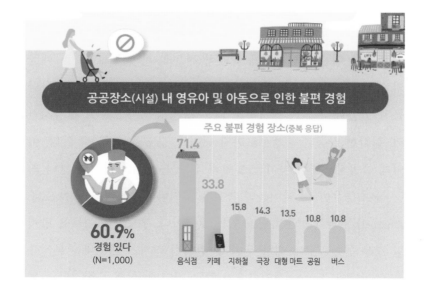

공공장소(시설) 내 영유아 및 아동으로 인한 불편 경험

주요 불편 경험 장소(중복 응답)

71.4
33.8
15.8 14.3 13.5 10.8 10.8

음식점 카페 지하철 극장 대형 마트 공원 버스

60.9%
경험 있다
(N=1,000)

54.8%)이 보다 적극적으로 노 키즈 존 도입에 찬성하고 있는 모습을 보인 점은 주목할 만한 결과로 볼 수가 있다. 노 키즈 존의 도입을 찬성하는 사람들은 무엇보다도 '자녀들을 제대로 통제하지 않는 부모들이 많고', '손님은 손님으로서 불편하거나, 피해를 당하지 않을 권리가 있다'는 점을 중요한 찬성 이유로 꼽고 있었다. 아이들에 대한 거부감이라기보다는, 공공장소에서 자녀를 방치하고 타인이 입을 수 있는 피해는 가볍게 여기는 일부 무책임한 부모들에게서 원인을 찾고 있다는 것을 알 수 있다. 공공장소에서 소란을 일으키고, 말썽을 피우는 아이들이 부모로부터 적절한 제재를 받지 못하다 보니 그로 인해 다른 손님들만 피해를 보게 된다는 생각이 그만큼 많은 것이다. 이것은 최근 노 키즈 존을 내세우는 매

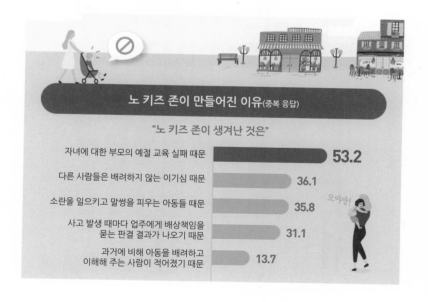

노 키즈 존이 만들어진 이유(중복 응답)

"노 키즈 존이 생겨난 것은"

자녀에 대한 부모의 예절 교육 실패 때문	**53.2**
다른 사람들은 배려하지 않는 이기심 때문	36.1
소란을 일으키고 말썽을 피우는 아동들 때문	35.8
사고 발생 때마다 업주에게 배상책임을 묻는 판결 결과가 나오기 때문	31.1
과거에 비해 아동을 배려하고 이해해 주는 사람이 적어졌기 때문	13.7

므아앙!

장들이 조금씩 많아지고 있는 배경으로 아이들을 통제하지 못하는 부모의 책임을 지적한 것과도 궤를 같이하고 있는 내용이다.

앞서 언급한 것처럼 노 키즈 존이 '아동의 기본권'을 침해하는 것이며 사회적 차별이란 주장도 있지만, 대다수는 노 키즈 존을 둘러싼 다양한 논의를 할 때 가장 우선적으로 '일반 고객/손님'의 입장과 '사업주'의 입장을 고려해야 한다는 의견을 가지고 있었다. 즉, 노 키즈 존 도입은 매장을 찾는 다수의 고객과 운영하는 사업주의 입장에서 고려할 문제라는 시각이 일반적이라는 것이다. 특

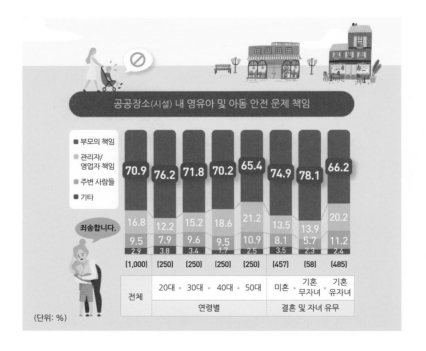

히나, 영유아 및 어린이의 출입을 금지하는 노 키즈 존이 '차별'을 야기한다고 생각하지 않기 때문에, 노 키즈 존에 대한 사안을 판단 할 때는 '아동의 기본권'이 아닌 '고객의 행복추구권'이 더 중요하 게 다뤄져야 한다는 인식이 훨씬 강한 모습이었다.

다만, 노 키즈 존이 너무 '확대'되는 것을 경계할 필요가 있다 는 사회적 분위기도 어느 정도 감지되고 있었다. 노 키즈 존의 도 입 필요성에는 공감을 하면서도 다른 한편으로는 소수의 아이들 과 부모들 때문에 전체 아동의 출입을 제한하는 것은 문제가 있다

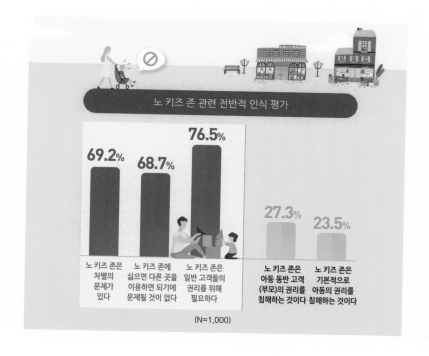

노 키즈 존 관련 전반적 인식 평가

69.2% 노 키즈 존은 차별의 문제가 있다

68.7% 노 키즈 존에 싫으면 다른 곳을 이용하면 되기에 문제될 것이 없다

76.5% 노 키즈 존은 일반 고객들의 권리를 위해 필요하다

27.3% 노 키즈 존은 아동 동반 고객 (부모)의 권리를 침해하는 것이다

23.5% 노 키즈 존은 기본적으로 아동의 권리를 침해하는 것이다

(N=1,000)

는 생각(53.2%)을 동시에 가지고 있는 모습을 보인 것이다. 그래서 방문 의향(59.8%)이 비교적 높게 평가될 만큼 노 키즈 존 필요성에 공감하는 사람들이 많았지만, 앞으로 노 키즈 존이 더 많이 만들어져야 한다는 응답은 38.2%로 다소 낮은 모습을 보이고 있었다. 노 키즈 존이 사회 전반적으로 확산되거나 모든 매장에 일률적으로 적용돼야 한다는 적극적인 주장은 아닌 것으로 볼 수 있는 결과인 셈이다. 결국 가장 중요한 것은 '부모'의 역할로, 공공장소나 시설에서 자녀의 통제는 '부모의 책임'이라는 근본적인 의식을 갖추지 않는 이상 노 키즈 존 도입은 불가피할 것이며 이로 인한 논쟁은 지속될 것으로 보인다.

한편, 노 키즈 존을 둘러싼 논쟁 속에 최근 우리 사회에 점점 더 확대돼가고 있는 '구분 짓기'와 '차별'에 대한 문제도 한 번쯤 생각해볼 필요가 있을 것 같다. 노 키즈 존에 이어 중·고등학생인 10대의 출입을 제한하는 노 틴에이저 존(No Teenager Zone), 49세 이상 중장년층의 방문을 제한하는 노 시니어 존(No Senior Zone) 등 각종 식당과 시설에서 출입에 제한을 두는 대상이 점점 많아지고 있는 모습을 보이고 있기 때문이다. 물론 이러한 '노○○존'에 대한 대중의 의견은 분분하다. 사업자에게는 사업장 운영의 자율권이 있다는 찬성 의견과 부당한 차별이라는 반대 의견까지 어느 한쪽의 손을 들어줄 수 없을 만큼 찬반양론이 팽팽하게 갈린다. 다만, 이렇게 특정 집단을 거부하고 제한하는 것이 한 사회의 구성원으로서 '정당한 권리'인지, 아니면 대상자에 대한 '차별'인지는 우리

들 스스로에게 되물어볼 필요는 있을 것으로 보인다.

연관 검색어 ▼

PART 4
맞춤형 공정성

나는
'나에게 공정한 사회'를
원한다

2007년과 2019년… 〞
비슷한 이벤트, 다른 효과

당신은 마케팅 이벤트를 기획하는 담당자다. 가지고 있는 총알은 라면 1만 개. 무엇을 할 수 있을까? 마케팅 이벤트는 기본적으로 최대한 많은 사람에게 상품이나 서비스를 알리는 것. 지금으로부터 12년 전인 2007년 7월, 디시인사이드(www.dcinside.com)는 실제로 이런 과제를 받았다. 이 마케팅에서 담당자는 역설적이게도 최대한 다수의 사람들에게 상품을 나누는 방

아이뉴스24

디시폐인에겐 신라면을…인터넷기업 이색 이벤트 화제

야후코리아, 휴대용제빵이 제공

입력 2007.07.19 11:25 | 수정 2007.07.19 11:30

디시폐인에겐 라면을 주고, 남성 이용자가 많은 야후코리아는 휴대용제빵이를 나눠준다.

인터넷 기업들은 새로운 서비스를 오픈하거나 공익 프로그램을 진행할 때 참신하게 접근하고 있다. 불특정 다수 보다는 사이트 이미지에 맞거나 주된 고객층이 관심갖는 사안을 이벤트의 하는 것.

경로그(gallog)를 이용하면, 디시인사이드의 사진 갤러리 등과 연계돼 자신의 갤러리에서 활동하게 남긴 게시물과 댓글등을 볼 수 있고 다른 이용자의 게시물이나 사진들도 쉽게 스크랩할 수 있다.

그동안 디시인사이드 이용자들은 800여 개의 갤러리에 남긴 게시물과 댓글을 확인하기가 쉽지 않았다. 하지만 경로그는 이런 불편함을 없앤다.

김용식 디시인사이드 사장은 "디시 이용자들과 라면은 떼어낼 수 없다. 라면 1만 개면 매일 하루에 한 개씩만 먹어도 27년 이상을 먹을 수 있는 셈으로 평생 먹식사를 하는 데 문제가 없을 것이라고 밝혔다.

법을 택하지 않았다. 1만 명에게 라면을 한 개씩 나눠 주는 밋밋함보다, '딱 한 명'에게 1만 개의 라면을 몰아주는 방법을 택한 것이다. 한 명이 하루에 한 개씩 먹는다면 27년, 하루 세끼를 다 라면으로 먹어도 9년 이상이 걸리는 어마어마한 양이다. 이 엽기적인(?) 이벤트는 그 자체로 이슈가 됐다. 당시 혼자 감당하기 어려웠던 이벤트 당첨자는 결국 주변 양로원이나 인터넷 커뮤니티에 적극적으로 기부했고, 이 소식은 삽시간에 인터넷과 뉴스로 퍼졌기 때문이다.[1] 마케팅 홍보 효과가 극대화된 것이다(이후 디시인사이드는 이 마케팅의 성공에 힘을 받아 또다시 '소주 1만 병'을 한 명에게 주는 마케팅을 한다(이건 뭐)).

홍보 효과를 극대화해야만 하는 마케터들은 연예인이나 유명인을 중심으로 홍보하는 방법을 주로 택한다. 이들을 주목하는 대중적인 팬들로 인해 2차, 3차 메시지 파급이 자발적으로 이뤄지며, 매우 빠르게 전파되기 때문이다. 그런데 그동안 마케터들에게는 자연스럽고, 한편으로 관행으로 볼 수도 있는 이 셀럽 마케팅(Celeb Marketing: 유명 인사를 활용한 홍보·마케팅 활동)에 제동이 걸리는 사건이 발생했다.

2019년 6월, 배달 앱(app) 1위 업체인 〈배달의민족〉이 수개월 전부터 몇몇 연예인들에게 해당 연예인(또는 인플루언서)들의 실명을 박은 쿠폰을 100만 원씩 뿌렸던 사실이 인터넷에서 확산되

면서 사달이 났다.[2] 바이럴(viral)을 의도
한 마케터들의 기획 방향과는 다르게 급
속도로 부정적인 기류를 탄 것이다. 배달
앱 주 이용자인 젊은 세대를 중심으로
불만의 목소리가 터져 나왔고, 급기야 배
달의민족 측에서 사과문을 발표하고, 이
마케팅을 철회하기에 이르렀다.[3] 소수에
게 몰아주고, 이슈화해서, 소셜 미디어를

통해 급격하게 확산된 것까지는 마케팅의 공식에 딱 맞고 좋았는
데(?), 오히려 부정적인 이미지를 뒤집어쓰는 후폭풍을 맞이하게
된 것이다.[4]

　배달의민족의 '쿠폰 배달 사고'에는 몇 가지 중요한 시사점이 있
다. 우선은 기존 미디어에 대한 태도가 변화하면서 연예인 및 유명
인의 영향력이 예전 같지가 않다는 사실을 꼽을 수 있다. 기존에
는 연예인과 유명인들이 주로 지상파나 케이블 TV를 기반으로 유
명세를 얻었다. 'TV 출연' 자체가 사실상 이들이 가진 '대중적 영
향력'의 원천이라고 할 수 있었다. 하지만 이번 사건에 집단적으로
반발한 밀레니얼 세대(Y세대)와 Z세대는 대부분 지상파 TV나 케이
블방송을 그다지 선호하지 않는다. 세대별 선호하는 매체를 보면,
두 집단 모두 매우 낮은 선호를 보였기 때문이다(일반 TV 방송 선호
도: 1순위-1차 베이비 붐 세대(81.0%), 2순위-2차 베이비 붐 세대(69.0%),
3순위-X세대(60.5%), 4순위-Y세대/밀레니얼 세대(34.0%), 5순위-Z세대
(15.5%)).[5] 이들 두 세대는 다른 세대에 비해 압도적인 비율로 '유

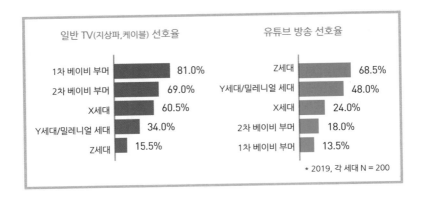

일반 TV(지상파, 케이블) 선호율

1차 베이비 부머	81.0%
2차 베이비 부머	69.0%
X세대	60.5%
Y세대/밀레니얼 세대	34.0%
Z세대	15.5%

유튜브 방송 선호율

Z세대	68.5%
Y세대/밀레니얼 세대	48.0%
X세대	24.0%
2차 베이비 부머	18.0%
1차 베이비 부머	13.5%

* 2019, 각 세대 N = 200

튜브 방송'을 선호했다(유튜브 방송 선호도: 1순위-Z세대(68.5%), 2순위-Y세대/밀레니얼 세대(48.0%), 3순위-X세대(24.0%), 4순위-2차 베이비 붐 세대(18.0%), 5순위-1차 베이비 붐 세대(13.5%)).[6] 이러한 미디어 소비 태도로 인해 Z세대와 밀레니얼 세대(Y세대)는 TV 방송의 출연을 대단한 것이라고 생각하지 않게 된 것으로 보인다. 실제 TV 방송 출연이나 유튜브 방송의 출연이 별로 다르지 않다고 생각하는 경향이 이들 두 세대에게 상대적으로 높게 나타났다(나는 TV 출

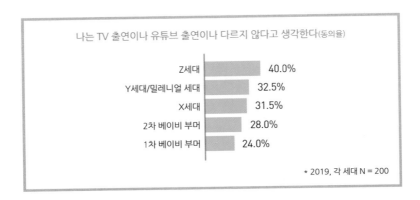

나는 TV 출연이나 유튜브 출연이나 다르지 않다고 생각한다(동의율)

Z세대	40.0%
Y세대/밀레니얼 세대	32.5%
X세대	31.5%
2차 베이비 부머	28.0%
1차 베이비 부머	24.0%

* 2019, 각 세대 N = 200

연이나 유튜브 출연이나 다르지 않다고 생각한다: 1순위-Z세대(40.0%), 2순위-Y세대/밀레니얼 세대(32.5%), 3순위-X세대(31.5%), 4순위-2차 베이비 붐 세대(28.0%), 5순위-1차 베이비 붐 세대(24.0%)).[7]

정리해보면 이렇다. Z세대와 밀레니얼 세대(Y세대)에게 있어서 연예인 또는 유명인은 '유튜브'에서 검색되는 나와 비슷한 사람 중 하나로 인식될 가능성이 다른 세대에 비해서는 훨씬 높다는 것이다(일반 TV를 잘 안 보니까). 이렇게 되면, TV나 방송에서 형성된 유명인(또는 연예인)들이 가지고 있던 대중적 영향력은 기존 세대들에 비해서는 훨씬 낮아질 수밖에 없다(특정 연예인의 팬이 아닌 이상). 이러한 인식이 자신과 그 연예인(또는 유명인)이 받은 '혜택(쿠폰) 차이가 당연하지 않다'는 생각을 하게 만드는 중요한 요인으로 작용한 것으로 보인다.

또 하나의 이유는 '쿠폰'을 나누지 않았기 때문일 수 있다

이런 가정을 한번 해보자. 만약 100만 원어치 쿠폰을 받은 연예인이 그 쿠폰을 '취업을 준비하는 자신의 팬'들이나, 노량진이나 신림동 같은 학원가나 공무원 준비를 하는 청년층들에게(주로 20대) 나눠 주는 이벤트를 했다면 여론이 이렇게까지 안 좋아졌을까?

이 질문은 배달의민족 쿠폰 사고가 난 두 번째 이유에 대한 상황을 설명한다. 배달의민족은 2019년

배달의민족이 지급한 '○○이 쏜다' 쿠폰을 보면서 실망하신 많은 여러분들께 사과드립니다.

많은 분들의 이야기를 찾아보고 듣고 또 곰곰이 생각해보니 저희의 생각이 짧았습니다. 죄송한 마음이 큽니다. 그 마음을 담아 진심으로 사과드립니다.

'쏜다 쿠폰'은 쿠폰을 받은 사람이 쓰는 것이 아니라, 받은 사람이 다시 그 주변에 나누어주는 기획, 함께 나눠먹는 즐거움을 기대하며 5년 전부터 해 온 일입니다. 그동안 유튜버, 블로거들, 인플루언서들에게도 주어졌고, 학생들이 공부하고 있는 고등학교 대학교로 찾아가기도 했습니다. 하지만 배민을 아껴주시는 많은 분들께는 이렇게 제공되는 쿠폰들이 일부를 위한 특혜로 이해될 거라고 미처 생각하지 못했습니다.

앞으로 '쏜다 쿠폰'은 전면 중지하고 배민을 이용하시는 분들께 혜택이 돌아갈 수 있도록 조정하겠습니다. 저희가 지금 하고 있는 일들도 혹시나 특혜로 해석될 일들은 없는지 모든 일들을 다시 점검하겠습니다.

섬세하고 사려 깊은 배민이 되겠습니다. 때때로 이번처럼 잘못하기도 하겠지만, 그때마다 꾸짖어주시면 귀 기울여 얼른 알아차리겠습니다.

심려를 끼쳐드려 죄송합니다.

배달의민족 드림

6월 사과문을 발표하고, 연예인과 유명인들에게 지급했던 쿠폰 이벤트를 철회했는데, 그 사과문의 내용을 자세히 들여다보면 아주 흥미로운 지점이 있다.

> (전략) '쏜다 쿠폰'은 쿠폰을 받은 사람이 쓰는 것이 아니라, 받은 사람이 다시 주변에 나눠 주는 기쁨, 함께 나눠 먹는 즐거움을 기대하며 5년 전부터 해온 일입니다. 그동안 유튜버들, 블로거들, 인플루언서들에게도 주어졌고, 학생들이 공부하고 있는 고등학교, 대학교로 찾아가기도 했습니다. 하지만 배민을 아껴주시는 많은 분들께는 이렇게 제공되는 쿠폰들이 일부를 위한 특혜로 이해될 거라고는 미처 생각 못 했습니다. (후략)[8]

아마도 배달의민족은 1인당 무료로 지급되는 쿠폰의 양이 많으니(1인당 100만 원 상당) '당연히' 이 쿠폰은 SNS상에서 영향력을 발휘하는 이들에 의해 '재분배' 또는 '재배포'될 것이라고 판단했던 것 같다(앞서 언급한 디시인사이드의 1만 개 라면 이벤트처럼). 하지만 이들의 의도와는 다르게 불특정 다수를 향한 재분배는 일어나지 않았다. SNS상에서는 이 쿠폰을 지급받은 연예인들이 자신의 지인이나 가족에게 나눠 줬다는 기록만이 검색될 뿐 기관에 기부를 했다거나(디시인사이드의 이벤트처럼) 최소한 자신의 팬을 위해 적극적으로 이 쿠폰을 나누었다는 흔적은 거의 검색되지 않는다. 이른바 '착한 마케팅'의 효과나 명분이 충분치 않았던 것이다. 이것이 2007년의 마케팅 이벤트와 다른 결과를 가져온 또 다른 원인으로 보인다.

가장 중요한 이유는 '불공정함'이 자극하는 ''
'더럽고 치사함'이라는 감각

배달의민족 '쿠폰 배달 사고'가 발생한 세 번째 이유이자 이 사건의 가장 핵심 이유는 연예인들이 받았던 쿠폰의 금액과 규모에서 찾을 수 있다. 연예인들은 VIP 사용자가 받는 쿠폰(1,000원짜리 쿠폰 2~4매 수준)의 수백 배가 넘는 규모를 받았는데, 여기에서 '불공정함'을 느낀 사람들이 많았던 것이다. 현재의 소비자들은 과거와는 달리 이것을 단순한 '연예인 마케팅'으로 받아들이지 않았다. 이 과정이 공정성을 훼손하는 문제라고 인식했을 뿐이다.[9] 이제 소비자들은 연예인은 '특혜'를 받아도 당연한 대상으로 인식하지 않는 것이다.

최후 통첩 게임(Ultimatum Game)이라는 심리학 실험이 있다. 1982년 독일 베를린훔볼트대학교 교수 베르너 귀트(Werner Güth)가 고안한 실험으로, 사람들이 가지고 있는 공정성을 측정하는 실험으로 알려져 있다. 이 게임의 규칙은 단순하다. 실험에는 '제안자' 역할을 하는 사람과 '반응자', 2명의 피험자가 필요하다. 제안자가 어떤 금액을 제안하고, 그 금액을 반응자가 수용하면 거래가 성사돼 두 피험자는 모두 제안자가 제안한 금액을 받게 되는 게임이다. 예를 들어, 초기에 10만 원을 제안자가 가지고 있고, 이 금액에서 제안자가 반응자에게 4만 원을 제안해 반응자가 이를 수락하면, 제안자는 나머지 6만 원(10만 원-4만 원)을, 반응자는 4만 원을 받는다. 반면, 반응자가 4만 원 받는 것을 거부하면, 제안자와 반응

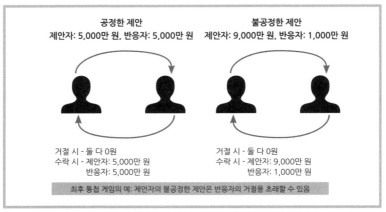

자 모두 단 한 푼도 받을 수 없게 설계돼 있다. 따라서 제안자와 반응자 모두가 '수용 가능한' 금액을 제시하는 것이 최적의 솔루션이 되는 것이다.

기존의 연구 결과는 매우 상식적이다. 5 대 5(5만 원 제안, 5만 원 수용)로 제안한 상황에서 가장 많은 거래가 성사된다는 것이다. 이 게임의 묘미는 '반응자의 반응'에 있다. 감정을 쏙 빼고 생각해보면, 반응자는 얼마를 받든 이익이다. 합리적으로 생각하면, 단돈 1만 원을 제안받더라도 없었던 수입이 생기는 것이니, 상대방이 9만 원을 받더라도 반응자에게는 이익이 된다. 그런데 실험 결과를 보면 사람들은 내게 생기는 수입의 크기와는 관계없이 상대방의 수입과 비교해 형평성에 어긋난다고 생각되면, '판을 엎는다'. 내가 생기는 최소한의 이익도 포기하는 것은 물론, 상대방(제안자)의 터무니없는 높은 이익을 막는 것이다. 이 비율이 대략 67%쯤 된다고 실험 결과는 말한다.[10] 이 결과는 공정함이 주는 강력한 동기의 존재를 증명하는 사례로 흔히 인용된다.

사람들은 왜 약간의 경제적 이익이라도 포기하면서까지 공정함을 추구하려 할까? 이런 궁금증을 해소하고자 최근 뇌과학자들은 이 최후 통첩 게임의 과정에서 뇌에서 생겨나는 일들을 측정했다. 여기서 흥미로운 부분이 관찰된다. 불공정한 결과를 제안받았을 때(예를 들어, 1만 원을 제안받았을 때) 반응자의 뇌를 기능성 자기공명영상(fMRI)로 촬영해본 결과, 뇌섬(인슐라, insula)이라는 부위가 활성화되는 것이 관찰됐다. 이 부위는 상한 음식이나 분뇨(똥, 오줌 등) 같은 것을 보았을 때 불쾌함을 느끼는 부위다.[11] 뇌과학자 정재승 교수의 표현을 빌려 쉽게 정리하면, '불공정한 제안'을 받았을 때, 사람들은 '더럽고 치사함'을 느낀다는 것이고, 이 불쾌함이 '판을 엎는' 결과로 진행된다는 것이다. 거래가 지나치게 불공정하면, 사람들은 '더럽고 치사해서' 내 손에 쥐어지는 얼마의 이익을 포기하면서까지 판을 엎는다.

최후 통첩 게임의 이론적 결과를 '배달의민족 쿠폰 사건'에 대입해보면, 사람들이 왜 그렇게 반발했는지가 설명된다. 사람들은 연예인에게 쿠폰을 준 것 자체를 문제 삼는 것이 아니라, 실제 고객인 자신들과는 다른 혜택을 주는 '불공정성'에 대해 적극적으로 문제 제기를 한 것이다. 그리고 이 공

정성 문제에 가장 적극적으로 반응하는 세대가 SNS 활동이 일상화돼 있는 Z세대(본 조사에서는 1995~2003년생)와 밀레니얼 세대/Y세대(본 조사에서는 1987~1994년생)다. SNS를 통해 초기 부정적 여론을 주로 생산한 것도 이들이었다.

마크로밀 엠브레인의 조사에서도 유사한 결과가 관찰된다. 최후통첩 게임을 설문지 형태로 진행한 결과, '정확한 균형(5:5)'을 가장 많이 원했던 세대가 바로 Z세대(65.8%)와 Y세대(65.0%)였던 것이다(제안자가 '모르는 사람'일 때 5 대 5 제안 수락률: X세대(51.8%), 2차 베이비 붐 세대(44.2%), 1차 베이비 붐 세대(45.8%)).[12]

정리하면, 결과적으로 셀럽들에게 관심을 집중시킨 이 마케팅 활동은 셀럽의 영향력이 과거와 같지 않다는 것을 간과했으며, 도덕적 명분도 갖지 못했고, 기존 회원들에게 엄청난 불공정의 이미지만 남겨버린 이벤트였던 것이다.

Z, Y세대의 공정함은 "<br>'자신의 이해관계에 관한 공정함'이다

그런데 이 청년 세대(Y, Z세대)가 가지고 있는 '공정함'이라는 이미지에는 과거와는 좀 다르게 들여다볼 만한 대목이 있다. Z세대와 Y세대/밀레니얼 세대는 '공정함'을 추구하지만, 이 공정함의 성격과 양상이 주로 '자신의 이해관계'를 중심으로 적용된다는 사실이다.

최후 통첩 게임의 결과로만 보면, 제안자(반응자에게 돈을 제안하는 사람)가 '가족'인 경우에도 Z세대와 Y세대는 '정확한 공정함'을 다른 세대에 비해 가장 많이 원했다(제안자가 '가족'일 때 5 대 5 제안 수락률: Z세대(81.6%), Y세대/밀레니얼 세대(75.9%), X세대(70.1%), 2차 베이비 붐 세대(64.7%), 1차 베이비 붐 세대(65.1%)).[13] 나와 가까운 관계인 가족의 경우에 있어서도 '똑같이 나누어야 한다'는 생각이 다른 세대에 비해 상대적으로 더 강한 것이다.

Z세대와 Y세대는 가족이나 주변의 지인들에게도 상대적으로 냉정했다. 부정한 일이 있는 경우, 동료, 친구, 가족 여부와 관계없이 신고할 것이라는 의견이 다른 세대에 비해 월등히 높았다(그래프 참고).[14] 즉, 이들 세대(Z, Y세대)에게 공정함은 일상생활에서 인간관계의 밀도를 덜 영향 받는 대상이라는 것을 짐작해볼 수 있다.

그리고 인간관계에 영향을 상대적으로 덜 받는 청년 세대의 경향성은 최근의 큰 흐름을 나타내고 있는 '착한 소비'에 대한 태도

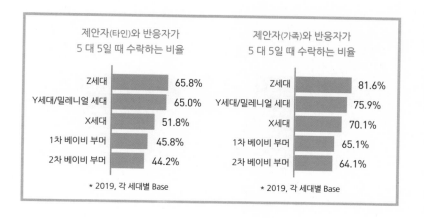

제안자(타인)와 반응자가 5 대 5일 때 수락하는 비율		제안자(가족)와 반응자가 5 대 5일 때 수락하는 비율	
Z세대	65.8%	Z세대	81.6%
Y세대/밀레니얼 세대	65.0%	Y세대/밀레니얼 세대	75.9%
X세대	51.8%	X세대	70.1%
1차 베이비 부머	45.8%	1차 베이비 부머	65.1%
2차 베이비 부머	44.2%	2차 베이비 부머	64.1%

* 2019, 각 세대별 Base   * 2019, 각 세대별 Base

에서도 그대로 확장돼 나타나고 있었다. 기본적으로 '착한 소비' 용어에 대한 소비자의 이해 수준은 높아지는 반면(친환경적인 소비(50.5%(2015) → 52.9%(2017) → 55.0%(2019))나 타인을 돕는 의미 (31.8%(2015) → 31.8%(2017) → 38.4%(2019)) 등),[15] 사회 전반적으로 이 착한 소비 활동이 꼭 필요하다는 것에 동의하는 비율은 상대적으로 낮아지고 있었는데(현대사회에서는 착한 소비 활동이 반드시 필요하다: 87.0%(2015) → 85.9%(2017) → 75.8%(2019)), 여기서 '경제적인 여유가 있어야 할 수 있는 활동으로 생각'하는 경향이 가장 높은 세대가 Z세대(76.5%)와 Y세대(70.0%)였던 것이다.[16] 이들 세대에게는 착한 소비라고 하는 가치 지향적인 소비가 상대적으로 큰 의미로 와닿지 않는 듯 보이고(윤리 경영 실천 기업 제품 비싸더라도 구매: Z세대(4순위, 50.5%), Y세대(5순위, 48.0%), 누군가에게 도움이 된다면 조금 비싸도 구입 의향: Z세대(4순위, 43.0%), Y세대(5순위, 39.0%)),[17] 그래서 착한 소비 활동의 필요성에 대한 인식도 다른

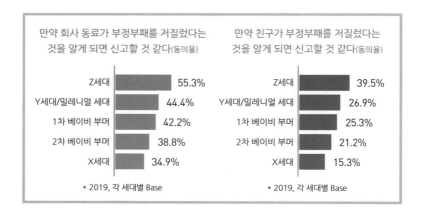

* 2019, 각 세대별 Base

세대에 비해 낮았다(착한 소비 필요성: Z세대(5순위, 67.0%), Y세대(4순위, 73.0%)).**18** 이러한 인식은 자신의 행위가 주변에 끼치는 영향력을 상대적으로 낮게 인식하고 있기 때문에 나타난 현상으로도 보인다. Z세대와 Y세대는 자신의 행위가 주변에 끼치는 영향을 덜 인식하고 있었기 때문이다(나는 나의 행위가 타인, 세상에 끼치는 영향까지 생각하는 편이다: 1순위-2차 베이비 붐 세대(50.5%), 2순위-1차 베이비 붐 세대(48.5%), 3순위-X세대(47.5%), 4순위-Y세대/밀레니얼 세대(42.0%), 5순위-Z세대(39.0%)).**19**

그리고 이것은 결국 사회적 이슈에 대한 낮은 관심으로 연결되고 있는 모습까지 보이고 있었다. 이들은 그동안의 한국 사회의 공정성을 위협하는 각종 부정부패 문제에 별 관심이 없었고, 우리 사회가 얼마나 개선됐는지, 향후 얼마나 개선될지에 대한 기대감도 별로 없었던 것이다. 게다가 그들 주변의 이웃이나 공동체에 대한 문

만약 우리 가족이 부정부패를
저질렀다는 것을 알게 되면,
가족이라도 신고할 것 같다(동의율)

Z세대	28.9%
Y세대/밀레니얼 세대	21.0%
1차 베이비 부머	16.9%
2차 베이비 부머	13.7%
X세대	11.6%

* 2019, 각 세대별 Base

나는 나의 행위가 타인,
세상에 끼치는 영향까지
생각하는 편이다(동의율)

2차 베이비 부머	50.5%
1차 베이비 부머	48.5%
X세대	47.5%
Y세대/밀레니얼 세대	42.0%
Z세대	39.0%

* 2019, 각 세대별 Base

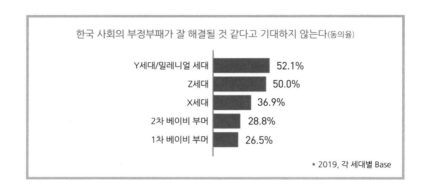

한국 사회의 부정부패가 잘 해결될 것 같다고 기대하지 않는다(동의율)

Y세대/밀레니얼 세대 **52.1%**
Z세대 **50.0%**
X세대 **36.9%**
2차 베이비 부머 **28.8%**
1차 베이비 부머 **26.5%**

* 2019, 각 세대별 Base

제에도 관심은 현저히 낮은 모습을 보이고 있었다(한국 사회 부정부패 개선 정도: 잘 모름-Z세대(23.7%), Y세대(23.8%), X세대(22.3%), 2차 베이비 붐 세대(13.7%), 1차 베이비 붐 세대(13.3%)), 향후 개선될 기대감도 별로 없었다(향후 한국 사회의 부정부패가 잘 해결될 것 같다고 기대하지 않는다: Z세대(50.0%), Y세대/밀레니얼 세대(52.1%), X세대(36.9%), 2차 베이비 붐 세대(28.8%), 1차 베이비 붐 세대(26.5%)).[20] 게다가 주변의 공동체에 대한 문제에도 관심이 매우 낮았다(우리나라 사람들이 잘 하면 마치 내가 잘한 것처럼 기쁘다: 1순위-1차 베이비 붐 세대(74.1%), 2순위-2차 베이비 붐 세대(64.4%), 3순위-X세대(58.3%), 4순위-Y세대(52.2%), 5순위-Z세대(51.7%), 나는 우리나라 사람들과 일체감을 느낀다: 1순위-1차 베이비 붐 세대(46.3%), 2순위-2차 베이비 붐 세대(37.3%), 3순위-X세대(28.7%), 4순위-Z세대(24.7%), 5순위-Y세대(23.0%)).[21]

종합하면 이렇게 정리할 수 있다. Z세대와 Y세대는 가까운 관계에 냉정하고, 사회문제에 대한 관심이 낮으며, 공동체에 대한 유대감도 덜 느낀다. 따라서 자신의 행위가 주변에 어떤 영향을 끼치는

지에 대한 감수성도 선배 세대에 비해 상대적으로 부족하다고 보여진다. 이런 관점에서 보면, 이들 Z세대와 Y세대가 가지는 공정성은 '사회적 공정함'에 대한 민감함이라기보다는 '자신의 이해관계에 관한 공정성'이라고 볼 수 있다. 이들 청년 세대(Z세대와 Y세대)는 현재 '한국 사회가 얼마나 공정한가'에 대한 문제보다는 구체적 상황에서 '자신이 얼마나 불공정한 상황에 놓여 있는가(또는 불공정한 대우를 받고 있는가)'에 대단히 민감하다고 볼 수 있다는 것이다. 이들이 원하는 '공정한 대한민국'은 '모든 사람에게 공정한 대한민국'의 의미는 아닐 수 있다. 이들이 원하는 대한민국은 '적어도 나에게는 공정한 대우'를 해주는 대한민국인 것이다.

So what? 〞
시사점과 전망

한국 사회의 청년 세대(Z세대와 Y세대)가 전통적이고 직관적인 이미지로 가지고 있던 '청년 세대 ≒ 공정성 추구'의 개념은 대폭 수정돼야 한다. 현재 이들 세대가 사용하는 공정성의 개념은 타인을 포함한 사회적 개념이 아닐 가능성이 매우 높고, 개인의 이해관계의 맥락(상황)에 국한해서 사용될 가능성이 매우 크기 때문이다. 이렇게 되면, 이들 세대를 타깃으로 한 상품과 서비스는 한층 더 '절차적 공정성'을 따져서 마케팅을 고민해야 한다. 매 순간 진행되는 모든 생산 과정 및 마케팅에서 이 공정함이 투명하게 드러날

수록 이들 세대의 불만은 줄어들기 때문이다.

이런 관점으로 보면, 12년 전과는 다르게 지금은 오히려 '1만 개의 라면'을 '1만 명의 개인'에게 개별적으로 나눠 주는 이벤트가 더 효율적일 수 있다. 여기에, 그 장소가 지금 청년 세대들이 치열하게 고민하고 어려워하고 있는 곳(예를 들면 취업 준비생이나 공무원 준비생들이 모여 있는 곳 등)이라면 '사회적 의미'도 찾을 수 있을 것으로 보인다.

다만, 공정성의 문제는 불만족을 낮출 수는 있지만, 만족을 높이는 포인트는 아니다. 따라서 만족을 올리기 위해서는 보다 세부적인 타깃 전략이 필요할 것 같다. 예를 들어 착한 소비의 경우에도 대부분의 소비자들이 생산과정은 물론 최종적으로 그 소비 행위가 이루어지는 결과에 이르기까지 전 과정을 투명하게 공개하기를 원하고 있고, 실제로 현재의 착한 소비를 지향하는 기업들은 여기에 적극적으로 응하고 있다. 여기에서 더 나아가 한 개인의 행위가 궁극적으로 어떤 '선한 영향력'을 발휘하게 되는가의 전체 과정을 제공하는 것도 좋은 아이디어가 될 것으로 보인다. 이런 '개인별 피드백'은 자신의 행위에 대한 분명한 인센티브가 될 수 있다(착한 소비 활동을 하고 나면 뭔가 뿌듯한 느낌을 받는다 76.1%).[22]

마지막으로 마케팅에서 짚어볼 부분은 셀럽 마케팅에 관한 것이다. 현재 한국 사회의 대부분의 청년 세대는 경제적 여유가 별로 없다.[23] 그래서 이 청년 세대를 '미래의 소비력'의 관점으로만 보는 마케팅은 현실적으로 한계가 있다. 오히려 경제적인 불만족이 매우 큰 상황이라는 점을 고려할 때 Z세대와 Y세대를 고려한 특

정 셀럽들의 지나친 화려함이나 경제적 부의 과시는 불만을 증폭
시킬 가능성이 매우 크다. 지금은 특정 연예인에 대한 팬덤이 깊지
만 넓게 확산되지는 않는 시대이기 때문이다. 이렇게 되면 지속 가
능한 방식의 셀럽 마케팅의 키워드는 '공감과 겸손'이 될 가능성이
매우 높다. Z세대의 문화 아이콘인 방탄소년단은 바로 이 키워드
를 충족시켰기 때문에 세계적인 팬덤을 지속 가능하게 한 것이기
때문이다.

01 열심히 일해도 성공할 수 없었다

📎 **부(富)의 불평등 체감도 및 해소 방안 관련 조사**
· 조사 대상: 전국의 만 19~59세 성인 남녀 1,000명 ①
· 조사 기간: 2019년 7월 29일~8월 1일

예나 지금이나 '대박'에 대한 사람들의 꿈은 시들지 않고 있다. 처음 '로또'라는 복권이 나왔을 때만 해도 그 열기는 가히 상상을 초월할 정도로 뜨거웠다. 당첨만 되면 말 그대로 '인생 역전'의 꿈을 한 번에 이룰 수 있는 절호의 기회로, 돈의 구애를 받지 않고 한 번뿐인 인생, 멋지고 폼 나게 살 수가 있기 때문이다. 한 개인의 삶을 좌지우지할 정도의 막강한 힘을 가진 '돈(Money)'은 그래서 지금, 여전히, 많은 사람들이 꿈꾸는 최고의 가치이자 행복의 원천이 되고 있다.

문제는 이렇게 돈의 가치와 중요성이 강조되고 그 영향력을 높게 평가하고 있지만, '부'를 축적할 수 있는 '성공'의 기회는 매우

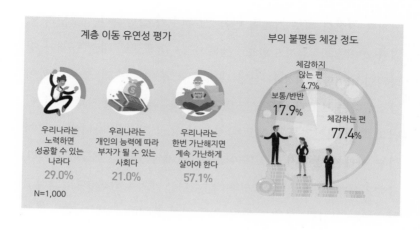

계층 이동 유연성 평가

우리나라는
노력하면
성공할 수 있는
나라다
29.0%

우리나라는
개인의 능력에 따라
부자가 될 수 있는
사회다
21.0%

우리나라는
한번 가난해지면
계속 가난하게
살아야 한다
57.1%

N=1,000

부의 불평등 체감 정도

체감하지
않는 편
4.7%

보통/반반
17.9%

체감하는 편
77.4%

제한적이란 점이다. 부를 축적한 사람들은 그 힘을 이용해 더 많은 것들을 누리는 반면 가진 것이 없는 사람들은 불안정한 미래에 불안감을 느끼며 무기력하게 하루하루를 살아가고 있다. 이미 우리 사회는 '열심히 일하고 노력하면 성공할 수 있다'는 지극히 평범한 원칙이 무너진 지 오래다. 그래서 대부분의 사람들(92.2%)은 한국 사회를 부(富)가 대물림되는 사회로 인식하고 있었다. '금수저'로 태어난 청년 세대는 부족할 것 없는 환경에서 많은 것을 누리고 살지만 가난을 안고 태어난 '흙수저'들은 아무리 발버둥을 쳐도 가난에서 벗어나지 못하고 계층 상승의 기회조차 가질 수 없다고 바라보고 있는 것이다. 한마디로 우리 사회의 '금수저'와 '흙수저'를 가르는 결정적 요인은, 바로 이 '부의 대물림'이라고 말할 수 있다.

우리 사회의 대표적인 '부의 대물림' 방법은 부동산 증여를 꼽을 수가 있다. 지난 2018년은 우리나라 부동산 증여 건수가 역대 최고치를 경신한 해로 기록될 만큼, 그 건수가 상당하다는 보도가 있었다(2018년 한국감정원 발표). 물론 9·13 대책으로 대출 규제가 강화되면서(일명 돈맥경화) 전년 대비 주택 증여 건수가 30% 가까이 감소했다는 보도가 나오고는 있지만(서울 지역 부동산 거래 기준), 여전히 고액 자산가를 중심으로 부동산 등의 자산을 자녀에게 증여하는 사례는 많아지고 있다(9월 19일 국세청은 '부의 대물림'을 겨냥, 고액 자산가 219명의 세무조사를 착수한다는 계획을 발표했다). 그리고 앞으로도 이러한 '부의 대물림'으로 인한 불평등 문제는 토마 피케티(《21세기 자본》의 저자)의 언급처럼, 자본이 돈을 버는 속도가 노동으로 돈을 버는 속도보다 느려지지 않는 이상 점점 더 가속화될 것으로 보인다.

지금 우리 사회는 부의 불평등을 일상생활 속에서 체감하고 있다는 사람들이 77.4%에 이를 정도로 그 어느 때보다 돈의 가치로 인한 '부의 불평등' 문제가 심각하게 대두되고 있는 상황이다. 그래서 많은 대중 소비자들은 한국 사회에 만연해 있는 '부의 불평등' 문제를 완화할 수 있는 다양한 대안들이 필요하다는 주장을 내놓고 있다. 가장 우선적으로는 '고액 소득자에 대한 철저한 세금 징수'와 '기업 간 임금격차의 최소화'가 필요하다는 의견이 많다. 형평성 있는 조세정책과 소득수준의 개선이 무엇보다 시급하다는 인식이 강한 것으로, 실제 불평등 문제를 해결하기 위해서는 일자리와 소득이 늘어나야 하고(85.1%), 부자들이 세금을 많이 내야 한다(78.8%)는 주장에 대부분 의견을 함께하고 있었다.

부의 불평등 원인(중복 응답)

항목	비율
부동산 보유자와 비보유자 간 불로소득 차이	60.6%
대기업과 중소기업의 임금격차	54.5%
사회 전반적으로 불공정한 기회(취업 또는 투자)	50.6%
불평등의 문제를 방치하는 정당/정치인	47.2%
고소득자에 대한 낮은 세금 부과	46.4%
정규직과 비정규직의 처우와 임금격차	45.2%
다양한 민심을 대변하지 못하는 현재 정치제도	34.6%
불로소득에 대한 낮은 과세	32.7%
패자 부활이 불가능한 사회시스템	32.6%
대학 간 학벌에 따른 차별 대우	31.0%

부의 불평등 개선 방안(중복 응답)

비율	항목
62.5%	고액의 소득자들에 대한 철저한 세금 징수
49.5%	대기업과 중소기업의 임금격차 줄이기
48.7%	양질의 일자리를 늘리는 정책 시행
41.0%	소득에 따라 높은 범칙금 책정
38.6%	공기업/대기업 입사 제도 공정화
34.0%	정규직에 상관없이 동일 업종에 동일한 임금
32.4%	불로소득(부동산 이익)을 세금으로 회수
32.3%	다양한 국민의 의사를 반영한 정치제도 마련
31.4%	사회 전체적으로 평등한 교육 기회 제공
25.1%	사회 전반적인 복지 시스템 강화
24.4%	기본 소득 제도 도입

(N=1,000)

최근에는 이러한 불평등 문제를 개선하기 위해 보다 장기적인 관점에서 '복지 정책'이 뒷받침돼야 한다는 주장도 제기되고 있다. 대중 소비자들이 생각하는 적절한 복지 정책의 방향과 방식은 주로 '부유층의 세금을 올리고, 모든 국민에게 차별 없이 복지 정책을 확대 시행'하는 방안을 거론하고 있었다. 이러한 정책의 방향성은 전 세계적으로 화두가 되고 있는 '부유세'나 '기본 소득제' 등의 제도와도 연결성을 갖는다. 먼저 '부유세'의 경우 2020년 미국 대통령 선거의 가장 뜨거운 의제로 떠오르고 있는 이슈로, 초고소득자에 대한 과세를 늘리자는 내용이 핵심이다. 미국 내 찬성 여론이 60%를 넘을 만큼 대중적인 관심도 뜨거운 상황이다. 국내 또한 부유세 도입과 관련해서 대중의 반응은 꽤 긍정적이지만, 아직은 현실적으로 도입이 어렵다는 이유로 몇 차례의 도입 논의가 무산된 바 있다. '기본 소득제'는 몇 년 전부터 우리나라에 조금씩 소개돼

왔던 제도로, 사회 구성원 모두에게 최소 생활비를 지급한다는 내용을 주요 골자로 하고 있다. 보편적 복지를 논할 때 가장 핵심이 되는 개념 중 하나로서, 국내 도입 논의가 있을 당시만 해도 찬성 여론이 비교적 높았던 정책으로 꼽힌다. '기본 소득제'가 시행되면 별개의 일정한 소득이 생기게 돼서 경제적 불안감이 어느 정도 해소될 것 같다는 기대감이 찬성의 핵심 이유였다. 하지만 2017년 대선 이후 기본 소득제 도입과 관련한 여론이 사뭇 달라진 점이 눈에 띈다. 기본 소득제 도입에 찬성하는 목소리가 다소 줄어든 것인데, 이러한 배경에는 장기적 관점에서 '세금 폭증'이나 '불공정' 문제가 발생할 수 있다는 우려가 자리 잡고 있었다. 더 큰 문제는 '타인에 대한 낮은 신뢰도(불신)'가 기본 소득제를 둘러싼 의견이 크게 엇갈리는 이유 중 하나로 언급되고 있다는 점이다. 기본 소득

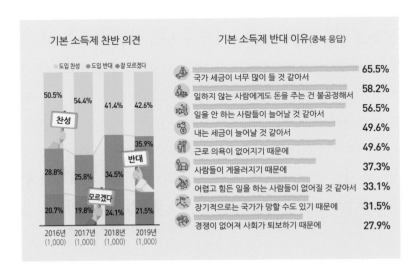

기본 소득제 찬반 의견

● 도입 찬성　● 도입 반대　● 잘 모르겠다

	2016년 (1,000)	2017년 (1,000)	2018년 (1,000)	2019년 (1,000)
찬성	50.5%	54.4%	41.4%	42.6%
반대	28.8%	25.8%	34.5%	35.9%
모르겠다	20.7%	19.8%	24.1%	21.5%

기본 소득제 반대 이유(중복 응답)

국가 세금이 너무 많이 들 것 같아서	65.5%
일하지 않는 사람에게도 돈을 주는 건 불공정해서	58.2%
일을 안 하는 사람들이 늘어날 것 같아서	56.5%
나는 세금이 늘어날 것 같아서	49.6%
근로 의욕이 없어지기 때문에	49.6%
사람들이 게을러지기 때문에	37.3%
어렵고 힘든 일을 하는 사람들이 없어질 것 같아서	33.1%
장기적으로는 국가가 망할 수도 있기 때문에	31.5%
경쟁이 없어져 사회가 퇴보하기 때문에	27.9%

제가 시행되면 일부 사람들만 일하고 대다수의 사람들은 일하지 않을 것이라는 인식이 더 강해진 것으로, 대부분 자기 자신은 기본 소득제가 시행돼도 지금 하는 일을 계속할 것(71.7%)이라고 말한 것과는 대조적인 모습이었다. 기본적으로 복지 정책은 모든 사람에게 차별 없이 적용돼야 한다는 원칙과 신념이 강한 대중 소비자들이지만, '기본 소득제' 도입과 관련한 민심에서는 아직 타인의 도덕적 해이를 경계하는 시각이 강한 이중적인 모습을 드러낸 것이다.

사회 전반적으로 '공정하지 않은 사회'를 질타하는 분노의 목소리가 최근 들어 자주 들리는 것은 결국 경제적 불평등과 부의 대물림이 심화되는 상황과 직접적인 관련이 있다고 볼 수 있을 것이다. 때문에 이러한 문제를 조금이라도 해소하기 위해 사회적 노력과 국가적 책임이 함께 연대해야 한다는 목소리가 점점 더 커지고 있다. '부유세'나 '기본 소득제' 등의 정책들이 끊임없이 제기되고, 논의되는 이유 역시 이와 무관하지 않을 것이다. 다만, 아직까지 우리 사회는 이러한 제도나 정책의 적용·확대를 두고 세금 문제 및 형평성과 관련한 논쟁이 끊임없이 발생하고 있는 상황으로, 앞으로 서로 다른 의견과 생각을 조율하고, 이러한 정책이 잘 반영될 수 있도록 국가, 사회, 개인 모두의 적극적인 노력이 필요할 것으로 보인다.

02 도덕적이어서
성공하는 사회를 원한다

🖉 **한국 사회 청렴도 및 부정부패방지법 관련 인식 조사**
· 조사 대상: 전국의 만 19~59세 성인 남녀 1,000명 ①
· 조사 기간: 2019년 7월 16일~7월 22일

누구나 부와 명예, 성공을 쟁취하기 위해 노력하며 살지만 실제 자신이 '성공'한 삶을 살고 있다고 생각하는 사람들은 그리 많지 않다. 대부분은 성공에 대한 강한 결핍을 느끼고, 만족스럽지 못한 삶을 살고 있다는 생각을 쉽게 떨쳐내지 못하는 경우가 많다. 그런데 자신이 성공하지 못했고 부를 쌓지 못했다는 사실보다 사람들을 더욱 못 견디게 만드는 것이 있다. 바로 다른 누군가는 부정하고 정당하지 않은 방법으로 현재의 부와 명예를 일궈내고 있다는 사실이다. 실제 2명 중 1명(50.6%)은 우리나라에서 큰 사회적 성공을 거둔 사람들은 청렴하다고 보기 어렵다는 생각을 갖고 있을 만큼 정직하고 정당한 방식만으로 한국 사회에서 성공을 이뤄내기 힘들다고 생각하는 사람들이 꽤 많았다. 우리가 매일 접하는 뉴스

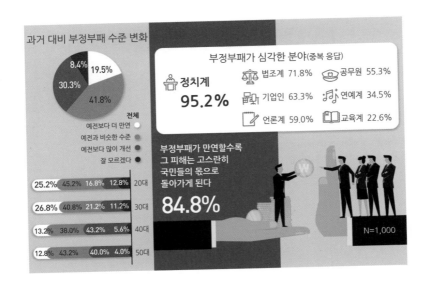

과거 대비 부정부패 수준 변화

8.4% 19.5%
30.3%
41.8%

전체
예전보다 더 만연 ○
예전과 비슷한 수준 ○
예전보다 많이 개선 ●
잘 모르겠다 ●

25.2% 45.2% 16.8% 12.8% 20대
26.8% 40.8% 21.2% 11.2% 30대
13.2% 38.0% 43.2% 5.6% 40대
12.8% 43.2% 40.0% 4.0% 50대

부정부패가 심각한 분야(중복 응답)

정치계
95.2%

법조계 71.8%   공무원 55.3%
기업인 63.3%   연예계 34.5%
언론계 59.0%   교육계 22.6%

부정부패가 만연할수록
그 피해는 고스란히
국민들의 몫으로
돌아가게 된다
84.8%

N=1,000

만 보더라도 얼마나 많은 사람들이 뇌물이나 횡령, 배임, 청탁 등 온갖 불법적이고 부정한 방법으로 부를 축적하고 성공을 거두는 지를 쉽게 알 수가 있다. 이제는 사회 각 분야에 걸쳐 부정부패의 문제로부터 자유로운 분야를 찾기도 어려울 정도다. 특히나 부정부패가 가장 심각한 분야로 대부분의 사람들이 하나같이 정치권(95.2%, 중복 응답)을 꼽고 있을 만큼, 국민들을 대변하고 대중에게 모범을 보여야만 하는 사회 지도자들이 매우 부도덕한 이미지로 전락해 있음을 알 수가 있었다. 대중들이 느끼는 지금의 한국 사회 는, 일단 '청렴한 사회'와는 거리가 먼 것이 분명해 보인다.

더 큰 문제는, 부정한 방법으로 축적한 부와 성공을 계속 대물림 하면서 그것이 사회적 불평등을 야기하는 중요한 원인으로 작용하고 있다는 점이다. 과거에 비해 우리 사회의 부정부패 문제가 개선됐다는 인식이 30.3%로 낮은 이유도 아마 이 때문일 가능성이 높다. 특히 젊은 층의 경우 부정부패가 더 만연해졌다는 생각이 이전보다 개선됐다는 생각을 앞지르고 있어, 청년 세대가 바라보는 한국 사회의 청렴도는 과거보다 나아지지 않았음을 짐작해볼 수 있었다. 지금의 청년 세대가 가장 중요하게 여기는 가치가 사회의 '공정성'임을 감안한다면, 현재 한국 사회의 젊은 층이 느끼는 좌절감과 상실감은 이루 말할 수 없이 클 것으로 보인다.

보다 우려되는 점은 부정부패가 만연할수록 그 피해가 고스란히 국민들의 몫으로 돌아가게 된다는 생각을, 이미 많은 국민들이 마음속에 가지고 있다는 사실이다(사실 체념이나 다름없다). 돌이켜 보면 우리 사회의 많은 위기들은 일반 국민의 상식을 뒤엎는 사회 지도층들의 부정부패에서 비롯된 경우가 많았다. 하지만 진실 해명을 요구하는 담론이 나올 때마다 정작 그들은 남 핑계를 대며 책임을 회피하고 애꿎은 사람들이 그 위기를 대신 수습하려 애썼던 경우를 숱하게 보고 겪은 바 있다. 각종 부정부패의 사건들이 결국 묻혀지거나, 또는 일반 국민들의 세금으로 메워지거나 둘 중 하나였던 경우가 많았던 것이다. 그 결과, 이미 많은 대중들의 마음 한구석에는 이러한 사실을 암묵적으로 수용한 비관론적 민심이 가득 차 있는 상태다. 한 사회의 부정적 분위기가 결국 그 사회 구성원의 '지속적인 상실감과 좌절감'에서 비롯된다는 점을 감안한다면, 지금 대한민국 국민의 민심은 절대 그냥 지나쳐서는 안 될

한국 사회 부정부패 수준이 높은 이유(중복 응답)

이유	비율
재벌이나 권력자들의 부패 문제를 강하게 처벌하지 않기 때문에	68.4%
돈이면 다 해결된다는 생각 때문에	67.1%
공직자들의 부정부패를 엄하게 처벌하지 않아서	66.8%
부정부패에 대한 처벌이 강하지 않아서	63.9%
학연과 지연 등 인맥을 중시하는 문화이기 때문에	61.3%
부당 이득을 취하려는 사람들이 많아서	57.0%
만인이 법 앞에 평등하지 않아서	49.9%

중요한 국가적 사안이라 할 수 있다.

그렇다면 이렇게 한국 사회의 부정부패 수준이 날로 높아지고 있는 이유로 대중들은 어떤 문제를 가장 많이 지적하고 있을까? 많은 대중들은 결국 부정한 방법으로 저지른 잘못에 대해 엄격한 처벌이 이뤄지지 않았기 때문에 한국 사회에 부정부패가 만연해졌다는 시각을 가지고 있었다. 부정부패를 저지르고도 유야무야 넘어가는 경우가 많고, 처벌 수위에 비해 부정부패로 얻은 이익이 너무 크다 보니 사회 전반적으로 법을 우습게 알고, 부정한 방법을 공공연하게 자행하는 사람들이 많아졌다는 것이다. 특히 젊은 층일수록 부정부패에 대한 처벌이 '전혀' 이뤄지지 않는다는 인식(20대 44%, 30대 43.6%, 40대 32.4%, 50대 29.2%)이 더욱 강해, 제도권에 대한 불만이 상당하고, 원리 원칙과 상식이 지켜지지 않는 일에 대단히 민감하게 반응할 것이란 점을 예상해볼 수 있었다.

상황이 이렇다 보니 결국 우리 사회의 부정부패를 해결하기 위

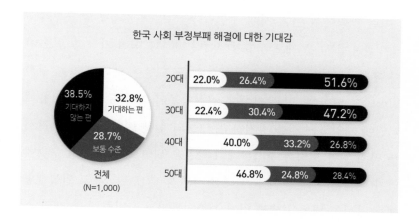

한국 사회 부정부패 해결에 대한 기대감

20대	22.0%	26.4%	51.6%
30대	22.4%	30.4%	47.2%
40대	40.0%	33.2%	26.8%
50대	46.8%	24.8%	28.4%

38.5% 기대하지 않는 편
32.8% 기대하는 편
28.7% 보통 수준

전체
(N=1,000)

해서는 무엇보다도 이를 행한 사람들에 대해 엄격한 처벌이 이뤄
져야 한다(75.2%, 중복 응답)는 의견이 단연 많은 모습이었다. 더불
어 부정부패로 얻은 수익을 환수 및 몰수해야 한다(67.3%)거나, 부
정부패 활동을 감시하고(56.8%), 법과 제도를 개선/강화해야 한다
(56.3%)는 의견도 상당했다. 더불어 공직자의 범죄에 대처하기 위
한 독립적인 수사기관의 설치를 요구하는 목소리(42.7%)가 적지
않았는데, 이는 현재 진전을 보이지 않고 있는 '공수처(고위공직자
범죄수사처)' 설치에 찬성하는 사람들이 비교적 많다는 예상을 해
볼 수 있는 결과였다. 다만, 이러한 의견이 있음에도 우리 사회의
부정부패 문제가 개선될 것이라는 기대감은 여전히 크지 않은 상
태다. 사회 전반적으로 이 문제를 척결하는 것이 쉽지 않을 것이란
생각이 지배적으로, 특히나 젊은 세대가 우리 사회의 부정부패 문
제가 해결되지 않을 것이라는 절망감이 훨씬 더 뚜렷한 모습을 보
이고 있었다.

이런 맥락에서 현재 시행 중인 '김영란법(부정 청탁 및 금품 수수 금지 관련 법률)'은 제도의 효용성이나 반부패 척결 가능성 등을 떠나 우리 사회의 부정과 비리 사슬을 끊고 청렴 사회로 가는 시작점이라고 말할 수 있을 것이다. 공직자들이 지위와 권력을 남용해 이권에 개입하는 것을 방지하고, 그들의 힘을 빌리려는 행위 자체를 막기 위한 노력은 부정부패의 척결을 위한 전제 조건일 수밖에 없기 때문이다. 일단 제도에 대한 사회적 관심도가 높고 일상생활에서 자신의 행동이 해당 법에 저촉되는지를 고민하는 등 개인 스스로의 의식 수준은 비교적 높은 편이었다. 물론 부정부패에 대한 뿌리 깊은 불신으로 제도 시행이 즉각적인 효과를 가져올 것이라는 기대감은 크지 않은 상황이긴 하다. 여전히 이를 피해 가는 꼼수가 있을 것이고, 다양한 이해관계 및 상황과 맞물려 있어 제도 도입 취지에 맞는 결과가 나오기까지는 많은 시간이 걸릴 것이란 의견이 많다.

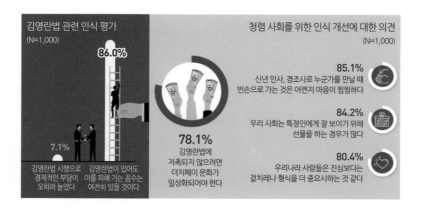

김영란법 관련 인식 평가
(N=1,000)

86.0%

7.1%

김영란법 시행으로
경제적인 부담이
오히려 늘었다

김영란법이 있어도
이를 피해 가는 꼼수는
여전히 있을 것이다

78.1%
김영란법에
저촉되지 않으려면
더치페이 문화가
일상화되어야 한다

청렴 사회를 위한 인식 개선에 대한 의견
(N=1,000)

85.1%
신년 인사, 경조사로 누군가를 만날 때
빈손으로 가는 것은 어쩐지 마음이 찜찜하다

84.2%
우리 사회는 특정인에게 잘 보이기 위해
선물을 하는 경우가 많다

80.4%
우리나라 사람들은 진심보다는
겉치레나 형식을 더 중요시하는 것 같다

한편 우리 사회는 비단 정치인이나 사회 지도층뿐만 아니라, 일 상생활 속 개인들도 공공연히 어떤 대가를 바라며 선물과 식사를 제공하고 무엇인가를 요청하는 사례가 빈번하게 발생하는 사회이 기도 하다. 그래서 많은 대중들은 이러한 사회 문화 개선을 위해 두 가지 측면에서 의견을 제안하고 있었다. 그 하나는 김영란법이 우리 사회에 정착되기 위해선 '더치페이(각자 내기, 나눠 내기 등) 문 화'가 일상화될 필요가 있다고 보는 것이고, 다른 하나는 대가를 기대하며 선물을 하는 경우가 많은 우리 사회의 '선물 문화' 자체 를 개선할 필요가 있다는 것이다. 진심보다 겉치레나 형식을 더 중 요하게 여기고, '빈손'으로 가는 것을 찜찜해하는 우리 사회의 인 식 자체에 일련의 변화가 있어야 한다는 것이 현재 많은 대중들의 여론이라 할 수 있다.

이처럼 우리 사회는 공적 가치보다 사사로운 이익에 무게를 두 고 행해지는 부정부패가 만연하다는 인식이 널리 퍼져 있는 상황 이다. 그래서 부정부패를 저지르지 않고는 성공한 사람이 거의 없 고, 큰 성공을 거둔 사람들은 청렴하지 않다는 생각이 편견이나 오 해가 아닌 진실처럼 느껴지기도 한다. 그런데 지금 대한민국 사회 에 심상치 않은 기류가 흐르고 있다. 이슈가 있을 때마다 간헐적으 로 터져 나왔던 한국 사회의 부정부패 문제와 이를 개혁하기 위한 담론들이 최근 이곳저곳에서 봇물 터지듯이 쏟아져 나오고 있기 때문이다. 부디 이번만은 일반 국민 대다수가 공감할 수 있는 개혁 의 방향이 이뤄져서, 정직하고 정당한 방법으로는 성공하기 어렵

다고 생각하는 박탈감(특히나 청년 세대들)을 보듬어줄 수 있는 사
회가 되기를 바라본다.

연관 검색어 ▼

03 대중의 눈높이에 맞는
공인을 찾습니다

✎ 공인(公人)에 대한 개념 및 사회적 인식 조사
· 조사 대상: 전국의 만 16~64세 남녀 1,000명 ②
· 조사 기간: 2019년 7월 23일~7월 30일

'국가나 사회, 또는 그와 관련된 공적인 일에 종사하는 사람'. 사전적 의미로 '공인(公人)'은 이렇게 정의돼 있다. 그런데 간혹 이 '공적(公的)'인 일에 대한 범위를 분명하게 범주화하기가 어려워 '공인'에 대한 기준과 이해 수준이 달라지는 경우가 발생하곤 한다. 이를테면 한국 사회에서 의견이 분분한 '연예인/유명인 공인설'이 그 예다. 주로 범죄 등으로 논란이 된 연예인이나 유명인이 복귀할 때 불거지곤 하는 이 논리는 우리 사회에서 공인의 '범주'는 어떻게 되며, 공인으로서 '책임'은 어떤 기준을 두고 내려져야 하는가에 대한 뜨거운 논쟁을 불러일으킨다.

으레 공인(公人)은 대중들의 생각과 행동에 영향을 끼치는 사람을 뜻하는 의미로 사용되고 있어, 일반적으로 연예인이나 교수, 정

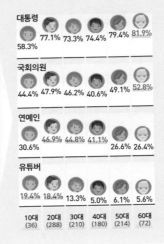

사회적 영향력이 가장 큰 공인(중복 응답)

대통령	76.0%
국회의원	46.7%
연예인	39.0%
정치인	37.4%
재벌총수	29.5%
TV 스타	20.7%
언론인	20.6%
방송인	18.1%
판검사	14.5%
유튜버	11.4%
기업인	11.2%
영화배우	10.2%

(N=1,000)

대통령
58.3% 77.1% 73.3% 74.4% 79.4% 81.9%

국회의원
44.4% 47.9% 46.2% 40.6% 49.1% 52.8%

연예인
30.6% 46.9% 44.8% 41.1% 26.6% 26.4%

유튜버
19.4% 18.4% 13.3% 5.0% 6.1% 5.6%

10대	20대	30대	40대	50대	60대
(36)	(288)	(210)	(180)	(214)	(72)

치인들이 공인으로 간주되고 또 공인으로서 대우를 해주는 것이 사실이다. 실제 조사에서도 많은 대중들은 '정치나 법조계 인물', '연예인이나 스포츠 선수'가 공인에 해당한다고 생각하고 있었고, 이들 중에서 '대통령'을 비롯해 '국회의원'과 '연예인', '정치인', '재벌 총수' 등을 사회에 가장 많은 영향을 끼치는 공인으로 평가하고 있었다. 다만, 연예인을 비롯해 사회적 영향력이 큰 공인을 바라보는 세대별 인식은 다소 차이를 보이고 있어 공인에 대한 시대적 인식에도 변화가 있음을 주목할 필요가 있어 보였다.

그런데 과연 이들이 진짜 공인인지 아닌지, 진짜 공인으로서 대우를 받을 자격이 있는지에 대해서는 몇 가지 생각해볼 부분이 있을 것 같다. 우리 사회의 많은 대중들이 '공인'에 갖는 기대치와 도덕적 잣대의 수준이 생각보다 매우 높지만, 이러한 높은 기대 수준과는 다르게 '공인'이라고 회자되는 사람들의 도덕성과 청렴성 등 기본적인 자질이나 소양이 부족하다는 평가가 매우 많기 때문이다. 우리 사회 대중들은 공인의 영향력이 큰 만큼 마땅히 행동 하나하나에도 신경을 쓰고, 책임감을 가져야 하며, 처신을 좀 더 신중하고 사려 깊게 해야 한다는 인식이 많다. 그래서 사소한 일이라도 비판이 과해지는 것은 당연하고, 일반 대중들보다 사회적으로 좀 더 많은 혜택을 받는 만큼 사회에 물의를 일으켰을 경우 대중으로부터 쏟아지는 비판과 비난을 당연히 감수해야만 한다는 생각이 많은 모습을 보였다. 공인이라면 도덕성에 엄격한 잣대를 놓을 필요가 있다는 인식이 사회 전반적으로 매우 강하게 형성돼 있는 것이다. 하지만 한국 사회의 공인들은 대중들이 요구하는 이러한 높은 수준의 도덕성과 청렴함을 충족시키지 못하고 있는 것이

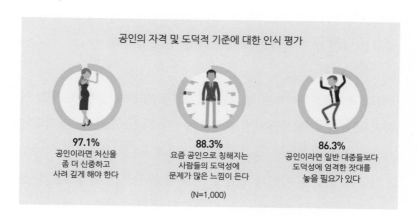

공인의 자격 및 도덕적 기준에 대한 인식 평가

97.1%
공인이라면 처신을
좀 더 신중하고
사려 깊게 해야 한다

88.3%
요즘 공인으로 칭해지는
사람들의 도덕성에
문제가 많은 느낌이 든다

(N=1,000)

86.3%
공인이라면 일반 대중들보다
도덕성에 엄격한 잣대를
놓을 필요가 있다

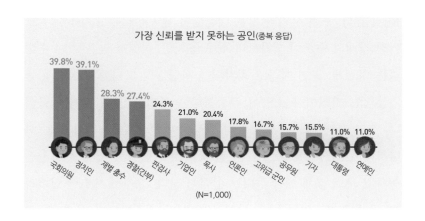

가장 신뢰를 받지 못하는 공인(중복 응답)

39.8% 39.1%
28.3% 27.4%
24.3%
21.0% 20.4%
17.8% 16.7%
15.7% 15.5%
11.0% 11.0%

국회의원 정치인 재벌 총수 경찰(간부) 판검사 기업인 목사 언론인 고위급 군인 공무원 기자 대통령 연예인

(N=1,000)

현실이다. 특히나 '공인=정치인'이란 인식이 공고한 지금, '국회 의원'과 '정치인'이 대중들의 지지와 신뢰를 받지 못하는 공인으로 가장 많이 꼽히고 있어 정치권에 대한 대중의 불신 정도가 매우 높다는 것을 확인할 수 있었다. 게다가 재벌 총수나 경찰, 판검사, 기업인, 목사, 언론인 등 사회적 지위와 명성이 높은 직업군 또한 대중들에게 별다른 지지와 신뢰를 받지 못하는 모습을 보이고 있어 우리 사회에 존경과 신뢰, 지지를 보낼 수 있을 만한 '공인'이 사실상 그리 많지 않다는 생각을 해볼 수가 있었다.

그래서 공인이 사회적 물의를 일으켰을 때는 더욱더 엄격한 처벌이 필요하고, 위법행위에 대한 '용서의 기준' 또한 더 엄격하게 적용할 필요가 있다는 생각이 많다. 이러한 주장 이면에는 아마도 공인들이 그들의 지위와 신분을 이용해 저지르는 위법행위가 절도 등의 범죄보다 심각하다는 인식이 담겨 있기 때문인 것으로 보여진다. 그래서 기본적으로 사회적 물의를 일으킨 공인들은 다시는 대중 앞에 나서지 말아야 한다는 것이 중론이었다. 각종 범죄 및 불법행위로 사회에 좋지 않은 영향을 끼친 사람들은 공인의 자격이 없다고 바라보는 것으로, 특히나 국회의원(73.4%, 중복 응답)과 정치인(68.3%), 대통령(58.7%) 등 정치권에 가장 엄격한 도덕적 잣대를 요구하는 모습이 많다. 일정 시간 동안 자숙을 하고 나면 복귀가 가능하다고 생각하는 공인을 묻는 질문에는 절반 가까이 (44.1%)가 없다고 응답을 했을 만큼, 사회적 물의를 일으킨 공인에 대한 대중의 분노가 쉽게 사그라지지 않는다는 것도 확인할 수 있었다.

그렇다면 대중 앞에 다시는 나서면 안 될 만큼 용서할 수 없는 공인들의 범죄 및 사건 사고는 어떤 종류일까? 대중들이 가장 크게 분노하는 공인들의 사건 사고 유형은 '강간/성폭행'과 '불법 성접대', '성매매' 등의 '성범죄'를 꼽은 경우가 가장 많았다. 성범죄의 경우 대중들이 가장 큰 충격을 받았던 공인의 사건 사고로 언급되고 있는 경우도 많아, 한국 사회의 공인들은 성범죄에 무감각하고, 권력을 악용해 불법적이고 부패한 행위를 자주 일삼는다는 사실을 새삼 느낄 수 있었다. 이와 함께 '부정 청탁'과 '몰카 범죄', '약물복용'을 저지른 공인들은 대중 앞에 모습을 보이면 안 된다는 주장도 많아 이러한 사건과 연루된 공인들의 향후 행보와 관련해서는 대중들의 적지 않은 반감과 비난이 있을 것으로 예상된다.

이처럼 우리 사회는 많은 공인들이 '도덕성'과 '청렴성', 그리고

'솔선수범' 등을 요구하는 대중의 눈높이를 충족시키지 못하고 있어 공인에 대한 국민적 실망감은 이루 말할 수 없이 큰 상황이다. 물론 공인도 한 개인이자 나약한 인간이기에 사소한 잘못과 실수를 할 수는 있다. 하지만 공인이라는 이유로 사회적으로 많은 부와 명예, 지위와 혜택을 누리는 만큼 자신들의 행동에 책임감을 가져야만 하며, 그에 따른 비판도 마땅히 감수해야만 한다는 것이 국민 다수의 생각임을 한국 사회 공인이라면 반드시 기억해야 할 것으로 보인다.

연관 검색어 ▼

⓪4 대학에 간 이유?
기승전 취업

✎ 대학 진학의 의미 및 교육 시스템 관련 인식 조사
· 조사 대상: 전국의 만 19~59세 남녀 1,000명 ①
· 조사 기간: 2019년 6월 18일~6월 21일

우리는 누구나 나름의 '꿈'과 '목표'를 간직하며 저마다의 인생을 살아간다. 학창 시절에는 특정한 직업을 '장래 희망' 삼아 미래를 꿈꾸고, 성인이 돼서는 스스로가 생각하는 '만족스러운 삶'의 방향을 목표로 삼는다. 이러한 꿈과 목표에 정답이 존재하지 않음은 물론이다. 모든 사람들에게는 각자의 인생관이 존재하고 삶의 방식도 저마다 서로 다를 수밖에 없기 때문이다. 그런데 이상하게도 한 발짝 물러서 그 속을 들여다보면 '다양성'의 형상과는 너무나도 다른 모습이 포착된다. 대부분 사람들의 삶의 목표나 꿈이 '명문대 진학'과 '공기업이나 대기업 입사', 그리고 '고급 자동차'나 '서울 아파트 장만' 등 모두 '비슷한 방향'을 향해 달려가는 행보를 보이고 있는 것이다. 혹여 스스로가 낙오되진 않을까 하는 두려움과 절박함, 불안함을 내재한 채로 말이다.

사실, 사회 구성원들이 어떤 꿈과 목표를 가지고 살아가는지를 살펴보는 것은 매우 중요한 일이다. 다수의 사람들이 공통적으로 원하고 중요하다고 생각하는 가치관과 목표는, 결국 현재 우리 사회가 직면해 있는 현실을 비춰주는 거울과 다름없기 때문이다. 고용 불안이 심화되고 경제적 어려움이 가중되고 있는 요즘 한국 사회에서 무엇보다도 안정 지향적이거나, 출세 지향적인 삶을 추구하려는 경향이 뚜렷할 수밖에 없는 것과 같은 이치다. 때문에 지금의 한국 사회는 남들과는 다른 특별하고 차별화된 꿈과 목표를 가진 인생을 살기란 매우 어려운 사회구조에 직면해 있다고 볼 수 있다. 그러니 대부분이 과거에 지녔던 장래 희망과는 전혀 관련 없는 일과 공부를 하고, 그리 썩 만족하지 못하는 삶을 살고

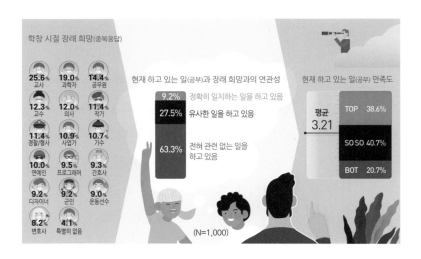

학창 시절 장래 희망(중복응답)

25.6% 교사	19.0% 과학자	14.4% 공무원
12.3% 교수	12.0% 의사	11.4% 작가
11.4% 경찰/형사	10.9% 사업가	10.7% 가수
10.0% 연예인	9.5% 프로그래머	9.3% 간호사
9.2% 디자이너	9.2% 군인	9.0% 운동선수
8.2% 변호사	4.1% 특별히 없음	

현재 하고 있는 일(공부)과 장래 희망과의 연관성

9.2% 정확히 일치하는 일을 하고 있음

27.5% 유사한 일을 하고 있음

63.3% 전혀 관련 없는 일을 하고 있음

(N=1,000)

현재 하고 있는 일(공부) 만족도

평균 3.21

TOP 38.6%

SO SO 40.7%

BOT 20.7%

있다며 한탄하는 경우가 많아지고 있다. 물론, 지금까지는 그랬다는 애기다.

그래서, 앞으로의 한국 사회는 지금보다는 조금 달라질 필요가 있어 보인다. 아니, 꼭 달라져야만 할 것 같다. 기성세대는 이미 늦었다 하더라도(죄송), 지금의 어린 학생들은 기성세대와는 전혀 다른 꿈과 목표를 갖고 새로운 차원의 삶을 그려나갈지도 모르기 때문이다. 기성세대가 생각지도 못했던 다양한 직업이 지금의 어린 학생들에게는 1순위 장래 희망으로 떠오른 지 이미 오래인 것처럼 말이다. 때문에 지금보다 훨씬 다양한 꿈과 장래 희망, 그리고 삶의 목표를 가질 수 있는 미래 사회를 위해선, 무엇보다 이를 실현시키는 최소한의 발판, '교육'에서부터 변화를 꾀할 필요가 있다. 특히 사회적 성공의 가장 첫 출발점이라 여겨지는 '대학 진학'이란 관문에서부터 그 실마리를 찾아야 할 것으로 보인다. 대학을 꼭 가야 인생이 성공한다고 보는 것은 아니지만 사회 구성원 대다수가 가장 성공할 확률이 높은 방법을 '대학 진학'이라고 여기고 있다. 그리고 현실에서도 '대학 진학'을 또 다른 목표, 즉 '취업'을 향한 시작점으로 생각하는 경우가 많다. 그래서 요즘 대학생들의 대학 생활은 기성세대의 그것과는 많

동아리를 하려면 제대로 된 영양가 있는 걸 했어야지

출처: 영화 〈엑시트〉 스틸 컷

이 다르다. 남들보다 높은 학점을 받고, 더 많은 능력과 자격을 쌓아, 오로지 취업에 도움이 되는 '스펙'을 만드는 것이 인생의 유일한 목표가 되고 있다. 고등학교에서의 3년을 '좋은 대학'에 진학하기 위해 보냈다면, 대학교에서의 4년이란 시간은 '좋은 기업'에 취업을 하기 위해 할애되고 있는 것이다.

그러니 전공 학과를 선택하는 기준도 당연히 '대학 진학'과 '취업'에 초점이 맞춰져 있는 모습이다. 평소 원하던 학과 및 전공(39.6%)을 고려하기보다는 진학 가능성(38.5%)과 취업이 잘 되는지 여부(22%)를 더 많이 고려하고 있는 것이다. 특정 분야에 대한 관심과 배움에 대한 의지를 갖고 대학에 진학하는 것이 아니라, 반드시 대학 진학을 해야만 하고(이왕이면 좋은), 그래야 취업도 할 수 있다는 사회 분위기에 영향을 받아 대학에 진학하는 사례가 많다는 것을 알 수 있는 결과이다. 초·중·고 학창 시절, 스스로의 적성을 탐구하라, 소질을 개발하라, 창의력을 높여라 등의 주문이 얼마

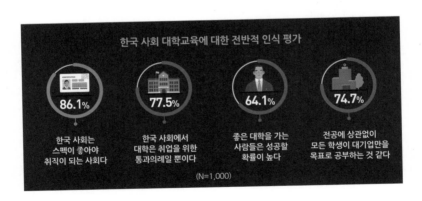

한국 사회 대학교육에 대한 전반적 인식 평가

86.1%
한국 사회는 스펙이 좋아야 취직이 되는 사회다

77.5%
한국 사회에서 대학은 취업을 위한 통과의례일 뿐이다

64.1%
좋은 대학을 가는 사람들은 성공할 확률이 높다

74.7%
전공에 상관없이 모든 학생이 대기업만을 목표로 공부하는 것 같다

(N=1,000)

나 무의미하고 어려운 것인지를 체감할 수 있는 대목이다.

　모든 교육기관이 마치 '취업인 양성소'로 전락하는 듯한 지금의 모습에 최근 교육계와 사회 각계각층에서는 교육 시스템에 근본적인 변화가 필요하다는 주장이 제기되고 있다. 무엇보다 대학 진학 전 중등 교육기관(고등학교)에서 필수로 채택하고 있는 문·이과 분리 정책에 대한 지적이 일단 가장 많은 상황이다. 적성에 따라 문과와 이과를 분리하기보다는 학생들의 통합적인 사고력을 키우기 위해 통합 운영할 필요가 있다는 주장이 제기되고 있는 것이다. 그래서 최근 문과와 이과를 통합하는 차원을 넘어 다양한 과목을 접목해서 학습하는 핀란드의 '융합 교육' 시스템을 우리나라도 도입할 필요가 있다는 의견이 많다. 더불어 문과나 이과 진로에 상관없이 누구나 주 4시간씩 철학 수업을 들어야 하는 프랑스의 철학교육 시스템에 대한 호감도 높은 모습이다. 특히나 연령이 높을수록 핀란드, 프랑스와 같은 선진 교육 시스템의 도입을 찬성하는 태도가 뚜렷해, 기성세대일수록 교육 변화의 필요성을 다른 세대보다 훨씬 더 많이 절감하고 있음을 확인할 수 있었다. 다만, 프랑스 철학 교육보다는 핀란드식 융합 교육의 도입 가능성을 보다 높게 예견하는 모습을 보여, 융합 교육 시스템에 대한 긍정적인 기대감이 더 높다는 것을 예상해볼 수 있었다. 물론 이러한 정책 모두 대학 간판과 취업만을 중요하게 여기는 지금의 사회 분위기가 지속되는 한 변화될 가능성은 매우 희박하다. 때문에 대학 교육의 진짜 의미를 찾는 사회적 인식 개선이 어느 때보다 필요한 시점이라고 할 수 있겠다.

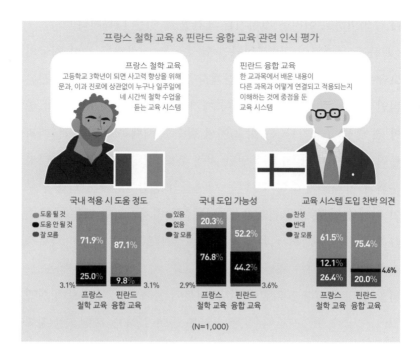

프랑스 철학 교육 & 핀란드 융합 교육 관련 인식 평가

프랑스 철학 교육
고등학교 3학년이 되면 사고력 향상을 위해
문과, 이과 진로에 상관없이 누구나 일주일에
네 시간씩 철학 수업을
듣는 교육 시스템

핀란드 융합 교육
한 교과목에서 배운 내용이
다른 과목과 어떻게 연결되고 적용되는지
이해하는 것에 중점을 둔
교육 시스템

국내 적용 시 도움 정도
● 도움될 것
● 도움 안 될 것
● 잘 모름
71.9% 87.1%
25.0% 9.8%
3.1% 3.1%
프랑스 철학 교육 / 핀란드 융합 교육

국내 도입 가능성
● 있음
● 없음
● 잘 모름
20.3% 52.2%
76.8% 44.2%
2.9% 3.6%
프랑스 철학 교육 / 핀란드 융합 교육

교육 시스템 도입 찬반 의견
● 찬성
● 반대
● 잘 모름
61.5% 75.4%
12.1% 4.6%
26.4% 20.0%
프랑스 철학 교육 / 핀란드 융합 교육

(N=1,000)

아직까지 우리나라는 좋은 대학을 졸업하면 편안한 삶을 살 수 있다는 믿음이 여전히 큰 사회다. 부모들이 자식의 좋은 학벌을 위해 재산을 투자하고, 〈SKY 캐슬〉과 같은 드라마가 흥행을 하는 이유이기도 하다. 하지만 이제는 더 이상 좋은 대학을 나온다고 성공한 삶을 보장받기가 어려운 시대다. '학벌이 곧 실력'이란 가정이 이제는 글로벌 기업과 경쟁해가며 실력으로 승부해야 하는 분야에는 더더욱 성립되지 않고 있다는 것이 계속해서 증명되고 있기 때문이다. 이미 올해 초부터 현대기아차, SK그룹 등 국내 주요 대기업들은 전통적인 대규모 그룹 공채(대졸 공채)를 상시 공채나 수

시 채용으로 전환한다는 계획을 발표한 바 있다. 핵심 요지는 학벌이나 불필요한 스펙 대신 그때그때 필요한 실력이나 경험 수준의 수요에 따라 직원을 충원하겠다는 것이다. 과거 산업 성장기에서는 '다양한 분야'에서 인재가 '많이' 필요했지만 산업 정체기에 직면한 지금 시기의 기업 입장에선 특정 분야에서 준비를 갖춘 인재를 적시에 확보하는 것이 더 중요해졌기 때문이다. 학벌이나 스펙 대신 특정 분야의 경력을 좀 더 갖추는 것이 요즘 취업의 필수 조건이 되고 있는 것이다.

상황이 이렇다 보니 이제는 과연 대학에서 무엇을 배우는가에 대한 근본적인 의구심도 함께 커지고 있는 중이다. 당연히 대학 입시 제도 및 대학 교육의 개혁이 필요하다는 자성의 목소리가 끊임없이 흘러나오고 있다. 현재로서는 대학 자체가 학문을 연구하고 전문적인 인재를 양성하는 '최고 교육기관'의 역할을 잘 수행하

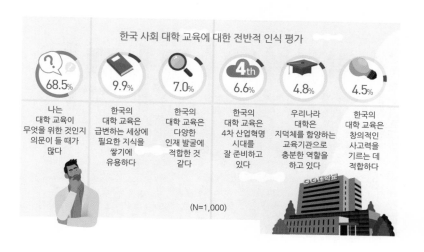

한국 사회 대학 교육에 대한 전반적 인식 평가

68.5% 나는 대학 교육이 무엇을 위한 것인지 의문이 들 때가 많다

9.9% 한국의 대학 교육은 급변하는 세상에 필요한 지식을 쌓기에 유용하다

7.0% 한국의 대학 교육은 다양한 인재 발굴에 적합한 것 같다

4th 6.6% 한국의 대학 교육은 4차 산업혁명 시대를 잘 준비하고 있다

4.8% 우리나라 대학은 지덕체를 함양하는 교육기관으로 충분한 역할을 하고 있다

4.5% 한국의 대학 교육은 창의적인 사고력을 기르는 데 적합하다

(N=1,000)

지 못하고 있다는 지적이 많고, 지금의 대학 교육이 4차 산업혁명 시대와 같은 미래 사회에 필요한 지식과 기술을 가르칠 준비가 돼 있지 않다는 비판도 적지 않다. 시대의 흐름에 많이 뒤처져 있다는 인식이 매우 강한 것으로, 그래서 '4차 산업혁명'과 '빅데이터' 시대를 맞아 대학 교육 시스템을 보다 획기적으로 전환할 필요가 있다는 주장이 강조되고 있다.

대학에 진학하는 이유, 대학에 진학한 것을 후회하는 이유, 그리고 대학을 졸업하는 것을 걱정하는 이유 모두가 '취업'일 수밖에 없는 것이 지금의 현실이지만, 그 어느 때보다 대학 기관은 물론 우리 사회 모두 대학 교육의 역할과 방향, 본질적 가치에 대한 절실한 고민이 필요한 시점인 것은 분명해 보인다. 그리고 지금이야말로 대학 교육뿐만 아니라 한국의 교육 시스템 전체가 직면하고 있는 문제를 다각적으로 살펴봐야 할 중요한 시기일 것이다.

연관 검색어 ▼

05 글로벌로 확장되는 일자리 찾기 프로젝트

✎ 해외 취업 관심도 및 향후 시장 전망 조사
· 조사 대상: 전국의 만 16~64세 남녀 1,000명 ②
· 조사 기간: 2019년 6월 21일~6월 25일

모든 경제활동을 가능케 하고 기본적인 삶을 유지하기 위한 '전제 조건'. 바로 '일자리'다. 그런데 한국 사회는 벌써 수년째 이 일자리를 만들어내는 취업 시장에 빨간불이 켜진 상태다. 기본적인 의식주 문제를 해결하기조차 힘든 사람들이 우리 주변에 그만큼 많아졌다는 얘기인데, 문제는 이 위험 신호가 비단 사회에 첫발을 내딛는 청년층에게만 해당하는 게 아니란 점이다. '100세 인생'을 준비하기 위해 다시 취업 시장의 문을 두드리고 있는 중장년층도 현재의 취업 시장이 가혹하게 느껴지기는 마찬가지다. 극심한 취업난이 졸업 이후 밝은 미래를 꿈꾸던 청년층에게는 '불안감'을 가중시키고, 정년 이후의 또 다른 인생을 준비하려는 중장년층에게는 '막막함'을 더하고 있는 것이다. 게다가 여러 조건이나 적성, 형편 등이 맞지 않아 새로운 직장으로의 '이직'을 꿈꾸고 있을 다수의 직장인에게도 지금의 상황이 부담스럽기는 매한가지다.

그렇다고 무작정 '눈높이'를 낮추는 것이 좋은 대안도 아닌 것 같다. 이미 많은 일자리 지원자들은 (재)취업의 성공 요인을 '퇴직 전 경력과 눈높이 낮추기'로 꼽고 있을 만큼(딱히 대기업만을 선호하지도 않았다) 기준점을 많이 낮추고 있는 모습을 보였기 때문이다. 단지, 지금의 지원자들의 기본적인 능력과 스펙, 학력이 과거에 비해 훨씬 높은 수준이기에 취업 기대치를 낮춘다 해도 '취업' 그 자체가 매우 어려운 일이 돼버린 것이 지금의 한국 사회가 직면한 현실인 것이다. '원하는 곳을 더 두들겨볼까', 아니면 '그냥 기대치를 확 낮출까?' 이런 고민을 하는 사이 어느새 '가고 싶은 회사'와

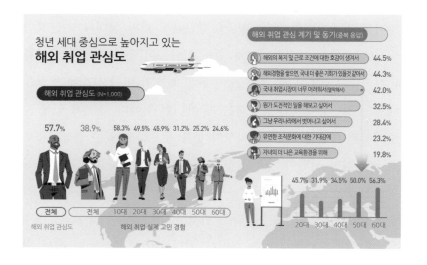

청년 세대 중심으로 높아지고 있는
해외 취업 관심도

해외 취업 관심도 (N=1,000)

57.7% 38.9% 58.3% 49.5% 45.9% 31.2% 25.2% 24.6%

전체 전체 10대 20대 30대 40대 50대 60대

해외 취업 관심도   해외 취업 실제 고민 경험

해외 취업 관심 계기 및 동기(중복 응답)

해외의 복지 및 근로 조건에 대한 호감이 생겨서 44.5%
해외경험을 쌓으면, 국내 더 좋은 기회가 있을것 같아서 44.3%
국내 취업시장이 너무 어려워서(열악해서) 42.0%
뭔가 도전적인 일을 해보고 싶어서 32.5%
그냥 우리나라에서 벗어나고 싶어서 28.4%
유연한 조직문화에 대한 기대감에 23.2%
자녀의 더 나은 교육환경을 위해 19.8%

45.7% 31.9% 34.5% 50.0% 56.3%

20대 30대 40대 50대 60대

'현실적으로 갈 수 있는 회사'의 간극은 점점 더 벌어지고 있는 곳이 바로 지금 대한민국 취업 시장의 현주소이다.

　이렇게 국내 취업 시장의 어려움이 계속되다 보니 아예 '해외'에서 취업의 기회를 엿보는 사람들이 많아지고 있는 추세다. 특히나 저연령층일수록 해외 취업에 대한 고민이 더 많은 모습이다. 국내 상황과는 달리 해외에서는 개인의 능력을 발휘할 수 있는 기회가 많고 합당한 대우도 받을 수 있을 것이라는 생각과, 해외 기업에서의 경험이 향후 중요한 경쟁력이 될 것이라는 기대감이 해외 취업을 고려하는 핵심 이유로 꼽히고 있었다. 물론 국내 취업 시장의 어려운 상황도 해외 취업을 고민하게끔 만드는 중요한 요소였는데, 주로 취업 최전선에 놓인 20대와 재취업을 고민하는 중장년층이 국내 취업 시장의 어려운 상황 때문에 해외로 관심을 돌리는 경우가 많은 모습이었다. 심지어 10명 중 7명(70.9%)은 해외에서 취업을 해서 아예 그 나라에 정착하는 것도 좋은 생각이라고 의견을 밝혔는데, 국내에서 벗어나고 싶은 마음이 큰 젊은 층일수록 해외 취업을 계기로 외국에 정착하는 것을 긍정적으로 생각(10대 79.2%, 20대 72.6%, 30대 78%, 40대 69.3%, 50대 64.9%, 60대 59.6%)하는 태도가 좀 더 뚜렷했다.

　그 결과, 앞으로의 해외 취업 시장에 대한 부정적 전망보다는 더 많은 사람들의 관심을 받을 것이며 이러한 사회적 분위기가 지속될 것이란 예상이 지배적이다. 물론 실제 해외 취업을 하기까지의

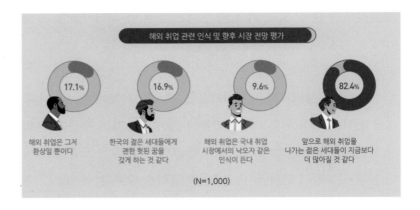

17.1%

16.9%

9.6%

82.4%

해외 취업은 그저
환상일 뿐이다

한국의 젊은 세대들에게
괜한 헛된 꿈을
갖게 하는 것 같다

해외 취업은 국내 취업
시장에서의 낙오자 같은
인식이 든다

앞으로 해외 취업을
나가는 젊은 세대들이 지금보다
더 많아질 것 같다

(N=1,000)

과정이 만만치 않고, 해외 취업 자체가 장밋빛 미래를 보장해주진 않는다는 인식도 많다. 경기 불황은 우리나라뿐 아니라 전 세계 글로벌 현상이고, 언어적·문화적·환경적 요인 때문에 해외에서 살아남는 것이 결코 쉬운 일은 아니기 때문이다. 어디까지나 좋은 조건과 대우가 있을 때, 해외 취업을 고민해볼 대상으로 여기고 있다는 것을 짐작해볼 수가 있겠다. 그럼에도 이렇게까지 낯선 타지로 오직 취업만을 위해 눈을 돌리는 경우가 많다는 것은 분명 우리 사회에 시사하는 바가 크다. 한국 사회의 취업 시장이 그만큼 어렵고 구직자들의 불안감과 막막함을 해소해줄 더 이상의 희망을 우리 사회에서 찾기 어렵다는 반증이 되기 때문이다.

어려운 취업난에 해외에서 새로운 기회를 찾으려는 청년들의 모습이 반갑고 또 기특한 것이 사실이다. 하지만 잠재력 있고 유능한 젊은 청년들이 일자리 때문에 어쩔 수 없이 한국을 떠나는 모습은 분명히 부모 세대로선 마음 아픈 일이 아닐 수 없다. 더불어 국내의 우수한 젊은 인력들이 해외로 빠져나가 장차 유능한 젊은 인재를 오히려 외국에서 '수혈'해야 하는 상황이 다가올지도 모를 일이다. 극심한 취업난에 해외로의 취업을 꾀하는 젊은 청년들에게 한국에서도 노력하면 얼마든지 능력을 인정받고 기회를 잡을 수 있다는 믿음을 주기 위한 노력이 부모 세대와 사회의 어른들에게 필요한 시점은 아닌지 곰곰이 생각해보게 된다.

연관 검색어 ▼

06 청년 복지, 우리 모두를 위한 투자

📎 **2030세대의 청년 정책 방향성 관련 조사**
· 조사 대상: 전국의 만 19~59세 성인 남녀 1,000명 ①
· 조사 기간: 2019년 7월 30일~8월 2일

어느 사회를 막론하고 청년 세대는 그 사회의 미래이자 희망으로 여겨진다. 새로운 변화를 만들어내고 그 변화와 함께 사회를 이끌어나가는 것은 언제나 젊고 혁신적인 생각을 가진 청년 세대의 몫이기 때문이다. 하지만 오늘날 한국 사회에서 청년 세대는 역동적이고 혁신적이라기보다는 왠지 안정 지향적인 태도가 강한 것처럼 보인다. 이를 두고 일각에선 요즘 젊은 친구들이 자기중심적이고, 게으르며, 의지가 없어 그렇다며 강한 비판을 하기도 한다. 그런데 그렇게만 생각하기에는 지금의 청년 세대가 처해 있는 현재 상황이 지나치게 혹독하고 암울하다. 실업난과 경기 침체가 지속되고 있어 양질의 일자리가 부족하고, 저출산과 고령화, 부의 불평등과 같은 사회 구조적인 문제들이 청년 세대의 어깨를 무겁게

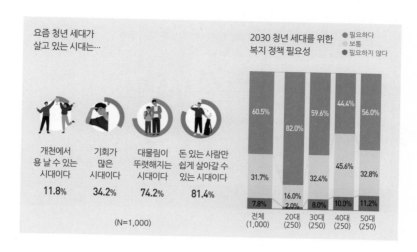

요즘 청년 세대가
살고 있는 시대는…

개천에서
용 날 수 있는
시대이다
11.8%

기회가
많은
시대이다
34.2%

대물림이
뚜렷해지는
시대이다
74.2%

돈 있는 사람만
쉽게 살아갈 수
있는 시대이다
81.4%

(N=1,000)

2030 청년 세대를 위한
복지 정책 필요성

● 필요하다
● 보통
● 필요하지 않다

	전체 (1,000)	20대 (250)	30대 (250)	40대 (250)	50대 (250)
필요하다	60.5%	82.0%	59.6%	44.4%	56.0%
보통	31.7%	16.0%	32.4%	45.6%	32.8%
필요하지 않다	7.8%	2.0%	8.0%	10.0%	11.2%

짓누르고 있기 때문이다. 게다가 지금의 우리 사회가 돈 있는 사람은 쉽게 살아갈 수 있고, 대물림은 점점 뚜렷해지고 있다는 인식이 공고해지고 있을 만큼 청년 세대가 느끼는 상대적 박탈감과 계급적 좌절감도 심각한 상황이다. 이런 현실에서 청년 세대가 자신과 관련된 문제에는 한껏 민감하지만 자신과 관련이 없는 일에는 철저하게 무관심한 것은 어쩌면 당연한 일일는지도 모르겠다. 더욱 우려되는 것은 이러한 청년 세대의 삶이 앞으로 나아질 것이라는 기대감조차 갖기 어렵다는 사실이다. 앞서 언급한 사회 구조적인 문제는 향후 한국 사회를 더욱 불안정하게 만들고, 그 피해는 고스란히 청년 세대의 몫이 될 것으로 전망되고 있기 때문이다.

상황이 이렇다 보니 2030 청년 세대를 바라보는 시선에는 연민의 감정이 많이 묻어나고 있었다. 그리고 그들을 위한 '복지 정책'

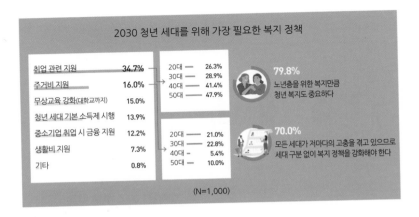

2030 청년 세대를 위해 가장 필요한 복지 정책

취업 관련 지원	**34.7%**	20대 — 26.3% / 30대 — 28.9% / 40대 — 41.4% / 50대 — 47.9%
주거비 지원	16.0%	
무상교육 강화(대학교까지)	15.0%	
청년 세대 기본 소득제 시행	13.9%	
중소기업 취업 시 금융 지원	12.2%	20대 — 21.0% / 30대 — 22.8% / 40대 - 5.4% / 50대 — 10.0%
생활비 지원	7.3%	
기타	0.8%	

79.8% 노년층을 위한 복지만큼 청년 복지도 중요하다

70.0% 모든 세대가 저마다의 고충을 겪고 있으므로 세대 구분 없이 복지 정책을 강화해야 한다

(N=1,000)

이 필요하다는 주장도 점점 힘을 받고 있는 모습이다. 무엇보다 저출산 및 고령화로 인해 향후 청년 세대가 짊어져야 할 노인 부양 부담이 커질 것이라는 우려가 큰 상황에서 이들을 위한 다양한 지원책이 필요하다는 의견이 많다. 가장 필요하다고 생각하는 청년 복지 정책은 단연 '취업 지원'과 '주거비 지원'으로, 특히 청년 세대 스스로는 고용 불안만큼 주거 불안도 많이 느끼고 있다는 점이 주목할 만한 결과였다.

그런데, 청년 세대를 위한 복지 정책이 필요하다는 이러한 주장은 단지 청년 세대가 더 중요해서라기보다는 사회 불평등 심화와 생산 가능 인구 감소 등의 구조적 문제로, 사회 전반적인 복지 정책의 중요성이 강조되는 흐름 속에서 살펴볼 필요가 있어 보였다. 모든 세대가 저마다의 고충을 겪고 있기 때문에 '세대의 구분 없이' 복지 정책을 강화해야 한다는 의견이 꽤 많았던 것으로, 청년 세대를 위한 복지 정책의 필요성도 그런 맥락에서 강조되고 있는 모습을 보였기 때문이다. 그래서 기본적으로 복지 정책의 축을 '미래 세대'로 이동시켜야 한다는 생각에는 동의를 하지만, 세대를 향한 복지 정책의 방향성에 다소 상반된 견해가 있을 경우 언제든 세대 간 갈등이 발생할 수 있다는 점에 주목할 필요가 있을 것으로 보인다. 각 세대의 생각과 의견이 다르고 이해관계도 엇갈릴 경우 대부분은 문제의 해결을 이끌어내는 것이 쉽지가 않기 때문이다. 그래서 사실 이 시점에서 가장 중요한 것은 바로 '정치'의 역할이라고 볼 수 있을 것이다.

정부와 국회는 다양한 국민들의 의견과 생각을 바탕으로 정책과 법안을 만들어 대안을 제시해야 하는 임무를 부여받고 있다. 모두를 만족시킬 수 있는 해결책이 존재할 수는 없지만, 가급적 다수가

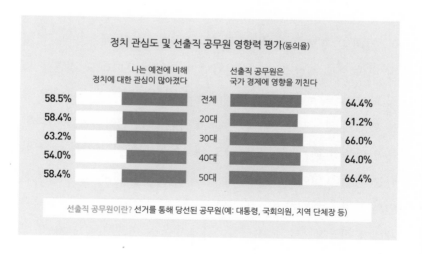

정치 관심도 및 선출직 공무원 영향력 평가(동의율)

	나는 예전에 비해 정치에 대한 관심이 많아졌다		선출직 공무원은 국가 경제에 영향을 끼친다
전체	58.5%		64.4%
20대	58.4%		61.2%
30대	63.2%		66.0%
40대	54.0%		64.0%
50대	58.4%		66.4%

선출직 공무원이란? 선거를 통해 당선된 공무원(예: 대통령, 국회의원, 지역 단체장 등)

공감하고 소수가 소외되지 않는 정책을 만들어내려는 노력이 필요하다. 특히나 지금처럼 국민의 선거를 통해 당선된 선출직 공무원이 경제활동이나 소비생활 전반에 끼치는 영향력을 높게 평가하고 있는 경우, 더더욱 다양한 의견을 수용하고 조정 및 반영하려는 노력이 절실히 요구되기 마련이다. 정치적인 상황이 어떤 식으로든 경제에 영향을 줄 수 있다고 보는 순간 경제적 난관에 봉착해 있는 청년 세대, 노년 세대가 느끼는 공감도는 더더욱 클 수밖에 없기 때문이다. 그런 관점에서 청년 세대를 중심으로 어느 때보다 '선거법' 및 '선거제도'의 개선을 요구하는 목소리가 많아진 것은 당연한 수순이라는 평가가 많다.

사실상 거대 양당제와 다름없는 현재의 정치 구조에서는 기득권을 포기하지 않으려는 정치 세력으로부터 변화를 이끌어내기는 거의 불가능에 가까울 정도로 어려운 일이다. 역으로 말하면, 기득권 정치인 중심의 정치 환경이 근본적으로 바뀌지 않으면 젊은 유권자들의 목소리를 대변할 가능성이 극히 희박하다는 의미다. 일례로, 후보자의 선거운동 주체를 '후보자의 배우자'와 '직계존·비속'으로 제한하는 공직선거법 93조항만 보더라도, 결혼을 하지 않고 자녀가 없는 청년 후보에게는 대단히 불리한 조항이란 점을 단번에 알 수가 있다. 정작 소중한 한 표를 행사하는 유권자들은 아마추어 같은 면이 있더라도 새로운 사람들이 정치를 해야 한다는 생각을 많이 하고 있지만, 현재의 선거제도하에서는 정치 신인의 등장을 기대하기조차 어려운 현실인 것이다. 그래서 더 많은 세대가 적극적으로 정치에 참여하게 만들기 위해서는 '선거법' 및

선거법, 선거제도 관련 인식 평가(동의율)

지금의 선거법은 기존의 정치인들에게 더 유리하다	지금의 선거제도는 국민들의 의사를 제대로 대표하지 못한다	아마추어 같더라도 새로운 사람들이 정치를 해야 한다	정치는 기존에 하던 경험이 많은 사람들이 해야 한다
71.5%	60.7%	52.3%	15.5%

(N=1,000)

'선거제도'의 개선이 필요하다는 지적이 많다. 전체의 절반 이상 (56.1%)이 소수의 의견이 반영되는 선거제도가 필요하다고 주장한 것으로, 현재 국회에서 논의 중인 '연동형 비례대표제'의 도입을 기대하는 유권자들이 많다는 생각도 가능케 한다.

이렇듯 선거제도 개편에 대한 기대 속에는 기본적으로 '승자 독식주의'인 현재의 선거제도에서는 국민들의 다양한 의견과 생각을 제대로 반영하기 어렵다는 인식이 담겨 있다. 바꿔 말하면 정치 구조가 변화되어 다양한 세대의 의견이 반영되고 보다 원활하게 운영이 될 수만 있다면 조금은 더 나은 대한민국의 미래를 기대해볼 수 있다는 의미로 풀이할 수 있을 것이다.

분명한 것은 청년 세대의 삶이 안정화되고 여유가 있어야만 새로운 변화를 위한 활력도 생겨나고 결혼 및 출산에 대한 인식도 바뀔 수 있다는 사실이다. 정치권이 청년 세대를 위한 보다 실효

성 있는 정책을 추진해야 하는 이유이며, 청년 세대에게 제공되는
복지 정책을 그저 특정한 세대만을 위한 특혜가 아닌 한국 사회의
'미래를 위한 투자'로 바라봐야 하는 이유일 것이다.

연관 검색어 ▼

07 인구 절벽의 나비효과

✎ 인구 절벽 현상 및 세대 간 갈등 이슈 평가
· 조사 대상: 전국의 만 19~59세 직장인 성인 남녀 1,000명 ④
· 조사 기간: 2019년 1월 29일~2월 6일

2019년 8월 28일 통계청이 발표한 '2019년 6월 인구동향'에 따르면 올 상반기 전국 출생아 수는 15만 8,524명으로 통계 작성을 시작한 1981년 이후 가장 적은 수치를 기록한 것으로 나타났다.

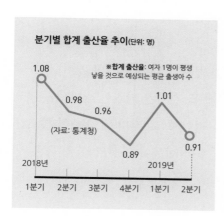

분기별 합계 출산율 추이(단위: 명)

※합계 출산율: 여자 1명이 평생 낳을 것으로 예상되는 평균 출생아 수

1.08
0.98
0.96
0.89
1.01
0.91

(자료: 통계청)

2018년
1분기 2분기 3분기 4분기
2019년
1분기 2분기

이로써 한국은 중국의 행정자치도시 마카오를 제외하고 세계에서 유일하게 합계 출산율이 0명대인 나라(인구 유지에 필요한 합계 출산율 2.1명 기준 시)로, '저출산' 이슈와 함께 경제활동을 담당하는 생산 가능 인구(만 15~64

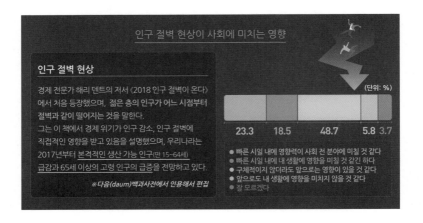

인구 절벽 현상이 사회에 미치는 영향

인구 절벽 현상

경제 전문가 해리 덴트의 저서 《2018 인구 절벽이 온다》에서 처음 등장했으며, 젊은 층의 인구가 어느 시점부터 절벽과 같이 떨어지는 것을 말한다.
그는 이 책에서 경제 위기가 인구 감소, 인구 절벽에 직접적인 영향을 받고 있음을 설명했으며, 우리나라는 2017년부터 본격적인 생산 가능 인구(만 15~64세) 급감과 65세 이상의 고령 인구의 급증을 전망하고 있다.

※다음(daum)백과사전에서 인용해서 편집

(단위: %)

| 23.3 | 18.5 | 48.7 | 5.8 | 3.7 |

● 빠른 시일 내에 영향력이 사회 전 분야에 미칠 것 같다
● 빠른 시일 내에 내 생활에 영향을 미칠 것 같긴 하다
● 구체적이지 않더라도 앞으로는 영향이 있을 것 같다
● 앞으로도 내 생활에 영향을 미치지 않을 것 같다
● 잘 모르겠다

세)의 비율이 급속도로 감소하는 '인구 절벽' 현상을 눈앞에 마주하는 국가가 됐다.[24] 게다가 한국 경제의 중추적인 역할을 담당하던 '베이비 부머 세대'의 은퇴 시기와 맞물리면서 인구 절벽 현상은 우리 사회에 매우 중차대한 영향을 줄 것으로 예고되고 있다.

실제로 예년에 비해 인구 절벽 현상에 대한 대중들의 인지도나 이해도가 부쩍 높아진 모습을 보일 정도로 인구 절벽 이슈는 우리 사회의 중요한 문제로 부각되고 있는 중이다. 그리고 인구 절벽 현상이 사회 전반적으로 부정적인 문제를 많이 야기할 것이고, 자신의 삶에도 상당한 영향을 끼치게 될 것이란 의견이 많다. 물론, 그 영향이 본인에게 언제쯤 다가올 것인지 그 '시기'에 대해선 다소간의 온도 차가 존재하지만 인구 절벽 현상이 자신의 삶은 물론 사회 전반에 걸쳐 적지 않은 영향을 줄 것이라는 데에는 이견이 없는 모습을 보이고 있었다.

인구 절벽 현상에 따른
세금 이슈 인식 평가

세금 문제에 대한
관심이 현재보다
높아지게 될 것이다 — 85.0

앞으로 수입에서
세금이 차지하는 비중이
더 높아질 것 같다 — 84.3

내 경제적 상황은
지금보다 더 어려워질
가능성이 있다 — 61.8

세금 정책, 세대 갈등 관련
인식 평가

각종 연금제도에
대한 갈등이
커질 것이다 — 86.0

세금 정책에 대한
불신이 지금보다 더
뚜렷하게 될 것 같다 — 77.3

세대 갈등은
지금보다 더
심각해질 것이다 — 79.0

(N=1,000, 단위: 동의율 %)

인구 절벽 현상이 우리 사회에 가장 많은 영향을 끼칠 것 같은 분야로는 일단 경제 분야(81.1%, 중복 응답)를 첫 손에 꼽았다. 그리고 이와 함께 본인의 '경제적 상황'도 지금보다 더 어려워질 것 같다는 걱정을 드러내는 경우가 많았다. 생산 가능 인구의 감소로 인해 생산성이 낮아지고 비용이 상승하면 결국 경제 동력을 잃게 될 것이라는 우려와, 이것이 필연적으로는 경제적 여유 없이 팍팍한 삶을 살고 있는 개개인에게 더 많은 세수를 부과하게 될 것이란 우려가 반영된 것이다. 실제 조사 결과에서도 전체 응답자의 84.3%가 자신이 벌어들이는 수입 중 세금이 차지하는 비중이 앞으로 더 높아질 것 같다고 응답할 만큼, 지금 한국의 많은 대중 소비자들은 세금 문제, 세금 정책에 굉장히 예민한 반응을 보이고 있는 중이다.

이렇게 많은 대중 소비자들이 세금 이슈에 민감한 데에는, 지금의 경제적 상황이 여의치도 않고 앞으로 더 나아질 기미조차 없는 상황에서 100세 시대를 맞이해야 한다는 불안감 때문일 가능성이 높다. 사실 노후 생활의 모습이 빛과 그림자로 나뉘는 결정적인 기준은 '경제력'에서 찾을 수가 있다. 경제적으로 충분한 여유가 있는 노년 세대는 은퇴 이후를 더 많은 것을 즐기고 다양한 것을 해볼 수 있는 기회로 삼을 수 있지만, 빈곤에 허덕이는 노년층에게는 길어진 삶이 더 많은 고통을 수반하는 시간일 수밖에 없기 때문이다. 하지만 매우 안타깝게도 지금 우리 사회의 대다수 평범한 사람들은 후자의 100세 시대를 예상하는 경우가 많다. 지금의 현실로는 노후를 미리미리 준비할 여력도 뚜렷한 대안도 없기 때문이다.

이렇게 노후 생활에 대한 불안도가 높고, 노후 준비가 잘돼 있지 않은 상황에서는 국가 차원의 복지 정책에 기댈 수밖에 없는 것이 현실이다. 때문에 '공적 연금', 즉 '국민연금'에 대한 의존도가 매우 클 수밖에 없고, 실제로도 국민들 대다수가 선택하고 있는 노후 준비 방법은 공적 연금(국민연금)이 단연 많은 상황이었다. 하지만 우리나라 국민의 '국민연금' 신뢰도는 상당히 낮은 수준이다. 국민연금이 노후의 안정적인 삶을 보장받기 위한 것이지만 가팔라지는 고령화로 국민연금 수급자가 많아지면서 머지않아 국민연금이 고갈될 것이라는 전망이 쏟아지고 있기 때문이다. 우리나라와 유사한 노후 소득 보장 체계를 지니고 있는 캐나다가 높은 운용 수익률로 연금 재정의 안정성을 확보해 국민들의 높은 신뢰를 얻고 있는 것과는 사뭇 대조적인 모습이다.

이렇다 보니 국민연금만으로는 노후를 대비할 수 없다는 의심이 점점 더 확신으로 변해가고 있는 중이다. 국민연금의 지속적인 운

국민연금 제도 신뢰도 | 국민연금 신뢰도 제고 방안

21.1%

나는 국민연금 제도에 대한 신뢰감이 있다

국민연금 신뢰도 문제 제기 이유(중복 응답)

기금 고갈로 노후에 연금을 받을 수 없을 것이라는 불안감	62.2%
운용 기관의 기금 운용에 대한 불신	44.9%
내는 돈(보험료)에 비해 낮은 수령액	39.0%
기금 운용 기관의 전문성 부족	34.8%
공무원 연금 등 다른 공적 연금과의 형평성 문제	34.5%

63.7

선진국처럼 사회·경제적 변수에 따라 수급액/연령 등을 자동 조정할 필요가 있다

58.6

지급 예상 수령액이 '노령 인구 증가로 부담이 된다면' 조정될 필요가 있다

(N=1,000, 단위: 동의율 %)

영을 위해서는 보험료 납부 기간을 연장하거나, 연금 수령 시기를 늦추는 등의 제도 개선이 반드시 뒤따라야만 하지만, 이미 깊어진 불신의 골은 '연금보험료 상향 조정'이나 '연금 개시 연령 조정' 등과 같은 사회적 합의조차 막아서는 모습이다. 오히려 국민연금 제도에서 이탈하고자 하는 심리까지 쉽게 찾아볼 수 있을 만큼 연금 제도에 대한 국민적 불신은 현재 매우 높은 상황이다.

좀 더 중요하게 짚어볼 필요가 있는 이슈는 노년 세대뿐만 아니라 은퇴를 눈앞에 둔 중장년층, 그리고 이제 막 사회생활을 시작한 청년 세대까지도 이러한 노후의 불안으로부터 자유로울 수 없다는 사실이다. 특히 청년 세대의 경우 생산 가능 인구가 줄어들고(인구 절벽이 가속화되고) 고령층의 비중이 증가하게 되면 '부양 의무'의 고통이 다른 세대에 비해 더 가중될 가능성이 크다. 현재 노년 세대와 곧 노년을 맞이할 부모 세대의 부양을 책임지다 보면

정작 자신들의 노후를 준비할 경제적·시간적 여력이 부족할 수밖에 없기 때문이다. 결국 지금보다 많은 세금을 내고 노년 세대를 돌보면서도, 정작 자신들은 복지 혜택의 수혜를 온전히 누리지 못할 수 있다는 데에 상당한 불만이 제기될 수 있다. 그래서 앞으로 이 복지 혜택과 수혜의 방향성을 둘러싼 갈등이 지금보다 더 뚜렷해질 것이란 전망이 많은 상황이다. 하지만 청년 세대가 직면하고 있는 열악한 상황과 위기를 공론화하거나 사회적 불만을 해소할 수 있는 대안을 찾기 위해 노력하기보다는, 인구 비중이 높은 고령층 중심의 정책들이 우선적으로 펼쳐질 것이란 비판적 시선이 많다. 미래 세대를 위한 복지 정책 및 투자보다는 고령층을 위한 정책에 훨씬 많은 신경을 쏠 것으로 예상하는 것이다. 이런 전망은 인구 절벽 현상으로 인해 향후 노인들의 정치적 영향력이 더욱 커지게 될 것이라는 전망(62.8%)과도 궤를 같이한다. 정치적 영향력이 커지는 노년층의 '표심'을 사로잡기 위해서라도 노년층을 위한 복지 정책이 우선적으로 시행될 것이라는 인식이 뚜렷한 것이다. 결국 이 같은 여론은 젊은 세대에게는 더 많은 세금과 부양의무만을 요구하면서 정작 정책의 방향은 고령층을 중심으로 만들어질 것이란 논점을 만들기가 쉽다. 자칫 '세대 갈등' 문제로 격화될 가능성이 높다는 의미로, 실제 10명 중 8명(79%)은 노년 세대와 젊은 세대 간의 세대 갈등이 지금보다 더 심각해질 것이란 우려를 내비쳤다. 지금도 일자리와 복지 정책 등의 문제로 격화되고 있는 세대 갈등이 인구 절벽 현상이 본격화되면 더욱 첨예해질 것이라는 예상을 해볼 수 있다.

　　인구 절벽 현상은 거스를 수 없는 흐름으로, 정치와 경제, 사회와 문화 등 모든 영역에 걸쳐 우리의 삶에 큰 변화를 가져다줄 전망이다. 그리고 현재의 삶을 힘들게 만드는 다양한 원인들(양질의 일자리 부족, 소득 불평등, 내 집 마련의 어려움, 노후 불안 등)은 인구 절벽 현상으로 훨씬 더 심화될 것으로 예상되고 있다. 때문에 인구 절벽 문제가 결코 개인의 일이 아니라 세대를 통틀어 모든 사회 구성원이 함께 '내 일'처럼 고민해야만 하는 숙명임을 깨달을 필요가 있다. 그리고 국가적으로는 일자리 문제와 세금, 복지 정책을 놓고 청년 세대와 노년 세대가 첨예하게 충돌하기 이전에 보다 안정적으로 국민의 삶을 보장할 수 있는 제도적 장치 마련에 적극적인 노력을 기울일 필요가 있을 것으로 보인다.

연관 검색어 ▼

08 알바생 아니고 긱 워커입니다

✎ 일자리 불안 및 긱 워커(Gig Worker) 관련 인식 조사
· 조사 대상: 전국의 만 16~64세 성인 남녀 1,000명 ②
· 조사 기간: 2019년 7월 19일~7월 25일

현대인들이 일상적으로 느끼는 불안감의 원인을 좇다 보면 상당 부분 경제적인 문제, 특히나 '일자리'와 깊은 관련이 있다는 것을 알 수 있다. 목돈이 들어가는 창업은 언감생심 꿈도 못 꿀 뿐만 아니라, 경기 불황과 치열한 경쟁, 빠른 사회 변화로 인해 '직업 안정성'을 담보하는 것조차 점점 더 어려워지는 현실을 마주하고 있기 때문이다. 그래서 많은 대중들은 일상적으로 '자신이 앞으로 어떤 일을 할 수 있을지' 또는 '본인 스스로의 적성에 잘 맞는 진짜 직업은 무엇일지'에 대한 고민이 많은 모습이다. 먹고사는 문제에 대한 관심이 그 어느 때보다 치열하게 느껴질 만큼 많다는 얘기다. 다만, 이전과 다른 점이 있다면 이러한 고민의 전제에 '한 가지 직업이 아닌 다양한 경로의 대안들을 탐색'하겠다는 니즈가 담겨 있다

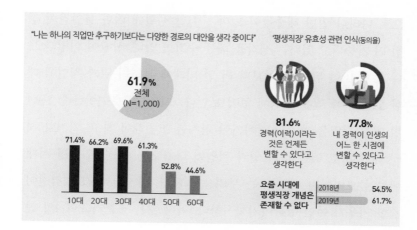

는 것이다. 많은 대중들은 이제 하나의 직업만 추구하기보다 보다 다양한 일과 직업을 고민하는 태도가 뚜렷하다. 특히나 연령이 낮을수록 이러한 마음은 더욱 강한 특징을 보이고 있는 중이다.

이러한 고민을 하게 된 배경에는 일과 직업의 연속성이라는 것이 이제는 한계가 있고, 어느 순간 '변화의 시점'이 찾아올 수도 있다는 사실을 자연스럽게 받아들이면서 만들어진 것으로 보인다. 조사 결과를 보면 전체 10명 중 8명이 경력이라는 것은 언제든 변할 수 있고, 인생의 어느 한 시점에 경력이 변할 수 있다는 생각을 하고 있을 만큼 직장 생활을 지속적으로 이어나간다는 것이 쉽지 않다고 여기는 사람들이 많았던 것이다. 예전 어르신들이 종종 언급한 '평생직장'의 개념은 더 이상 유효하지 않다는 인식이 많은 결과로, 특히나 이러한 인식은 지난 2018년 조사 때보다 더욱 증가한 것으로 나타나 일반 대중들이 느끼는 직장 생활에 대한 불안감이 점점 더 가중되고 있다는 생각을 해볼 수가 있었다. 상황이 이렇다 보니 향후 10년 뒤 또는 이보다 더 먼 미래에 본인의 일과 직업에 대한 고민이 꽤 깊을 수밖에 없어 보인다. (지금 당장도 불안한데) 10년 뒤 어떤 직업을 가지고 살아가야 할지를 고민해야 하고, 거기다 지금 내가 하고 있는 나의 일과 직업이 다가오는 4차 산업혁명 시대에는 쓸모없어질 것 같다는 두려움도 많다. 심지어 이러한 걱정이 괜한 기우가 아닌 상황이기까지하다. 이미 많은 전문가들이 4차 산업혁명 시대의 도래와 함께 IT 기술이 진화되고 인공지능과 로봇의 사용이 보편화되면, 실제로 인간이 할 수 있는 일의 영역이 바뀌고 일자리는 분화될 것으로 예상하고 있기 때문이다.

'노동의 미래'가 변화하고 있는 징조는 지금도 여러 곳에서 포착되고 있다. 디지털 플랫폼을 기반으로 하는 공유 경제의 확산과 함께 그때그때 필요할 때마다 일을 맡기는 노동 형태, '긱 워커(Gig Worker)'가 빠르게 자리를 잡아가고 있기 때문이다. 차량 공유 서비스 운전자와 같은 '1인 계약자'나 '비정규직' 형태로 일감을 받아 돈을 버는 '독립형 계약자' 양산 등이 그것으로, 일반 대중 소비자들은 앞으로 이러한 '긱 워커' 일자리가 지금보다 더 많아질 것이라 입을 모으고, 주로 20대와 30대가 이런 일자리를 차지하게 될 것이란 의견이 많다. 긱 워커의 확산을 긍정적으로 평가하는 사람들은 대체로 자신이 필요한 만큼만 일을 할 수 있고, 시간 활용이 용이하며, 좋아하는 일을 하면서 살 수 있다는 점을 장점으로

'긱(Gig)경제' 확산에 대한 인식 평가 (N=1,000)

| 긍정적으로 기대 | 35.6% | 잘 모름 | 28.6% | 부정적 우려가 있는 편 | 35.8% |

기대되는 점

내가 필요한 만큼만 일할 수 있다
56.7%

자신의 일정을 스스로 조정 가능하다
52.5%

자유로운 생활이 가능하다
51.7%

누군가에게 최적의 직업이 될 수 있다
51.1%

보다 다양한 일자리 창출이 가능하다
49.4%

우려되는 점 (중복 응답)

수입이 불규칙적이다
64.0%

일자리 안정성이 낮다
62.0%

법적 보호가 어려운 일용직 종사자가 증가한다
60.1%

충분한 소득을 벌지 못하는 노동자가 많아진다
50.3%

단기 노동이 더욱 대접받지 못하는 사회가 된다
48.9%

꼽고 있었다. 개인의 능력 여하에 따라서는 직장 생활보다 훨씬 많은 수입을 기대해볼 수 있다고까지 생각하고 있었다. 하지만 아쉽게도 아직은 긱 워커란 노동의 형태가 안정적이지 못하고, 급여 수준이 낮은 일자리만을 양산하는 경제 시스템의 희생양이 될 것이라는 우려가 적지 않은 모습이다. 일반적인 직장 생활과는 다르게 일의 형태와 시간이 고정적이지 않다 보니 수입이 들쑥날쑥할 수도 있고 안정적이지 않다고 생각하는 것이다. 게다가 이러한 긱 워커 직업 형태가 일반화되는 앞으로의 긱 경제(Gig Economy) 시대에는 세대 간 일자리 경쟁이 더욱 치열해질 것이란 부정적 전망도 많은 상황이다.

여러 가지 우려가 있음에도 향후 '긱 경제'가 확산되고 긱 워커의 비중이 높아지는 변화는 더욱 뚜렷해질 것이라는 전망이 지배

'긱 경제 시대' 도래에 대한 인식 평가

75.9%
긱 경제 시대로의
진입은 피할 수 없는
시대 흐름이다

70.7%
긱 경제 시대에는
세대간 일자리 경쟁이
더욱 치열해질 것이다

74.0%
긱 경제 시대의 대안으로
'기본 소득제'는 꼭 고민해볼
필요가 있는 정책이다

69.6%
긱 경제 시대에
가장 중요한 것은
복지시스템의 강화이다

(N=1,000)

적이다. 그리고 이는 피할 수 없는 시대 흐름이란 예상이 많다. 따라서 '긱 워커'와 관련한 (아직까지는 막연한) 우려가 많은 만큼 앞으로 도래하게 될 긱 경제 시대의 대응책을 준비하기 위한 사회적 논의가 필요하다는 목소리가 커지고 있다. 필연적으로 일자리 양극화나 안정성의 문제가 제기될 수밖에 없기 때문에 우선은 사회적·국가적 차원에서 이를 대비해야만 한다는 의견이 많은 것이다. 가령 사회복지 시스템을 강화하고, '기본 소득제'와 같은 정책을 통해 긱 경제 시대를 대비해야 한다는 주장들이 대표적이다.

국가 차원의 준비가 이렇다면 다가오는 긱 경제 시대에 개인들은 어떤 준비를 해야만 할까? 식상할 수 있지만, 스스로의 역량과 능력을 키우는 것이 최선일 수밖에 없을 것이다. 지금의 시대는 자신의 경쟁력을 높이고, 미래에 대비하기 위해 끊임없이 새로운 것을 배우려는 의지가 필요하기 때문이다. 일자리의 불안정성이 커지고 평균수명은 길어지는 만큼, 앞으로 자신의 적성 및 일과 직업에 대한 고민은 지금보다 한층 더 깊어질 것으로 보인다.

연관 검색어 ▼

09 이제는 셀프 부양 시대

✐ '100세 시대' 경제활동 및 부모 부양 관련 인식 조사
· 조사 대상: 전국의 만 33~64세(1955년생~1986년생) 성인 남녀 900명 ③
· 조사 기간: 2019년 6월 25일~6월 28일

　매 10년마다 기대수명이 2년씩 늘어나고 있는 우리 사회, 바야흐로 '100세 시대'다. 인간이라면 누구나 '어떻게 살아야 할 것인가'라는 고민을 해야겠지만 이제는 '어떻게 살아내야 할 것인가'에 대한 계획이 보다 절실한 때다. 그래서일까? 이 '100세 시대'를 바라보는 사람들의 시선에서 기대감과 불안감이라는 양가적 감정이 느껴진다. 젊은 시절에야 얼마든지 자신이 원하는 미래를 그릴 수 있는 충분한 기회가 있지만 남은 시간이 많지 않은 고령층에게는 현실적으로 주어진 선택지가 그리 많지 않기 때문이다. 게다가 당장의 삶을 살아내기도 급급한 대다수의 사람들에게는 노후 준비를 위한 시간적·경제적 여유를 찾기도 어려워 이렇다 할 노후 준비도 돼 있지가 않은 상황이다. 길어진 인생이 인류에게 분명 반가

노년기 경제활동 필요성 및 계획
N=900

정년 은퇴
이후에도
경제활동은
필요하다
95.6%

35.9% ● 노후 준비가 부족해 계속적으로 돈을 벌어야 할 것 같다
● 돈을 많이 벌지는 못해도 내가 좋아하는 일을 중심으로 새로운 일을 할 것 같다
21.8% ● 노후 준비 여부와 관계없이 계속적으로 돈 버는 일을 할 것 같다
● 이자 수익·부동산 임대 수익 등 간접적인 경제활동을 하고 있을 것 같다
18.0% ● 직접적으로 돈을 벌기 보다는 봉사 활동이나 다른 활동을 하고 있을 것 같다
8.4% ● 그동안의 수입만으로 경제적으로 어렵지 않게 생활할 수 있을 것 같다
6.8%
3.4% ● 구체적으로 고민해본 적 없다 / 잘 모르겠다
5.7%

운 일임에도 그 길어진 시간을 행복과 기쁨으로 온전하게 받아들이기 힘든 시대가 된 것이다. 그래서 노년기의 경제활동에 대한 계획을 묻는 질문에 일단 계속해서 돈을 벌어야 할 것 같다는 목소리가 가장 많은 상황이다. 돈을 많이 벌진 못해도 노후에는 내가 좋아하는 일을 한다거나 '노후 준비' 여부와 관계없이 계속 돈 버는 일을 하게 될 것 같다는 의견들도 있었지만, '노년기에 일을 해야 한다'는 생각만큼은 공통적이었다. 다만, 노후 준비가 부족해 계속 경제활동을 해야 한다는 생각은 60대보다 30~40대 (30대 39.3%, 40대 39.3%, 50대 35%, 60대 23.2%)가 오히려 더 많이 하고 있는 모습을 보여, 노후에 대한 불안감이 사회생활과 함께 시작된다고도 생각해볼 수 있었다.

노년기에도 경제활동을 해야 한다는 생각이 강해 특별히 경제활동의 종료 시점을 특정 짓진 못했지만, 은퇴 이후의 방향성만큼은 '창업'보다 '직장 재취업'을 고려하는 태도가 뚜렷한 모습을 보였

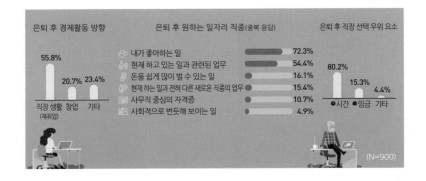

은퇴 후 경제활동 방향

55.8%

20.7% 23.4%

직장 생활　창업　기타
(재취업)

은퇴 후 원하는 일자리 직종(중복 응답)

내가 좋아하는 일 72.3%
현재 하고 있는 일과 관련된 업무 54.4%
돈을 쉽게 많이 벌 수 있는 일 16.1%
현재 하는 일과 전혀 다른 새로운 직종의 업무 15.4%
사무직 중심의 자격증 10.7%
사회적으로 번듯해 보이는 일 4.9%

은퇴 후 직장 선택 우위 요소

80.2%

15.3%

4.4%

시간 임금 기타

(N=900)

다. 그리고 새로운 일자리를 구하게 될 경우에는 대부분 자신이 좋아하는 일이나 현재 하고 있는 일과 관련된 업무를 많이 희망하고 있었다. 최우선적으로 고려하는 조건은 '임금'보다 '시간'으로, 임금 수준은 현재 월급(소득)의 약 70~80% 수준을 기대하는 편이었다. 임금이 다소 낮더라도 시간적 여유가 있는 직종에서 일하고 싶은 바람이 큰 모습을 엿볼 수 있는 결과이다.

　그런데 이렇게 노년 이후의 경제적인 문제를 걱정하는 대중들의 삶을 들여다보고 있노라면 더 이상 '자식 농사'가 노후 대책이 될 수 없다는, 조금은 씁쓸한 사실을 마주하게 된다. 오히려 요즘은 '성인 자녀에게 부모가 주는 현금'이 '받는 것'보다 약 2배 많다는 보고가 있을 만큼, 자식들 부양으로 은퇴 이후 부모들의 경제적 어려움이 가중되는 경우가 점점 더 많아지고 있다. 그래서 이제 부모 세대도 '노년의 삶'을 자녀에게 기대지 않고 스스로 준비해야 한다는 생각이 확고한 모습이다. 은퇴 후 자녀들에게 부양받는 것을 당

부모 부양에 대한 인식 평가

91.0%
자녀의 부양을
기대하기보다는
독립적 노년 준비가 낫다

87.3%
자녀의 도움 없이
노년을 스스로
준비할 계획이다

85.1%
나이가 들어도
자식에게 경제적 도움을
기대하면 안 된다

70.7%
자식이 반드시
부모를 부양할
책임은 없다

75.2%
요즘 내 자녀 세대가
겪는 문제들을
보면 안쓰럽다

(N=900)

연히 여기는 경우는 단 7.2%로, 이제 '셀프 부양'은 필수 조건이라는 인식이 높다고 볼 수 있다. 더불어 노년의 삶을 자녀에게 '의지해서도 안 된다'는 당위적인 생각과 자식이 반드시 부모를 부양할 책임은 없다고 주장하는 사람들도 많다. 부모를 부양하지 않는 것을 불효로 여기지도 않고, 더 이상 부모 부양을 자녀의 의무로 바라보지도 않는다는 것이다. 오히려 대다수는 자신의 자녀가 나를 부양해줄 수 있을지 여부보다 앞으로의 자녀 취업이 더 걱정된다고 말할 정도로 자녀 세대를 향한 걱정이 더 많은 모습을 보이고 있었다.

사회 전반적으로 노후에 대한 불안감이 크고 이렇다 할 준비가 제대로 갖춰져 있지 않은 상황이지만, 그래도 '삶의 방향'에 대한 깊은 고민과 철저한 계획이 필요하다는 생각은 많은 모습을 확인할 수 있었다. 우리의 부모 세대와는 차원이 다른 인생 계획이 필요하다는 생각과 함께 최대한 '오래' 살다가 '젊게' 죽는 성공적인 노화를 꿈꾸며 '나이 듦'에 대한 편견과 고정관념을 떨쳐버릴 필요가 있다는 의견이 많았던 것이다. 더불어 노년기에 행복하게 살기 위해서는 타인과의 친밀한 관계가 중요하다는 생각(70.3%)도 상당했는데, 특히 노년의 삶이 눈앞으로 다가온 고연령층이 인간관계의 중요성(30대 59.3%, 40대 65.7%, 50대 74.4%, 60대 86.9%)을 더 많이 체감하는 등 사회적 관계 회복에 대한 니즈가 높은 모습을 보였다.

인생이 길어진 만큼 경제적 상황과 주어진 환경, 개인의 건강만 뒤따른다면 이른바 '인생2모작' 또는 '서드 에이지(Third Age)'로 불리는 노년의 삶이 지금보다 훨씬 행복해질 가능성은 충분하다. 다만, 현재의 상황이라면 누군가가 그런 축복을 누릴 때 대다수의 사람들은 그저 불행한 삶을 연장하기만 하는 것은 아닐까 하는 우려를 가질 수밖에 없을 것이다. 베이비 부머 세대의 은퇴와 함께 고령 인구가 폭발적으로 증가하고 있는 지금, 더 이상은 '노년의 삶'에 대한 국가적 차원의 고민을 미뤄서는 안 될 것으로 보인다.

과연 우리가 '100세 시대'를 온전히 기쁨으로 맞이할 수 있을까란 가장 기본적인 질문을 몇 번이고 되묻게 되는 2020년. 스스로 은퇴 이후의 삶을 준비해야만 한다는 '인식'과 마땅한 노후 준비를 하기가 어려운 '현실'의 괴리 속에서 '100세 시대'를 향한 불안감은 더욱 커질 것으로 예상된다.

연관 검색어　▼

부모부양　노인빈곤　효도계약서　은퇴설계
신중년　은퇴세대
재무설계　노후연령　눈앞　NH투자증권　연구소　전성기
고령화　평균수명　베이비붐세대　노후준비
생애주기별　고령인구　통계청　노인연령기준
생애설계
시민들　일자리
은퇴자　인생2모작　서든에이지

서문

1. 1인용 가전이 뜬다(2019. 09. 22.), 〈한국경제〉, 시니어 모델이 뜬다(2019. 09. 22.), 〈조선일보〉, 연 5% 적금이 뜬다(2019. 09. 16.), 〈매일경제〉, '어글리 패션' 트렌드가 뜬다(2018. 03. 08.), 〈아시아투데이〉 등

2. '스마트 모빌리티' 뜬다…전동 킥보드·전동 스쿠터 판매↑(2019. 05. 12.), 〈한국경제〉

3. 빔 모빌리티 지사장 "도시의 풍경 바꿀 것" (2019. 09. 18.), 〈뉴시스〉

4. [특집] 일본 불매운동 어디까지 번질까(2019. 07. 22.), 〈경향신문〉

5. 취향 소비(취미, 드라마, 일본 불매운동) 관련 조사(2019. 08.), 마크로밀 엠브레인 트렌드모니터

6. 위와 같은 조사

7. 일본 '韓 여행객 수 반토막' 충격…日 정부는 "中·美 늘어" 강변(종합)(2019. 09. 19.), 〈연합뉴스〉

8. 이 조사들은 매년 6~7월 사이에 1,000명씩 나누어서 10회를 모아 진행했으며, 20~50대까지의 남녀 인터넷 이용자를 동일하게 할당해 진행했다.

9. 이 분석에 대한 보다 자세한 전체 과정에 대해서는 《2016, 2017, 2018, 2019 대한민국 트렌드》를 참고해주시기 바란다.

10. 이 조사는 2019년 6~7월에 20~50대까지의 남녀 10,000명(마크로밀 엠브레인의 공식 패널 100만 명 중에서 실사를 진행)을 연령별 분석을 위해 동일하게 할당해, 이메일을 통해 조사를 진행했다.

11. 여기서 '사회적 욕구'라는 구성 개념은 5개의 항목(나는 평소 타인과의 관계에서 어려움을 겪는다, 나는 평소 타인과의 대화나 소통 과정에서 어려움을 겪는다, 나는 평소 인간관계 형성에 어려움을 겪는다, 내가 속한 집단(예: 회사, 학교, 각종 모임)에서 소외되는 것에 대한 불안을 경험한다, 나는 타인을 진심으로 대하는 것에 어려움을 겪는다)에서 각 10점 만점으로 측정된 평균값에 100을 곱한 값으로, 개념적으로는 1,000점 만점으로 표시되는 값을 의미한다.

SPECIAL

1. 사이다를 들이켠 듯 '속이 시원하다'는 뜻의 신조어('먹는' 사이다 아니다)

2. '낄 데 끼고 빠질 때 빠지다'라는 뜻의 신조어

3. '솔직히 까놓고 말해서'라는 뜻의 신조어

4. 세대론 관련 인식 조사(2019. 08.), 마크로밀 엠브레인 트렌드모니터

5. 'The love'의 약어를 의미하는 신조어

6. '성공한 덕후'의 약어

7. '타인의 취향을 존중'한다는 의미의 약어

8. 온라인 게임 〈워크래프트〉에서 파생된 말로, 시선과 관심을 짜증 나게 끄는 것을 의미

9. '핑거 프린스/프린세스'의 약어. 온라인상에서 스스로 검색해서 찾을 생각은 하지 않고 물어보는 사람들을 비꼬는 말

10. 고나리('관리'라는 글자의 오타로, '잔소리'의 의미)를 하는 사람을 뜻함.

11. 세대론 관련 인식 조사(2019. 08.), 마크로밀 엠브레인 트렌드모니터

12. 위와 같은 조사

13. 《트렌드를 읽는 기술》, 헨릭 베일가드 저, 이진원 역, 비즈니스북스, 104p

14. NFL '무릎 꿇기 시위' 캐퍼닉…트럼프 '욕받이'서 나이키 새 얼굴로(2018. 09. 06.), 〈조선일보〉

15. 나이키 광고 하나가 미국 사회를 둘로 나누고 있다(2018. 09. 12.), 〈한겨레〉

16. 나이키의 도박(2018. 09. 06.), 〈한국일보〉(김정우 기자)에서 재인용

17. 트럼프 불편하게 한 나이키 광고 논란(2018. 09. 11.), 〈매일경제〉(장용승 기자)에서 재인용

18. Nike's Colin Kaepernick ad campaign gets more yeas than nays from young people(2018. 09. 13.), 〈The Washington Post〉

19. Young people support Nike's bet on Kaepernick, poll shows(2018. 09. 13.), CNN. 이 조사에서 공화당 지지자의 74%가 이 광고를 반대했고, (미국) 민주당 지지자의 64%와 흑인의 68%가 이 광고를 지지했다고 보도됐다.

20. 세대론 관련 인식 조사(2019. 08.), 마크로밀 엠브레인 트렌드모니터

21. Z세대가 세상을 바꾼다(2019. 04. 15.), 〈매일경제〉(홍기영 기자) 외 다수

22. 허창수 GS 회장 "밀레니얼·Z세대 소비 패턴 연구해야"(2019. 08. 25.), 〈한겨레〉 외 다수

23. 구글 검색창에서 각각의 키워드로 검색해서 찾아진 콘텐츠 개수. 2019년 8월 기준

24. 《최강소비권력 Z세대가 온다》(2018. 12.), 제프 프롬, 앤지 리드 저, 임가영 역, 홍익출판사

25. 팬덤 문화 및 BTS 관련 인식 조사(2019. 04.), 마크로밀 엠브레인 트렌드모니터

26. 예를 들어, 우리나라의 경우 인구가 급속하게 증가한 1955~1964년생을 '베이비부머'라고 정의하지만, 이 기준이 미국은 1946~1964년생, 일본(단카이 세대)은 1947~1949년생들을 의미한다. 따라서 본 조사에서 마크로밀 엠브레인은 청(소)년기를 기준으로 기존의 다양한 자료에서 나타나는 세대 구분을 고려하면서, 인구수, 입시 제도 변화(예: 학력고사·수능 등)나 사회적 사건(예: 1987년 6·10 항쟁, IMF 사태 등)을 함께 고려해, 5개 세대로 구분했다.

27. 세대별 음식 취향 및 혼밥 스타일 관련 조사(2019. 07.), 마크로밀 엠브레인 트렌드모니터

28. 위와 같은 조사

29. 위와 같은 조사. 라면을 먹게 되는 제시된 각 상황에서 Z세대가 모두 1순위인 항목

30. 위와 같은 조사

31. 위와 같은 조사

32. 라면, 작년 1조 8,000억 규모…내수 침체-수출 날개(2019. 01. 22.), 〈식품음료신문〉, 라면 시장, 이색 제품으로 입맛 찾기(2018. 12. 08.), 〈한국일보〉

33. 세대별 음식 취향 및 혼밥 스타일 관련 조사(2019. 07.), 마크로밀 엠브레인 트렌드모니터

34. 위와 같은 조사

35. 위와 같은 조사

36. 위와 같은 조사

37. 위와 같은 조사

38. 세대론 관련 인식 조사(2019. 07.), 마크로밀 엠브레인 트렌드모니터

39. 위와 같은 조사

40. 위와 같은 조사

41. 위와 같은 조사

42. 위와 같은 조사

43. 위와 같은 조사

44. 나(me)와 타인(other)에 대한 관심 및 평판에 관한 조사(2019. 06.), 마크로밀 엠브레인 트렌드모니터

45. 위와 같은 조사

46. 위와 같은 조사

47. 위와 같은 조사

48. 위와 같은 조사

49. 위와 같은 조사

50. 세대론 관련 인식 조사(2019. 07.), 마크로밀 엠브레인 트렌드모니터

51. 위와 같은 조사

52. 위와 같은 조사

53. 위와 같은 조사

54. 《최강소비권력 Z세대가 온다》(2018. 12.), 제프 프롬, 앤지 리드 저, 임가영 역, 홍익출판사, 51p

55. 《최강소비권력 Z세대가 온다》(2018. 12.), 제프 프롬, 앤지 리드 저, 임가영 역, 홍익출판사, 39p

56. 《실력과 노력으로 성공했다는 당신에게 – 행운, 그리고 실력주의라는 신화》(2018. 07.), 로버트 H. 프랭크 저, 정태영 역, 글항아리

57. 세대론 관련 인식 조사(2019. 07.), 마크로밀 엠브레인 트렌드모니터

58. 《최강소비권력 Z세대가 온다》(2018. 12.), 제프 프롬, 앤지 리드 저, 임가영 역, 홍익출판사, 30p

59. 스마트폰 이용 및 음성 통화 관련 인식 조사(2018. 05.), 마크로밀 엠브레인 트렌드모니터

60. 《공감의 시대》(2010. 10.), 제러미 리프킨 저, 이경남 역, 민음사, 255p

61. 《다시, 책으로》(2019. 05.), 매리언 울프 저, 전병근 역, 어크로스, 23p

62. 《언어의 이해》(2019. 07.), 권재일, 김현권, 남승호 저, 한국방송통신대학교 출판문화원, 242p

63. SNS 이용 및 인식 관련 조사(2018. 06.), 마크로밀 엠브레인 트렌드모니터

64. 특히, 학생들의 경우 '입시'와 관련된 이슈나 취업에 관한 이슈의 경우

PART 1

1. '펭귄 문제'가 뭐기에?…"틀리면 3일간 '펭귄 프사'로 살기"(2019. 05. 23.), 〈동아 일보〉(박태근 기자)

2. 정계 진출한 '펭귄 문제'…한국당 "민주당 의원들, 펭귄 프사 하라"(2019. 05. 22.), 〈이데일리〉(박한나 기자)

3. '요즘 옛날'이라는 뜻으로, 《트렌드 코리아 2019》에 소개된 신조어

4. 팔도 비빔면 '괄도 네넴띤' 되니 7만 5,000개 23시간 만에 완판(2019. 02. 22.), 〈중앙일보〉(곽재민 기자)

5. 괄도 네넴띤, 선을 넘었다, 기발하고 재미있지만 '한글 파괴'(2019. 02. 28.), 〈오마이뉴스〉(김봉건 기자)

6. 팬덤 문화 및 BTS 관련 인식 조사(2019. 06.), 마크로밀 엠브레인 트렌드모니터

7. 위와 같은 조사

8. 위와 같은 조사

9. 위와 같은 조사

10. 이 조사에서는 1955~1964년생을 1차 베이비 붐 세대로, 1965~1974년생을 2차 베이비 붐 세대로, 1975~1986년생을 X세대로, 1987~1994년생을 Y세대(밀레니얼 세대)로, 1995~2003년생을 Z세대로 구분해 총 5세대로 구성했다.

11. 팬덤 문화 및 BTS 관련 인식 조사(2019. 06.), 마크로밀 엠브레인 트렌드모니터

12. 위와 같은 조사

13. 위와 같은 조사

14. 위와 같은 조사

15. 위와 같은 조사

16. 위와 같은 조사

17. 위와 같은 조사

18. 취향 소비(취미, 드라마, 일본 불매운동) 관련 조사(2019. 07.), 마크로밀 엠브레인

트렌드모니터

19. 위와 같은 조사

20. 위와 같은 조사

21. 취향(호불호)에 대한 인식 조사(2018. 08.), 마크로밀 엠브레인 트렌드모니터

22. 취향 소비(취미, 드라마, 일본 불매운동) 관련 조사(2019. 07.), 마크로밀 엠브레인 트렌드모니터

23. 《2018 대한민국 트렌드》에서 저자가 정의한 용어. 혼자 의식주와 여가 생활, 전문 적인 일 처리까지 모두 해결하고, 수행하는 데 전혀 문제가 없는 시스템과 심리적인 상태를 의미

24. 팟캐스트, 유튜브 이용 관련 조사(2019. 01.), 마크로밀 엠브레인 트렌드모니터

25. 《2017, 2018 대한민국 트렌드》에서는 만성적인 개인 시간 부족에 대해 반복적으 로 분석한 바 있다.

26. 웹 드라마 관련 인식 조사(2019. 07.), 마크로밀 엠브레인 트렌드모니터

27. 위와 같은 조사

28. 위와 같은 조사

29. 위와 같은 조사

30. 위와 같은 조사

31. 위와 같은 조사

32. 위와 같은 조사

33. 위와 같은 조사

34. 팟캐스트, 유튜브 이용 관련 조사(2019. 01.), 마크로밀 엠브레인 트렌드모니터

35. PC나 스마트폰 등을 통해 드라마, 예능, 영화 등의 동영상 콘텐츠를 제공하는 서비 스. 넷플릭스, 옥수수, 푹 등이 여기에 해당한다.

36. OTT 서비스(넷플릭스 등) U&A 조사(2019. 03.), 마크로밀 엠브레인 트렌드모니터

37. "이번엔 오래간다"…이번 日 불매운동이 과거와는 다른 8가지 이유(2019.08.25), 〈뉴스1〉

1. 2018 대한민국 '살롱 문화'에 빠지다…SNS 피로 20, 30, 취향 따라 살롱에 집결 (2018. 09. 03.), 〈매일경제〉, "돈 내는 독서 모임, 그게 장사가 돼?", '취향에 맞는 관계 맺음' 삼매경에 빠지다(2019. 09.), '트레바리'의 실험과 성장 전략, DBR, 〈동아비즈니스리뷰〉

2. 《2018 대한민국 트렌드》에서 저자가 정의한 용어. 혼자 의식주와 여가 생활, 전문적인 일 처리까지 모두 해결하고 수행하는 데 전혀 문제가 없는 시스템과 심리적인 상태를 의미

3. 《2019 대한민국 트렌드》, 한국경제신문, 27p

4. 《2018 대한민국 트렌드》, 한국경제신문, 88p

5. 일상생활 속 운동 경험 및 홈트(홈 트레이닝) 관련 U&A 조사(2018. 05.), 마크로밀 엠브레인 트렌드모니터

6. 유튜브, 전 연령대에서 사용 시간 1위(2018. 09. 11.), 〈미디어오늘〉

7. 중소 여행사들 경쟁 과열에 수요 줄자 잇단 부도(2018. 09. 06.), 〈연합뉴스〉

8. 《사회성: 두뇌 진화의 비밀을 푸는 열쇠》, (2016. 03.), 로빈 던바, 클라이브 갬블, 존 가울렛 저, 이달리 역, 처음북스, 62p

9. 모임 관련 인식 조사(2019. 03.), 마크로밀 엠브레인 트렌드모니터

10. 위와 같은 조사

11. 위와 같은 조사

12. 위와 같은 조사

13. 위와 같은 조사

14. 위와 같은 조사

15. 위와 같은 조사

16. 위와 같은 조사

17. 위와 같은 조사

18. 위와 같은 조사

19. 인간관계 및 대인 관계 관련 인식 조사(2018. 06.), 마크로밀 엠브레인 트렌드모니터

20. 디지털 치매 관련 인식 조사(2019. 05.), 마크로밀 엠브레인 트렌드모니터

21. 디지털 기기 의존도 및 디톡스 관련 조사(2018. 06.), 마크로밀 엠브레인 트렌드모니터

22. "군인 휴대폰 사용 시간 줄여 달라" 강원 주민 호소한 이유(2019. 08. 30.), 〈중앙일보〉

23. 군대에서 스마트폰 쓰면서 사라진 4가지(2019. 04.18.), 〈CBS 노컷뉴스〉

24. 모임 관련 인식 조사(2019. 03.), 마크로밀 엠브레인 트렌드모니터

25. 유튜브 이용 및 유튜버 관련 인식 조사(2018. 06.), 마크로밀 엠브레인 트렌드모니터

26. 《2019 대한민국 트렌드》는 이 '통제 가능성'을 현재의 한국 사회를 관통하는 핵심적인 현상으로 판단하고 있다. 8p

PART 3

1. 최재붕 교수가 그의 저서 《포노사피엔스》에서 정의한 용어. 스마트폰을 신체의 일부처럼 사용하는 인류를 뜻한다.

2. 《스마트폰이 낳은 신인류, 포노사피엔스》(2019. 03.), 최재붕 저, 쌤앤파커스, 334p

3. 《전화의 역사: 전화로 읽는 한국 문화사》, 강준만 저(2009. 11.), 인물과사상사. 376p

4. 외로움 관련 인식 조사(2019. 05.), 마크로밀 엠브레인 트렌드모니터

5. 디지털 치매 관련 인식 조사(2019. 05.), 마크로밀 엠브레인 트렌드모니터

6. 외로움 관련 인식 조사(2019. 05.), 마크로밀 엠브레인 트렌드모니터

7. 위와 같은 조사

8. 위와 같은 조사

9. 현대인의 정신 건강 관련 조사(2019. 05.), 마크로밀 엠브레인 트렌드모니터

10. 외로움 관련 인식 조사(2019. 05.), 마크로밀 엠브레인 트렌드모니터

11. 위와 같은 조사

12. 현대인의 정신 건강 관련 조사(2019. 05.), 마크로밀 엠브레인 트렌드모니터

13. 범죄 관련 사회적 불안감 조사(2019. 06.), 마크로밀 엠브레인 트렌드모니터

14. 국경 뛰어넘은 '계약 머슴' 제도, 안전 운임으로 바로잡아야(2019. 09. 01.), 〈미디

어오늘〉

15. 카카오 카풀: 택시업계와 승차 공유 서비스의 해묵은 갈등 5가지(2018. 10. 18.), BBC NEWS 코리아

16. 배민·요기요 장벽 못 넘고···우버이츠, 한국서 철수(2019. 09. 09.), 〈매일경제〉

17. 택시·국회 여론 못 읽은 카카오···카풀 서비스 무기한 연기(2018. 12. 13.), 〈한겨레〉

18. 사용자 편리함? 택시 기사 생존권? 카풀과 택시 갈등 쟁점은(2018. 12. 12.), 〈한겨레〉

19. 택시 이용 및 카풀 서비스 관련 인식 조사(2018. 12.), 마크로밀 엠브레인 트렌드모니터

20. 위와 같은 조사

21. 외로움 관련 인식 조사(2019. 05.), 마크로밀 엠브레인 트렌드모니터

22. 위와 같은 조사

23. 위와 같은 조사

24. 위와 같은 조사

25. 위와 같은 조사

26. 정신적인 가치보다 부(富)나 육신의 쾌락과 같은 물질적인 것을 더욱 강조하는 경향(다음(daum) 사전)

27. 부의 불평등 및 복지 정책, 기본 소득제 관련 조사(2019. 07.), 마크로밀 엠브레인 트렌드모니터

28. 위와 같은 조사

29. 위와 같은 조사

30. 청년 삶 바꾼 기본 소득, 정치로 향하다(2019. 09. 10.), 〈한겨레〉

31. 부의 불평등 및 복지 정책, 기본 소득제 관련 조사(2019. 07.), 마크로밀 엠브레인 트렌드모니터

32. 위와 같은 조사

33. 위와 같은 조사

34. 위와 같은 조사

35. 《노동 없는 미래》(2016. 12.), 팀 던럽 저, 엄성수 역, 비즈니스맵, 176p

36. 청년 기본 소득 받은 경기도 청년 10명 중 8명 "만족"(2019. 08. 24), 〈연합뉴스〉

38. 《정해진 미래》(2016. 09.), 조영태 저, 북스톤

39. 부의 불평등 및 복지 정책, 기본 소득제 관련 조사(2019. 07.), 마크로밀 엠브레인 트렌드모니터

40. '외로움은 질병이다' 외로움 관리하는 국가5(2018.10.10), 전성기 블로그(blog. naver.com/cigna11/221363341966)

41. SNS 등 디지털 미디어 노출 많으면 우울?! 미국 밀레니얼 세대 정신 건강 심각 (2019.04.12), 〈중앙시사매거진〉

PART 4

1. 다시 폐인에게 신라면을… 인터넷 기업 이색 이벤트 화제(2007. 07. 19.), 〈아이뉴 스24〉

2. 배달의민족, 연예인에 쿠폰 뭉치 부려…소비자 "진짜 민심 모르네"(2019. 06. 18.), 〈동아일보〉

3. 배달의민족, 유명인 쿠폰 제공 중지…"생각 짧았다" 사과(2019.06.19), 〈매일경제〉

4. 연예인은 만 원 쿠폰 뭉치, 일반인은 1,000원…배달의민족 마케팅 논란(2019. 06. 18.), 〈조선일보〉

5. 세대론 관련 인식 조사(2019. 07.), 마크로밀 엠브레인 트렌드모니터

6. 위와 같은 조사

7. 위와 같은 조사

8. 연예인은 만 원 쿠폰 뭉치, 일반인은 1,000원…배달의민족 마케팅 논란(2019. 06. 18.), 〈조선일보〉

9. 연예인은 만 원, VIP는 천 원? 배달의민족 마케팅 놓고 '시끌'(2019. 06. 18.), 〈중 앙일보〉, 연예인만 100만 원 쿠폰? 소비자 차별 논란 '배달의민족' 사과한 이유 (2019. 06. 20.), 〈데일리〉, 1만 원 쿠폰 뭉치 연예인에게 뿌렸다 고개 숙인 배달의 민족(2019.06.19), 〈한국일보〉

10. 최후 통첩 게임, 돈과 공정성의 갈등, 정재승(2008. 10.), 〈동아비즈니스 리뷰〉

11. 위와 같은 자료

12. 한국 사회 부정부패 및 김영란법 관련 조사(2019. 07.), 마크로밀 엠브레인 트렌드

모니터

13. 위와 같은 조사

14. 위와 같은 조사

15. 착한 소비 활동 및 SNS 기부 캠페인 관련 조사(2019. 07.), 마크로밀 엠브레인 트렌드모니터

16. 위와 같은 조사

17. 위와 같은 조사

18. 위와 같은 조사

19. 위와 같은 조사

20. 위와 같은 조사

21. 공동체 의식 및 사회적 갈등, 노동조합 관련 조사(2019. 07.), 마크로밀 엠브레인 트렌드모니터

22. 착한 소비 활동 및 SNS 기부 캠페인 관련 조사(2019. 07.), 마크로밀 엠브레인 트렌드모니터

23. 지금의 20대는 부모의 20대보다 나아졌을까?(2019. 06. 27.), 〈한겨레〉

24. 한국 합계 출산율 0.98…사실상 세계 유일한 '0명대'(2019. 08. 28.), 〈JTBC〉

① 조사 설계

조사 목적   On-line 조사
조사 대상   전국의 만 19~59세 남녀
                 단, 조사 대상자 세부 조건은 개별 콘텐츠에 따라 상이하게 진행됨
표본추출 방법   목적적 할당 표본 추출법(Purposive Quota Sampling)
표본 크기   총 1,000명

	20대	30대	40대	50대	TOTAL
남	125	125	125	125	500
여	125	125	125	125	500
TOTAL	250	250	250	250	1,000

② 조사 설계

조사 목적   On-line 조사
조사 대상   전국의 만 16~64세 남녀
표본추출 방법   목적적 할당 표본 추출법(Purposive Quota Sampling)
표본 크기   총 1,000명

	16~24세 Z세대	25~32세 Y세대	33~44세 X세대	45~54세 2차 베이비부머	55~64세 1차 베이비부머	TOTAL
남	100	100	100	100	100	500
여	100	100	100	100	100	500
TOTAL	200	200	200	200	200	1,000

③ 조사 설계

조사 목적   On-line 조사
조사 대상   전국의 만 33~64세(1955~1986년생) 남녀
표본추출 방법   목적적 할당 표본 추출법(Purposive Quota Sampling)
표본 크기   총 900명

	1975~1986년생 X세대				1965~1974년생 2차 베이비부머	1955~1964년생 1차 베이비부머	TOTAL
	33~39세	40~44세	45~49세	50~54세	55~64세		
남	75	75	75	75	150		450
여	75	75	75	75	150		450
TOTAL	300		300		300		900

④ 조사 설계

조사 목적   On-line 조사
조사 대상   전국의 만 19~59세 직장인 성인 남녀
표본추출 방법   목적적 할당 표본 추출법(Purposive Quota Sampling)
표본 크기   총 1,000명

	20대	30대	40대	50대	TOTAL
남	125	125	125	125	500
여	125	125	125	125	500
TOTAL	250	250	250	250	1,000

대중을 읽고 기획하는 힘
2020 트렌드 모니터

초판 1쇄 인쇄 | 2019년 10월 17일
초판 1쇄 발행 | 2019년 10월 23일

지은이 | 최인수·윤덕환·채선애·송으뜸
펴낸이 | 전준석
펴낸곳 | 시크릿하우스
주소 | 서울특별시 마포구 독막로3길 51, 402호
대표전화 | 02-6339-0117
팩스 | 02-304-9122
이메일 | secret@jstone.biz
블로그 | blog.naver.com/jstone2018
페이스북 | @secrethouse2018
인스타그램 | @secrethouse2018
출판등록 | 2018년 10월 1일 제2019-000001호

ⓒ 최인수·윤덕환·채선애·송으뜸, 2019

ISBN 979-11-90259-08-8 03320